读客精神成长文库

100个书单丰富你的灵魂

欢迎你从《人间喜剧》进入读客精神成长文库！

浩瀚的经典文学史，

就是全人类共同的精神成长史，

大师们从各个角度探索、解析、塑造并丰富着

人类的精神世界。

读客从个人成长的角度出发，

为你重新梳理浩若烟海的文学经典，

汲取大师与巨匠淬炼的精神力量：

爱

天真、孤独

自由、尊严、恐惧

好奇、欲望、理性、幽默

乐观、勇气、幻想、善恶、信仰

……

追随读客精神成长文库的100个书单，

了解人类精神成长的脉络，

完成你自己的精神成长。

读客精神成长文库
100个书单丰富你的灵魂

经典不厌百回读,读客立足于国人的精神需求,提供有质量、有价值、有体系的精神成长经典文库,希望更多的读者从中获得乐趣,获得进益。

文洁若

二〇一八年二月二十日

文洁若

著名翻译家,是中国翻译日文作品最多的人。很多日本作家如川端康成、三岛由纪夫的作品,都是经由她首次介绍给中国读者。与丈夫萧乾合译《尤利西斯》,造就了一段文坛佳话。

2002年获日本政府颁发的"勋四等瑞宝章",2012年获"翻译文化终身成就奖"。

人之所以为万物的灵长，宇宙的精华，就因为他会读，他爱读，爱读经典，常读经典，万代不衰。

柳鸣九 2018年8月十日
恺全森手书

柳鸣九

中国社会科学院研究员、教授。
在法国文学史，西方文学思潮，文学理论与美文作评、文学名著翻译以及学者散文写作方面均有丰厚劳绩，有"著作等身""学术胆识卓越"的美誉。
其论著与译作已汇集为《柳鸣九文集》（15卷），共约600万字。
2006年被评选为中国社会科学院最高学术称号"终身荣誉学部委员"。

祝"读客经典"成为用人类创造的全部知识财富丰富读者头脑的精神宝藏！

郭家申
2018年2月23日
于北京中国社科院
外国文学研究所

郭家申

俄语翻译家，毕业于莫斯科大学文学语言系。
历任中国社会科学院外国文学研究所副所长、编审。
长达60年的翻译经验，累计翻译字数约500万字，翻译作品达30部。
译著有：《外国当代戏剧选》《艺术创造的本性》《高尔基自传三部曲》《一个沉思默想的女人》《迷惘的微笑》等。话剧译本《华沙曲》获辽宁省翻译奖。

阅读经典，就是立足于高起点，
含英咀华，淑奋精神，行健致远。

罗新璋

罗新璋

1957年毕业于北大西语系。
1963年转入国家外文局《中国文学》杂志社从事中译法文学翻译工作，1980年调入中国社会科学院外国文学研究所，从事法国文学创作。
曾花四年时间手抄200多万字的傅雷译文，在翻译时更是字斟句酌，力求精益求精，享有"傅译传人"的美誉。
主要译有《红与黑》《特利斯当与伊瑟》《列那狐的故事》《猫球商店》等。

> 寄语"读写文库"
>
> 普及世界文学经典
> 广播人类文明果实
>
> 巴蜀译翁（杨武能）
> 二〇一八年春于广西北海

巴蜀译翁（杨武能）

1938年生于重庆，师从叶逢植、张威廉、冯至等先生，国家社科基金重大研究项目"歌德及其汉译研究"首席专家。

先后荣获联邦德国总统颁授的德国"国家功勋奖章"、联邦德国终身成就奖性质的洪堡学术奖金，以及国际歌德研究领域的最高奖歌德金质奖章。著作译作数量众多，影响较大的包括《浮士德》《少年维特的烦恼》《格林童话全集》《魔山》等。

名著是人类的精品食粮，提供给人立足世上的能量。我自称"心○后"，是最大的受益者。读好书和译好书，从1980年至今，每天都收集新的快乐时光，组成不断升值的人生。

读者自有精神成长路线图，希望更多读者按图索骥，从中受益。

李玉民

从事纯文学翻译近40年，出版作品上百部，总计翻译字数达2500万字。主要译作有：《巴黎圣母院》《悲惨世界》《缪塞戏剧选》《艾吕雅诗选》等；主编《纪德文集》（5卷）、《加缪文集》（3卷）。
在李玉民的译作中，有半数作品是他首次向中国读者介绍的。

周克希

复旦大学数学系毕业后,在华东师大数学系任教二十八年,又在译文出版社当过十年编辑。译有普鲁斯特、福楼拜、圣埃克絮佩里、大仲马和萨勒纳弗等人的小说。著有随笔集《译边草》《译之痕》《草色遥看集》。

我们说一年书是经典,就意味着我们一生中忍不住会不止一次地阅读它。好好读读写写所们带来更多的经典佳作。

周克希

> 每一部经典文学作品，都是人类的重要精神基因。读客用经典文学绘制如精神成长蓝图，希望能够让更多的读者通过文学认识世界，找到自己灵魂的归属。
>
> 谭晶华

谭晶华

  文学博士，教授，博士生导师。原上海外国语大学常务副校长，现任该校学术委员会主任。中国日本文学研究会会长、上海翻译家协会会长。出版众多著作、论文、辞典和教材、文学名著译作120多部（篇），350余万字。

> 读客经典精神成就库将人类精神文明的精华做了系统的梳理，让经典更直接地与个体成长结合起来，是一种独到的做法。
>
> 黄宜思
> 2018.2.23.

黄宜思

  中国政法大学教授，著名翻译家黄雨石之子。译有《罗马帝国衰亡史》《澡盆故事》《远航》《六便士之家》《罗马史》等。于2008年和2009年两度担任中国翻译协会主办的全国"韩素音青年翻译奖"竞赛评委。

与好书为友，拥抱每个能陶冶你心性的机会；
携经典作伴，在读客经典中找到你下一本书。

曹明伦

曹明伦

四川大学教授、博士生导师，中国作家协会会员，中国翻译协会理事、成都翻译协会会长，国务院政府特殊津贴专家。译有《爱伦·坡集》《弗罗斯特集》《培根随笔集》《莎士比亚十四行诗集》等多种英美文学经典。

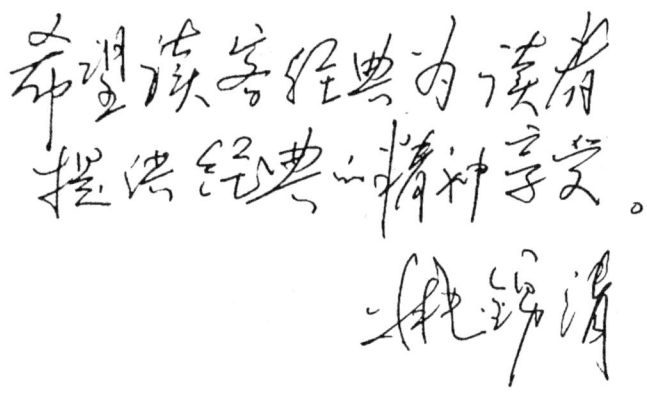

姚锦清

上海外国语大学高级翻译学院教授，上海市语委英译专家。参编《20世纪欧美文学史》《外国文学名著赏析辞典》及《外国抒情诗赏析辞典》。主要译作有《布赖顿硬糖》《心灵的激情——弗洛伊德传记小说》等。

愿读客经典使青年朋友们快快成长，成年人永远年轻！

王之光
2018.2.22

王之光

　　浙江大学教师，长期从事文学和文化翻译教学与实践，已经出版的有《发条橙》《索多玛的120天》《小妇人》《圣经故事》《法国电影》等，还有汉译英作品如《台湾简史》《中美关系史》等。

阅读经典，丰实人生。
愿读客经典走进千万读者中。

陈求实
二〇一八年

陆求实

　　中国翻译协会专家会员、上海翻译家协会理事，致力于日本文学译介多年，译有夏目漱石、谷崎润一郎、吉川英治、渡边淳一、村上春树、岛田雅彦等人作品，曾获"上海翻译新人奖""上海优秀中青年文艺家""上海文艺家荣誉奖"，2011年荣获日本"野间文艺翻译奖"。

玩读点经典

读经典，提升人生境界，
汲取文化精华。

吴刚

上海外国语大学高翻学院副院长、教授，英美文学博士，上海市翻译家协会理事。出版有《霍比特人》《美与孽》《莎乐美》等翻译作品30多部。

在这个文库里，总能找到下本要读的书：有你读过但值得重读的书，有你听说过正打算读的书，也有可将会发现并在可将影响你一生的书。

姚向辉

青年译者，译作有《教父》《七杀简史》《漫长的告别》《马耳他之鹰》等。

> 愿我的孩子，我孩子的孩子，都能看着读客经典，进入世界文学的瑰奇殿堂。
>
> ——汪洋

汪洋

毕业于北京大学，翻译家，外国文学资深编辑。从事英、日文文学翻译、编辑工作十余年，已出版译著有《D之复合》《人类灭绝》《鹰翼行动》《百年法》《亲爱的提奥——梵高传》《红字》等，涵盖推理、科幻、军事、惊悚、艺术史及经典文学等领域。

> 品经典之作，读经典译文，祝读客经典多出精品，愿更多读者在阅读经典中找到自我，收获未来！
>
> ——刘勇军

刘勇军

知名青年翻译家，译风简练而深邃。译有《月亮与六便士》《刀锋》《不安之书》《生命不息：归来》《日出酒店》《遗失的时光》等经典作品。

人间喜剧

幻灭(上)

[法]巴尔扎克 著　傅雷 译

文汇出版社

《人间喜剧》（精选集）编校说明

巴尔扎克的《人间喜剧》一共包括91部小说，塑造了2400多个典型人物，描摹了一个时代、一个世界的人间百态。因其数量之庞大，内容之广阔，成为人类文学史上罕见的文学丰碑，被誉为一部"社会百科全书"。

本套《人间喜剧》（精选集）收录巴尔扎克《高老头》《亚尔培·萨伐龙》《欧也妮·葛朗台》《比哀兰德》《贝姨》《邦斯舅舅》《猫球商店》《夏倍上校》《奥诺丽纳》《禁治产》《于絮尔·弥罗埃》《都尔的本堂神甫》《赛查·皮罗多盛衰记》《搅水女人》《幻灭》共计15篇。其中《猫球商店》一篇译者为罗新璋，其余篇目译者为傅雷。

傅雷，中国著名的翻译家、作家、教育家、美术评论家。法语翻译界泰斗，精通文学、音乐、绘画等多门艺术，译文优美精确、特色鲜明。先生的译文被誉为"傅雷体华文语言"，成为我国翻译界推崇备至的范文，至今无人企及。

罗新璋，编校审核初版《傅雷译文集》，曾花四年时间手抄200多万字的傅雷译文，在翻译时更是字斟句酌，力求精益求精，将法文的美妙准确地传达出来，享有"傅译传人"的美誉。他翻译的法语经典名著《红与黑》是公认的最佳译本。

1938年傅雷开始翻译巴尔扎克的作品；1949年之后，傅雷几乎把翻译的所有心力都倾注在了巴尔扎克身上；1954年，傅雷决定每年至少译一部巴尔扎克的作品，以"把顶好的都译过来，大概在十余种"。截至1965年，傅雷一共翻译15篇，其中一篇《猫儿打球号》在文革中遗失。"傅译传人"罗新璋《猫球商店》深得先生译法精髓，本套《人间喜剧》采用罗新璋译本并入其余14篇，以示"适合我国读者阅读的"巴尔扎克作品原貌。

在编校方面，为方便读者阅读，仅对一些旧译人名、地名、异体字、标点符号作了修改，其余为了尊重傅雷译本，均保持原貌。

读客图书

目　录

第一部　两个诗人

01　一家内地印刷　　　　　　　　　003

02　特·巴日东太太　　　　　　　　030

03　客厅里的夜晚，河边的夜晚　　　070

04　内地的爱情风波　　　　　　　　116

第二部　内地大人物在巴黎

01　巴黎的第一批果实　　　　　　　149

02　弗利谷多　　　　　　　　　　　190

03　两种不同的书店老板　　　　　　197

04　第一个朋友　　　　　　　　　　206

05　小团体　　　　　　　　　　　　213

06　贫穷的花朵　　　　　　　　　　221

07　报馆的外表　　　　　　　　　　231

08　十四行诗　　　　　　　　　　　239

09	忠告	247
10	第三种书店老板	256
11	木廊商场	264
12	一家木廊书店的外表	271
13	第四种书店老板	277
14	后台	283
15	药材商的用处	292
16	高拉莉	302
17	小报是怎么编的	311
18	半夜餐	320
19	女演员的住家	330
20	最后一次访问小团体	340
21	另外一种记者	346
22	靴子对私生活的影响	353
23	报纸的秘密	358
24	又是道利阿	367

第一部　两个诗人

01

一家内地印刷

我们这故事开场的时代，内地的小印刷所还没采用斯丹诺普印刷机[1]和油墨滚筒。安古兰末虽然凭着当地的特产[2]同巴黎的印刷业经常接触，用的始终是木机。俗语把印刷说做"叫机车叹气"，就是从木机来的，这句话现在可用不上了。城里落后的印刷所当时还用皮制的球，给掌车工人蘸了墨涂在铅字上。预备铺纸上印，排满铅字的版子，安放在一个云石做的活动盘上，所以盘子在行话中叫作"云石"。这种机器尽管简陋，埃尔塞弗，柏朗坦，阿尔特和第多[3]，用来印过不少精美的图书。如今遍地都是新式的印刷机了，奚罗姆 - 尼古拉·赛夏当作宝贝一般的老式工具已经给忘得干干净净，需要我们重提一下才行；因为那些工具在这个重要的小故事中颇有作用。

---

[1] 英国政治家兼科学家斯丹诺普（1753—1816）设计的印刷机，开近代印刷技术的先河。（如无特殊说明，本书注释均为译者注）
[2] 安古兰末是法国西南部夏朗德州的首府，以造纸出名。
[3] 荷兰的埃尔塞弗（十六至十七世纪），法国的柏朗坦（十六世纪）和第多（十八至十九世纪），意大利的阿尔特（十七世纪），都是欧洲书业史上的重要人物，世代印行精美图籍，成为有名的珍本。

赛夏出身是个掌车的。排字工用印刷业的行话称掌车工为"大熊"。他们从墨缸到印刷机,从印刷机到墨缸,来来往往,动作很像关在笼子里的熊,那绰号大概是这样来的。**大熊**反过来把排字工叫作"猴子",因为他们忙忙碌碌老在一百五十二个小格子里捡铅字。在一七九三那个灾深难重的年头,五十上下的赛夏已经结了婚。全国大征兵[1]几乎把所有的工人编入军队,赛夏亏得上了年纪,成了家,逃过兵役。印刷所的老板,也就是行话所谓"傻瓜",死去不久,遗下一个寡妇,无儿无女,店里只剩一个掌车的赛夏。看来铺子立刻要关门了,孤零零的**大熊**没法变成**猴子**,因为他只管印刷,一字不识。一位人民代表[2]急于分发国民议会的皇皇文告,不管赛夏有无能力,给了他一张印刷执照,征用印刷所。赛夏公民[3]收下棘手的执照,拿老婆的积蓄送了一笔补偿费给东家的寡妇,只花一半价钱买进印刷所的机器。可是这不算什么。共和政府的告示要如期交货,一字不能印错。奚罗姆-尼古拉·赛夏正在为难,幸而碰到一个马赛的贵族,怕丢了田地不肯逃亡,又怕丢了脑袋不敢出面,只能找个工作糊口。特·摩公勃伯爵穿上寒碜的工衣,做了内地的印刷监工。某些公民为着隐匿贵族而被处死刑的布告,就是那监工从排字到校对,改校样,一手包办的,再由升任**傻瓜**的**大熊**拿去印刷,张贴。他们俩居然太平无事。一七九五年,恐怖的风暴过去了,尼古拉·赛夏不得不另找一位兼做排字,校对和监工的多面手。一个拒绝向政

---

1 一七九三年八月法国国民议会下令,在国外战争未胜利前,年龄在十八岁至二十五岁之间的未婚男子,一律须服兵役。
2 大革命后法国国民议会成员的名衔。
3 大革命时期废止先生太太的称号,改用公民女公民相称。

府宣誓的神甫接替特·摩公勃伯爵,直到首席执政恢复天主教[1]为止。神甫在王政复辟时代升为主教,在贵族院和特·摩公勃伯爵坐在一张凳上。尼古拉·赛夏在一八〇二年上不比一七九三年时多识一个字,却赚了不少钱,有力量雇一个监工了。以前不在乎前程的伙计,现在叫手下的大熊和猴子见着害怕。贫穷消灭了,啬刻脾气跟着出现。印刷所老板一看到有希望挣家业,发财的念头使他对本行心窍大开,变得又贪心,又猜疑,又精明。他仗着自己的经验,瞧不起理论。他只要眼睛一望,就能按照不同的字体,估出一小页或一整张的价钱。他告诉外行的主顾,大号的铅字成本贵;倘若用小号的铅字,他又说排起来费工。他在本行中一窍不通的是排字,最怕弄错,所以只承接高价的买卖。凡是按时计酬的工人,赛夏都目不转睛的盯着。有什么纸厂周转不灵,他买进便宜的纸张囤起来。因此,那所不知从什么时代起就做印刷工场的屋子,一八〇二年时已经是他的产业。赛夏在各方面都交上好运:老婆死了,只有一个儿子。他把儿子送进当地的中学,主要不是给儿子受教育,而是替自己预备后任。赛夏待孩子很严,有心把家长的威权延长时期;放假的日子要他在铅字架上做活,说他应该学会自食其力,将来好报答流着血汗养育他的可怜的父亲。未来的主教离开印刷所的时候,赛夏听着他的指点,在四个排字工人中挑了一个又聪明又老实的人做监工。老头儿的事业从此安排妥当,可以维持到孩子来接管的一天;那时铺子交给一个能干的年轻人,不怕不兴旺发达。大卫·赛夏在安古兰末中学成绩优异。老赛夏虽然是从没有知识没有教育的**大熊爬上来**

---

[1] 指一八〇一年七月拿破仑与教皇庇护七世签订宗教协议。

的，非常瞧不起学问，却也打发儿子上巴黎研究高等印刷，好不严厉的嘱咐大卫别指望老家的接济，必须在巴黎，据他说是工人的天堂，好好的攒一笔钱；可见送儿子到**智慧**的国土去留学是他的一种手段，借此达到自己的目的。大卫在巴黎一边学印刷，一边进修，完成学业。第多厂的监工成了一个学者。一八一九年年终，他听从父亲的命令回去接管买卖，离开巴黎，从头至尾没有花过父亲一个钱。当时尼古拉·赛夏的印刷所发行一份刊登司法广告的报纸，那是州内独一无二的刊物，另外还承接州公署和主教专区的印件。靠着这三宗买卖，一个活跃的青年不难挣一份大大的家业。

正在那个时期，开纸厂的戈安得弟兄买下安古兰末的第二张印刷执照。那家印刷厂一向被赛夏利用帝政时代连年战祸，百业萧条的局势，排挤得没有生路；赛夏为了时局，也不曾收买那铺子；这个小算盘竟害得他自己的老印刷所后来一败涂地。当时老头儿听见消息私下欣幸，以为同戈安得弟兄的竞争有儿子来担当，不用自己对付了。他心上想："我是挡不住的，可是第多厂培养出来的年轻人准有办法。"七十多岁的老头儿巴不得早日交代，好称心惬意的过活。他对高等印刷固然知识有限，在另一门艺术，工人们说笑话叫作"酒醉学"方面，倒是一个高手。那门艺术，《邦太葛吕哀》的了不起的作者[1]当年很重视，不幸遭到一些"节制会"[2]的摧残，钻研的人一天少一天了。奚罗姆-尼

---

1 指法国十六世纪的作家拉伯雷。
2 防止酗酒的团体，各国都有。

古拉·赛夏不愿辜负他的姓氏,永远口渴得厉害[1]。他对"发酵葡萄"的嗜好多少年来受着老婆约束,只能适可而止。其实那嗜好是出于大熊们的天性,夏多布里昂先生在美洲的真熊身上也曾注意到[2]。据一般哲学家的意见,一个人年轻时代的习惯老来会变本加厉。这条规律在赛夏身上证实了:他越老越贪杯。嗜酒的习惯在那张大熊脸上留着标记,使他的长相与众不同:鼻子尽量发展,近乎一个三号大法规[3]的大写A字,布满血筋的面颊像葡萄叶,红里带紫,长着许多小瘤,往往还有细毛点缀;整个脸庞仿佛秋天的葡萄叶包着一只其大无比的鸡㙡菌。两道浓眉好比两簇堆着雪花的小树,底下一双小灰眼便是喝醉的时候也很精神,显出一种贪婪成性的狡猾。贪婪把他所有的感情都消灭了,连父子的天性在内。光秃的脑袋四周剩一圈花白的头发,还有点蜷曲,令人想起拉封丹寓言中的芳济会修士。他矮身量,大肚子,像一盏费油而光线不足的旧油灯。一个人无论什么嗜好过了分,都能使身体往原来的方向发展。酗酒同研究学问一样叫胖子更胖,瘦子更瘦。三十年来尼古拉·赛夏老戴着民兵的三角帽;那种帽子当初出过风头,如今在某些内地城市的鼓手头上还看得见。他穿着似绿非绿的丝绒背心和丝绒长裤,棕色的旧大氅,一双花色纱袜,一双银搭扣的鞋子。赛夏这副布尔乔亚服装并不能遮盖他是工人出身,可是同他的嗜好和习惯再合适没有,而且完全表现出他的生活,仿佛那家伙是全身穿扮好了出世的。我们提到葱不能

---

[1] 赛夏一字在法文中与干燥一字相近;法国人又通常以葡萄酒解渴,故以口渴隐喻好酒。
[2] 法国十九世纪浪漫派诗人夏多布里昂,在中篇小说《阿塔拉》中描写美洲的熊多吃了葡萄,在树上醉得摇摇晃晃。
[3] 法国印刷业称呼某种字体的术语。三号大法规等于八十八磅(Points)的字。

不联想到葱的皮[1]，提到赛夏也不能不联想到他的装束。如果老印刷商不是早已暴露他利令智昏的贪心，单单那次退休的经过也尽够描画他的性格。不管儿子要从赫赫有名的第多厂带回许多学识，赛夏只打算跟儿子做一笔好买卖，这个主意他已经酝酿了多年。老子要赚钱，儿子势必要吃亏。可是在老人心目中，做买卖根本谈不上父子。赛夏先把大卫看作独养儿子，后来认为是当然的受盘人，同老子有利害冲突：他必须高价出盘，大卫必须低价盘进；因此儿子变为一个非制服不可的敌人。从感情转化到自私的过程，在有教养的人总是迂回曲折，慢慢儿来的，还得用虚情假意遮盖；在**老熊**身上却直截了当，非常迅速；他的行动说明狡黠的酒醉学比高深的印刷术强得多。儿子回家，老头儿拿出精明人欺哄老实人的手段，对他像招待主顾一般亲热，像服侍情妇一般关心：走路扶着他的胳膊，叫他脚下留神，别踩着泥浆；吩咐佣人替他暖被窝，生火，预备半夜餐。第二天，尼古拉·赛夏备了一顿丰盛的饭，竭力劝酒，想灌醉儿子；饭后他醉醺醺的说："咱们谈正经吧？"这句话夹在两个饱嗝儿之间说出来，声音特别古怪，儿子听了要求下一天再谈。**老熊**平日最会利用醉态，当然不肯放弃这场准备已久的斗争。他说他挑了五十年的担子，一小时都不能再等了。明天就得由儿子来当**傻瓜**。

讲到这儿，或许应当说一说厂房的情形。屋子从路易十四末期起就开印刷所，坐落在菩里欧街和桑树广场交叉的地方。内部一向按照行业的需要分配。楼下一间极大的工场，临街一排旧玻璃窗，后面靠院子装着一大片玻璃槅子。侧面一条过弄直达老板

---

[1] 这里的葱就是我们所谓的洋葱。

的办公室。可是印刷在内地始终是人人爱看的新鲜事儿，顾客宁可走铺面上临街的玻璃门，不怕工场的地基比路面低，进门要走下几级。少见多怪的客人穿过工场里的走道，从来不留心四面八方的障碍。他们望着楼板上吊的绳，晾的纸，像花棚的顶，身子便撞在一排一排的铅字架上，或者被支撑印刷机的铁棍把帽子撩在地下。动作灵活的排字工从铅字架上一百五十二个小格子里捡字，看一眼原稿，看一眼手里的排字夹，加一根空铅条；来客眼睛瞪着他们，不防地下有大石板压着整令浸湿的纸，绊他们的脚，再不然腰眼撞在纸架的角上；诸如此类的笑话叫一般**猴子**和**大熊**乐不可支。从来没有一个人能太太平平的走到办公室。办公室是两个简陋的亭子，在洞窟般的工场的尽里头，紧靠院子；监工和老板各据一方。后院墙上很幽雅的点缀着一些葡萄藤，以老板的名声来说，颇有一种本地风光，动人酒兴。院子尽头，靠着黑魆魆的界墙有间破落的偏屋，专为浸纸和整理纸张用的。那儿还有一个水斗，冲洗上印前后的版子，俗语所谓字盘；墨汁和厨房的污水混在一起流出去，赶集的乡下人看了以为真有什么魔鬼在屋内洗脸。偏屋的一边是厨房，另外一边是柴房。正屋最高层只有两个阁楼式的房间，二楼有三间屋子。第一间做了穿堂兼餐室，除去破旧的木扶梯占掉一些地位，同楼下的过弄一样进深；临街有一扇狭长的小玻璃窗，靠院子开一个大圆窗洞。四壁只刷白粉，寒酸简陋，活现出生意人家的吝啬：肮脏的地砖从不擦洗；家具只有三把蹩脚椅子，一张圆桌和一口碗盏柜。柜子两旁都有门，一扇门通卧房，一扇门通客室。门窗全是油腻，变了暗黄色，屋内常常堆着白纸或印好的纸；纸堆上可以看到尼古拉·赛夏的饭后点心，酒瓶，菜盘。卧房装着铅格子镶嵌的玻璃窗，从后院取光；壁上挂的旧毯子和内地在圣体节上挂在屋子外面的一样。房内放一张有栏杆的大床，挂着帐幔，铺一条红呢床罩，附带床几；还有两把虫蛀的大靠椅，两把胡桃木花绸面的单靠，一张旧书桌；壁炉架上面有一只挂钟。这间卧房颇有朴素的古风，一片暗黄色调，原是尼古拉·赛夏的老东家罗佐先生布置的。客室曾经由赛夏太太重新装修，恶俗的门窗跟护壁板全是理发师染假头发用的浅蓝色；白底的糊壁纸画着深褐色的东方景致；家具是六把蓝羊皮面子的单靠，椅背做成竖琴式；两个窗洞上部的半圆形砌得很粗糙，不挂窗帘，望出去可以看到桑树广场全景；壁炉架上没有烛台，没有座钟，没有镜子。赛夏太太不曾装修完就死了，**大熊**觉得美化屋子不能生利，毫无用处，工程便不再继续。当下尼古拉·赛夏东倒西歪，带儿子进去的便是那间客室；圆桌上摆着一份印刷所的机器生财的清单，那是监工照着他的意思写的。他指着文件对儿子说：

"孩子，你念吧。"尼古拉·赛夏一双醉眼骨碌碌的望望儿子，望望清单，"我给你的印刷所才呱呱叫呢。"

大卫拿着清单念道："一，木机三架，都有铁棍支撑，下装生铁盘……"

老赛夏插嘴道："这是我的改良。"

"……连同一切用具：墨缸，墨球，纸架等等，共值一千六百法郎！"大卫·赛夏念到这儿，放下清单说，"可是爸爸，你的印刷机全是蹩脚货，值不了三百法郎，只好当柴烧。"

"蹩脚货？……"老赛夏嚷起来，"蹩脚货？……你拿着清单，咱们一块儿下楼，瞧瞧你们发明的烂铁车可抵得上这些久经考验的老机器！你看了才不敢糟蹋这些实惠的印刷机，走起来像驿站上的包车一样，用上一辈子也不要修理。哼，蹩脚货！对，就是这些蹩脚货将来供给你油盐酱醋的！也就是这些蹩脚货在你老子手上用过二十年，使他有力量培植你到今天。"

老头儿奔下高低不平，摇摇晃晃的旧扶梯，居然没摔跤；他走进过道，推开工场的门，冲向第一架车子。所有的机器都暗中擦抹干净，上了油；两根交叉的结实的橡木轴也由学徒擦过了。他指着轴梗说：

"这样的印刷机还不讨人喜欢吗？"

车上有一份结婚帖子。**老熊**放下边框压住纸格，拉过生铁盘，覆上纸格，拉一下轴梗；然后放松绳索，拖开生铁盘，把边框和纸格往上收起，动作灵活，不亚于年轻的**大熊**。车子开动的时候声音怪好听，赛过鸟儿撞在玻璃窗上飞走的叫声。

"哪一部英国车子有这样的气派？"老赛夏问儿子，儿子看着呆住了。

老赛夏奔向第二第三架车子，照样轻松利落的表演了一番。酒鬼眯着醉眼发觉最后一架机器上有个地方学徒忘了收拾，狠狠的咒骂了一阵，扯起衣摆就抹，好比马贩子出售牲口，非把毛儿刷亮不可。

"就凭这三架车，告诉你，大卫，不雇监工，你好挣九千法郎一年。我以你未来的合伙人名义，反对你改用混账的铁车，磨坏铅字。那英国鬼子——还是法国的敌人呢——只想让铸字铺发财，亏你们在巴黎对着他的发明大声叫好！哼！你们想用斯丹诺普！得了吧！一架斯丹诺普卖到二千五百法郎，比我三架宝贝车子合在一起差不多要贵两倍，还没有弹性，容易磨坏铅字。我不像你有学问，可是你记住：斯丹诺普跟铅字是死冤家。这三架车还能久用不坏,做的活儿干净整齐,安古兰末人的要求不过如此。铁机也罢,木机也罢,金机银机也罢,不管你用什么车子印刷,反正他们不多付你一个子儿。"

大卫往下念道:"二,铅字五千斤,华弗拉铸字所出品……"念到华弗拉的名字,第多门下的高足不禁微微一笑。

"你笑吧,你笑吧!用了十二年,字还簇新。这才说得上铸字专家!华弗拉先生做人规矩,卖出来的字都料子挺硬。依我说,顾客上门次数最少的才是最好的铸字铺。"

大卫接着念:"估价一万法郎——可是一万法郎,爸爸,要合到两法郎一斤;第多厂出的**西塞罗**[1],全新的才卖一法郎八十生丁。你那些钉头只能当旧铅卖,一斤不过五十生丁。"

"嘿!你把奚莱先生刻的半斜体字,草体字,圆体字叫作钉头!奚莱在拿破仑时代就开印刷所,造的字要卖六法郎一斤,铜模是头等刻工,我买来才不过五年,好些铅字还是崭新的呢,你瞧!"老赛夏拿下几小格不曾用过的铅字给儿子看。

"我没有学问,一个字也认不得;不过我知道,奚莱的字体是你第多厂英国体的祖宗。瞧这个圆体字,"赛夏指着一个字架子,捡出一个M来,说道:"这个**西塞罗**圆体还没用旧呢。"

大卫发觉同父亲没有商量的余地;不是全盘接受就是全盘拒绝,只能说一声行或是不行。**老熊**连晾纸用的绳索都开入清单。最小的木夹子,木板,瓦盆,石板,刷子,统统列在项目之内,像守财奴一般精细。机器生财,连同印刷执照和客户,出盘的价钱总共是三万法郎。大卫心里思忖这桩买卖做得做不得。老赛夏

---

[1] 字体的一种。

看见儿子对着价钱一声不响,不禁暗暗着急,他宁愿来一场激烈的争论,不喜欢儿子悄没声儿的接受。遇到这一类交易,会争论的才是能干的生意人,能保护自己的利益。赛夏常说:"对什么条件都点头的人,临到付款总是一个钱也拿不出的。"他一边忖度儿子的心思,一边把办内地印刷所必不可少的破烂用具逐件指出来,带大卫看印零件用的切纸机,上光机,夸它们如何有用如何坚固。

他说:"工具总是老的好。印刷业的老工具价钱应该比新的贵才对,打金箔的工匠用的家伙就是这样。"

俗不可耐的铜版——大V字或大M字四周刻着司婚神,爱神,掀起棺盖来的死人,印戏报用的刻满假面具的大框子,被尼古拉·赛夏逞着酒意说得天花乱坠,好像都是无价之宝。他告诉儿子,内地人的习惯根深蒂固,你给他们最漂亮的东西也不受欢迎。他,尼古拉·赛夏,印过一批历本,比《列埃日人》历本好得多;谁知大家宁可买包糖纸[1]印的《列埃日人》,不要富丽堂皇的新历本。大卫不久自会发觉那些老古董的重要,卖的价钱比花足成本的新花样高得多。

"唉!孩子,内地是内地,巴黎是巴黎。乌莫镇上来一个人要你印结婚帖子,要不给他印上一个浑身裹着花圈的爱神,只像你第多厂那样单单排一个大写M,他就觉得自己没有结婚,准会把帖子退回给你。我知道几位第多先生在印刷界大名鼎鼎,可是他们的新花样要一百年之后才能行到内地来。就是这么回事。"

豪爽的人做买卖总是不行的。大卫天性柔和,动不动不好意

---

[1] 法国食用糖多半做成结晶的大块,用厚纸包装。

思，怕争论，只要受到过分的刺激就让步。他心地高尚，又是被老酒鬼压制惯了，更没法为了金钱同父亲争执；尤其他认为老人家用意极好，那种贪心是表现掌车工人对他的工具有感情。可是尼古拉·赛夏当初向罗佐寡妇盘进印刷所，统共只花一万法郎，付的还是革命政府的钞票；机器用到现在开出三万法郎价钱，显然太过分了。大卫说：

"爸爸，你这是要我的命了！"

"我生你出来的人要你的命？……"老酒鬼朝着晾纸的绳索举起手来。"那么，大卫，执照你估多少钱？每行广告收费五十生丁的报纸又值多少钱？上个月单靠这门独行生意就有五百法郎收入！孩子，你去翻翻账簿，看看州公署的公告和登记通知，市政府跟主教专区的印件，一共有多少出息！你真是个不想发财的饭桶。将来送你到玛撒克那样的好庄园上去的马，你还要讨价还价！"

清单之外附着一份爷儿俩合伙经营的契约。只花六千法郎买进的屋子，慈爱的父亲租给新店，每年收一千二百法郎租金；顶楼上的两间房，老人留下一间自用。在大卫·赛夏不曾付清三万法郎之前，铺子的盈利父子各半均分；等款子交割清楚，大卫才算印刷所的独资老板。大卫估计一下执照、营业额和报纸的价值，根本不计算生财，觉得盘进铺子的本钱不难付清，便接受了父亲的条件。老头儿见惯乡下人的刁猾，又不懂巴黎人的大算盘，看见事情这样快就定局，好生奇怪。

他私下想："难道儿子在巴黎发了财吗？还是他打算不付钱？"老赛夏存着这种心盘问大卫可曾带钱回家，想要他拿出来作为定洋。父亲追根究底，引起了儿子的疑心。大卫咬紧牙关，不肯透露一点消息。第二天，老赛夏叫学徒把家具搬上三楼，预备托回到乡下去的空车装回去。二楼的三间房，四壁皆空的交给儿子，印刷所也移交了，可不给他一个生丁开发工钱。大卫央求父亲以合伙人的身份拿出些股本来共同经营，老印刷工只管装傻。他说交出印刷所就是交了股本，不用再出钱。等到儿子说出一番批驳不倒的道理来，老赛夏回答说，他向罗佐寡妇盘进印刷所的时候，就是赤手空拳干起来的。他是个无知无识的可怜的工人，尚且能白手成家，第多门下的高足当然更有办法。何况做爷的辛辛苦苦让大卫受到教育，挣了钱，如今大卫正好拿出来用。

"你挣的工钱派了什么用场？"隔天儿子一声不出，问题悬而不决，这时老赛夏又来逼他，想探明真相。

大卫气愤愤的回答："我不要吃饭吗？不要买书吗？"

大熊说："啊！你买书？那你做买卖一定亏本。买书的人不相宜印书。"

大卫看见父亲不顾做父亲的身份，难堪极了。吝啬的老人为了拒绝出资，搬出一大堆卑鄙的，叹穷诉苦的生意话作理由，大卫只得听着。他把痛苦往肚里咽，眼看自己孤零零的，毫无依傍，没想到父亲是个市侩。幸而他抱着哲学家式的好奇心，想趁此摸清老人家的性格。大卫说他从来没要求清算母亲的遗产，即使那笔产业不能抵充盘进印刷所的本钱，至少可以做爷儿俩合伙经营的开办费。

老赛夏回答说："你娘的财产吗？她的财产是她的聪明和相貌！"

听了这句，大卫把父亲完全看透了；除非打一场没结没完，又费钱又丢脸的官司，休想叫父亲摊出清账，交代娘的遗产。有骨气的大卫明知履行父亲合同上的条件非常吃力，还是接受了这副重担。

他心上想："好好的干就是了。就算我苦一点，老头儿也是苦过来的。再说，我卖力也还是为我自己。"

儿子不作声，父亲看着不大放心，便说："我给你留下一件宝贝呢。"

大卫问什么宝贝。

"玛利红。"父亲回答。

玛利红是个乡下出身的胖姑娘，印刷所里少不了的助手。她管浸纸，切纸边，做饭，洗衣，上街跑腿，从车上卸纸，洗纸格，到外边去收款。如果玛利红认得字，老赛夏还会要她排字呢。

父亲动身了，一路走到乡下。他虽则借着合伙的名义出盘了印刷所，十分高兴，却也担心将来怎么收款。先是着急交易做不成，接下来总是着急款子没有着落。所有的情欲本质上都会自欺欺人。那家伙一向认为读书无用，此刻偏要相信读书的影响：儿子受过教育，必定讲信用，赛夏把三万法郎寄托在这一点上。大卫既是有教养的青年，准会埋头苦干，偿还父亲的钱；他有知识，不怕想不出办法；看他心地那么好，绝不至于赖债！许多父亲做了这一类的事，还相信一切是为儿子好；老赛夏回乡那天，走到他葡萄园的时候就有这个想法。葡萄园坐落在玛撒克村上，离开安古兰未十二里。前任的业主在村上盖着一所漂亮的屋子。庄园自从一八〇九年老熊买进以后，每年有所扩充。赛夏花在印刷机上的心血，如今转移在榨葡萄机上；而且正如他自己说的，他在葡萄园中混过多年，也很内行了。

从前他整天守着工场，现在整天守着葡萄园。告老回乡的第一年，赛夏老头在绑葡萄的桩子中间愁眉不展。意想不到的三万法郎使他飘飘然，比喝醉酒还舒服，他老是在想象中摩挲那笔钱。越是非分之财，越是急于到手，因此他放心不下，常常从玛撒克赶往安古兰末，爬上石扶梯，攀登那高踞在山岩上的城市，走进工场，瞧瞧儿子是否能应付。印刷车还在老地方，独一无二的学徒戴着纸帽[1]正在擦纸格上的油腻。老熊听见一架车咯吱咯吱叫着，印什么请帖之类，他认得他的老铅字，看见儿子和监工各自在亭子里念一本书，只当他们看校样。和大卫一同吃过饭，老赛夏回到玛撒克，始终牵肠挂肚。吝啬和爱情一样有先见之明，对未来的事故闻得出，猜得到。赛夏在工场里看到机器会出神，想起他赚钱的年月；现在离开了工场，葡萄园主照样感觉到儿子精神懒散，叫人担忧。他害怕戈安得弟兄的名字，眼看"赛夏父子"的招牌被他们压下去了。总之，老头儿觉得风头不对。这个预感是不错的，赛夏铺子已经走上背运。可是守财奴有守财奴的神道保佑。那神道利用一些意想不到的局面，把重价出盘铺子的钱送进酒鬼的荷包。现在得解释一下，明明可以办得发达的赛夏印刷所怎么会败下去的。

大卫既不理会王政复辟以后宗教对政府的影响，也不理会进步党的势力，在政治和宗教问题上采取了最要不得的中立。在他的时代，内地的生意人必须态度鲜明才有主顾，在进步党和保王党的客户之间只能挑选一个。大卫受着爱情牵缠，一心想着科学，又是天性高尚，不会像真正的生意人那样唯利是图，也就不

---

[1] 法国印刷工人的习惯，常常在工场内用废纸做帽子。

去研究内地企业和巴黎企业的差别。细微的分歧在巴黎的大浪潮中是看不见的,在州府里却非常突出。戈安得弟兄附和政府党的论调,经常进大教堂,亲近教士,故意要人知道他们守斋;社会上需要宗教书的时候赶紧重印,在利润优厚的生意上占了先,还诬蔑大卫是进步党人,无神论者。他们说,你怎么能照顾大卫的买卖呢?爷是九月党人[1],拿破仑党人,又是酒鬼,又是守财奴,早晚有大批金银传给儿子。他们弟兄俩可是穷得很,家累又重,比不得大卫是单身汉,将来还是大富翁,当然可以随心所欲。诸如此类的话说了很多。州公署和主教公署受到这些责备大卫的议论的影响,把印刷的业务给了戈安得弟兄。不久两个贪心的同行看见大卫没精打采,愈加放胆,也办了一份刊登广告的报纸。赛夏老店只有一些零星活儿可做,广告收入也减少一半。戈安得铺子靠宗教书和灵修册子赚饱了,想垄断本州的广告和司法公告,向赛夏父子提议收买他们的报纸。种葡萄的老人看着戈安得铺子营业蒸蒸日上,早已恐慌,一听见大卫报告这个消息,从玛撒克直奔桑树广场,来势之快好比乌鸦闻到了战场上的死尸味儿。

他对儿子说:"你别管,让我来对付戈安得弟兄。"

老头儿马上看出戈安得弟兄的用心,他眼光深刻,叫他们大吃一惊。他说他儿子险些儿做出糊涂事来,幸亏他拦住了——我们出让了报纸,还有什么主顾?诉讼代理人,公证人,所有乌莫镇上做买卖的,将来全是进步党;戈安得弟兄阴损赛夏爷儿两个,说他们是进步党,正好替赛夏铺子预备后路,日后进步党人的广告还是照顾赛夏铺子的!出让报纸?还不如连机器执照一齐

---

[1] 指大革命时期参加一七九二年九月二日至六日大杀贵族政治犯的人。

脱手。因此他要把印刷所盘给戈安得弟兄，讨价六万法郎，免得儿子破产；他喜欢儿子，他要保护儿子。一般乡下人凡事推在老婆身上，这个种葡萄的凡事推在儿子身上：不是儿子不肯这样，便是儿子定要那样，逼戈安得弟兄逐渐让步；他花了一番气力，两个戈安得终于答应出两万两千法郎收买《夏朗德报》。条件是大卫不得再发行任何报刊，否则赔偿三万法郎损失。赛夏印刷所做的这笔交易，等于自杀；种葡萄的却满不在乎。犯过盗窃，下一步总是凶杀。老头儿打算用出卖报纸的收入抵充他出盘铺子的钱；只要能到手这笔款子，他情愿牺牲大卫，尤其这讨厌儿子对这笔横财也有权利分去一半。慷慨的父亲放弃印刷所，算是补偿大卫；一千二百法郎的房租照旧维持。报纸让给戈安得弟兄以后，老人难得进城，推说年纪大了；其实印刷所已经不是他的产业，他不再关心。只是几十年来对老机器的感情一时不能完全消灭。他有事上安古兰末而回到老屋子去的时候，到底是为了他的木机呢，还是为了儿子，我们很难断定。他向儿子催讨房租不过是个形式。赛夏的监工如今在戈安得弟兄手下做活，他知道那老子为什么这样大方，说老狐狸有心让大卫积欠房租，一朝大卫有事，老头儿可以凭着优先债权人的资格出来干预。

大卫·赛夏荒废业务的原因正好说明这年轻人的性格。他接手老家的印刷所几天以后，遇到一个中学时代的朋友，正穷得走投无路。大卫的朋友那时大约二十一岁，名叫吕西安·夏同，父亲是共和政府时代因伤退职的军医。夏同老先生为着兴趣改做化学家，碰巧在安古兰末开着一家药房。他做了多年的科学研究，发明一种有利可图的药品，去世之前正在做必要的准备。他想治疗各种类型的痛风症。那是有钱的人害的病。有钱的人要恢复健康总是不惜重价的。因此药剂师在想到的许多计划中独独挑出这个问题来解决。在经验与科学之间，夏同懂得唯有科学能保证他发财。他研究痛风症的各种原因，根据某种摄生的办法使他的药物能适应不同的体质。最后他上巴黎去要求科学院鉴定，不料死在巴黎，研究的成果就此埋没了。他在世的时候自以为家业有望，对儿子和女儿的教育一点不肯疏忽，把药房的盈利统统花在家用上，弄得孩子们在他身后一贫如洗，更不幸的是一切教养都是为美丽的远景准备的，父亲一死，这远景也跟着消灭。替夏同治病的是有名的台北兰医生，眼看他临终又急又恨，浑身抽筋。

夏同这股雄心主要是为了热爱妻子。她是吕庞泼莱家硕果仅存的一个后代，一七九三年时被夏同像奇迹一般从断头台上救下来的。军医为了拖延时日，不征求姑娘同意，谎报她怀着身孕。他想法取得和那姑娘结亲的权利，同她结了婚，虽然彼此都穷。他们正如一般凭爱情结合的父母，生的两个孩子和母亲一样美丽无比，而美貌和贫穷凑在一处往往是最不幸的遗产。丈夫的希望，工作，绝望，深深的印在夏同太太心里，美丽的面貌大大的改了样；境况逐渐艰苦，她的生活习惯也改变了。可是她和孩子们的勇气完全能抵抗他们的厄运。药房设在安古兰末近郊最大的市镇，乌莫的大街上；可怜的寡妇出盘铺子的钱只能收三百法郎利息，还不够养活她一个人。她和她的女儿不觉得贫穷可耻，自愿做工度日。母亲服侍产妇，有钱人家看她举止文雅，特别喜欢雇用她；她吃了人家的饭，拿一法郎一天的工钱。母亲唯恐这样降低身份使儿子难堪，在外改称夏洛德太太；要雇用她的人都向盘进夏同药房的卜斯丹先生接洽。吕西安的妹子在专洗上等衣服的普利欧太太店里做活，一天挣七十五生丁；她管理女工，在工场里的地位比一般女工略为高一些。普利欧太太做人规矩，在乌莫镇上很受尊重，跟夏同家是邻居。母女俩微薄的工资，加上三百法郎利息，每年大约有八百法郎，供给三个人的吃住衣着。他们尽量节省，才勉强维持，而且那些进款几乎全都花在吕西安身上。夏同太太和女儿夏娃对吕西安的信心，不亚于穆罕默德的老婆对丈夫的信心，样样都肯为吕西安的前途牺牲。可怜的一家住在乌莫，屋子是花很少的钱向夏同的后任租的，坐落在后院尽头，配药间的楼上。吕西安住着顶楼上的一个破房间。他在热爱自然科学的父亲鼓励之下，开始也走这条路，是安古兰末中学最优秀的学生之一。大卫·赛夏毕业那年，吕西安正好进三年级[1]。

两个老同学碰巧相遇的时候，吕西安熬苦不住，正想走极端，这是二十岁左右的人常有的念头。大卫提议教吕西安学做印刷监工，很慷慨的送他四十法郎一月，把他从绝望中救了出来；其实大卫的铺子根本不需要监工。中学时代的交情恢复以后，命运的相似和性格的不同使两人的关系愈加密切。他们俩的头脑不难挣上好几份家私，聪明才智比得上第一流人物，事实上却屈居人下。命运的不公道成为他们之间有力的联系。并且两人从不同的途径出发，都热爱诗歌。吕西安预定的专业是高级的自然科学，但他热烈向往文学的声名；沉思默想的大卫天生宜于做诗人，趣味却倾向严格的科学。志趣的交错使他们俩情投意合。不久吕西安告诉大卫，他的父亲在应用科学方面有过哪一些卓越的见解；大卫向吕西安指出，要在文坛上成名致富应当走哪一些新路。两个青年在短时期内的友谊，只有刚刚脱离少年时代的人才

---

[1] 法国中学以一年级为最高班，八年级为最低班。

会那么热烈。不多几日，大卫见到美丽的夏娃，凭着他忧郁深思的性格，一见生情。祈祷文上说的海枯石烂、永矢勿渝的话，往往被一般无名的大诗人当作格言；他们的辉煌的诗篇是在两个人的心中产生的，也是隐藏在两个人的心里的。等到大卫发觉吕西安的母亲和妹子寄托在诗人身上的希望，知道了她们的盲目的热诚，更觉得能接近夏娃，参与她的希望，分担她的牺牲，十分快慰。因此大卫对吕西安视同手足。正如极端派的保王党比王上还要激烈，大卫比母亲和妹子更相信吕西安的天分，像母亲宠孩子一般的宠他。两人因为缺少资金，一筹莫展，常常像所有的年轻人那样左思右想，要找一条致富的捷径，把捷足先登者已经采摘一空的果树使劲摇撼还是找不到果子。有一回谈话中间，吕西安想起父亲提过两个计划：一个是采用新的化学药品，制糖的成本可以减低一半；另外一个计划是用美洲的一种植物造纸，近乎中国人用的原料，成本非常便宜，可以把纸价减低一半。大卫知道这问题重要，曾经在第多厂引起辩论，便抓住这个主意当作生财之道；又认为吕西安指出这条路来，变了他永远报答不尽的恩人。

谁都看得出，两个朋友的主要思想和精神生活使他们完全不宜于管理一个印刷所。戈安得弟兄成为主教专区的承印商和出版者，又是本州今后独一无二的报刊——《夏朗德时报》的业主，每年有一万五到两万法郎的营业；小赛夏的印刷所每月勉强做到三百法郎，除了付监工的薪水，玛利红的工资，捐税，房租，大卫一个月只到手上一百法郎。换了勤谨巴结的人，准会添一批新铅字，买几架铁机，用便宜的印刷工价向巴黎的出版界兜揽生意；这位老板和他的监工却一心一意在学问上做工夫，看见还有最后几家客户的生意就满足了。戈安得弟兄终究摸清大卫的性情脾气，不再毁谤；他们觉得最聪明的办法是让那家印刷所苟延残喘，维持一个不上不下的局面，免得落在一个精明强干的同行手中；他们自动把零件生意介绍给大卫的铺子。可见只因为竞争的人算盘精明，大卫在生意上还能存活，他自己可并不觉得。戈安得对于他们所谓大卫的"怪脾气"暗暗欣幸，表面上对待大卫很公道，很正直，其实他们的行事和驿车公司差不多，为了防止竞争，自己开出新公司来假装有人抢生意。

赛夏屋子的外表同内部的寒酸简陋完全一致，老熊从来没修理过什么。日晒雨淋，天时不正，过道的门像老树干，布满不规则的裂痕。虫蛀的屋顶盖着法国南方通行的凹瓦；门面造得很坏，砖石并用，杂乱无章，似乎吃不消屋顶的压力，往下沉了。虫蛀的窗槅子装着高大的护窗板，因为天气热，外面加上厚实的横闩。开裂得那么厉害的屋子，安古兰末城里很难找出第二所；要没有三合土的粘力，早已支持不住。两头亮，中间黑的工场，壁上全是招贴，下半截经过工人们三十年来的摩擦，变了棕色；楼板上吊着绳索，地下堆着纸张，放着几架旧机器，压纸的石板，一排排的铅字架；工场尽头，两边两个小亭子，老板和监工各据一方：你们想象一下这个景象，就能体会到两个朋友的生活。

一八二一年五月初，有一天下午两点光景，四五个工人离开工场去吃饭，大卫和吕西安正站在通后院的玻璃门后。学徒关上临街那扇装着小铃的门，大卫仿佛受不住纸张，墨缸，印刷机和旧木料的气味，把吕西安拉往后院。两人坐在葡萄棚下，地位正好望得见工场里是否有人进来。阳光在葡萄藤中闪烁浮动，笼罩着两个诗人,有如神像背后的光轮。那时,两种个性两副面貌的对比格外显著,给大画家看了准会技痒。长相像大卫那样的人注定要做剧烈的斗争,不管是轰轰烈烈的斗争还是无声无息的斗争。宽广的胸部,结实的肩膀,同各部分都很丰满的身体完全配合。肥胖的脸上血色很旺,带些紫色,脖子粗壮,一大堆乌黑的头发:粗看像波阿罗赞美的那种教区委员[1];可是你复看一下他厚嘴唇上的皱纹,下巴上的窝儿,方鼻子的模样,鼻子两半边的骚动的表情,尤其那双眼睛,不难发觉他有一股专一的爱情在不断燃烧,还有思想家的智慧,忧郁而热烈的性情;他的头脑能纵览全局,又能洞察幽微,分析的能力使他对纯粹空想的乐趣容易感到厌倦。脸上有天才的闪光,也有火山脚下的灰烬;使他深深感觉到自己在社会上毫无地位,所以脸上看不出一点儿希望;多少杰出的人都是为了身世低微,没有财产而压在底下的。虽然印刷和知识密切相关,大卫却讨厌他的行业。这个身体笨重的西兰纳[2]陶醉在诗歌和科学中间,借此忘掉内地生活的苦闷。在这样一个人物身边,吕西安的优美的姿势真像雕塑家设计的印度酒神。他脸上线条高雅,大有古代艺术品的风味:希腊式的额角和鼻子,女性一般的皮肤白得非常柔和,多情的眼睛蓝得发黑,眼白的鲜嫩不亚于儿童。秀丽的眼睛上面,眉毛仿佛出于中国画家的手笔,栗色的睫毛很长。腮帮上长着一层丝绒般的汗毛,色调正好同生来蜷曲的淡黄头发调和。白里泛着金光的太阳穴不知有多么可爱。短短的下巴颏儿高贵无比,往上翘起的角度十分自然。一

---

[1] 十七世纪法国主教兼作家波阿罗,为当时的名人所作的诔辞有名于世。教区委员指诔辞中哀悼的人物。
[2] 神话中泉水与河流之神。相传他的形象是个体态粗野,经常喝醉的老人。

口整齐的牙齿衬托出粉红的嘴唇，笑容像凄凉的天使。一双血统高贵的漂亮的手，女人看了巴不得亲吻，随便做个动作会叫男人服从。吕西安个子中等，细挑身材。看他的脚，你会疑心是女扮男装的姑娘，尤其他的腰长得和女性一样，凡是工于心计而不能算狡猾的男人，多半有这种腰身。这个特征反映性格难得错误，在吕西安身上更其准确。他的灵活的头脑有个偏向，分析社会现状的时候常常像外交家那样走入邪路，认为只要成功，不论多么卑鄙的手段都是正当的。世界上绝顶聪明的人必有许多不幸，其中之一就是对善善恶恶的事情没有一样不懂得。

两个年轻人因为处的地位特别低，愈加用自命不凡的态度批判社会；怀才不遇的人要报仇泄愤，眼界总是很高的。他们的结局因之比命中注定的来得更快，灰心绝望的情绪也更难堪。吕西安书看得不少，做过许多比较；大卫想得很多，思考很多。印刷商尽管外表健康，粗野，却秉性忧郁，近于病态，对自己取着怀疑的态度；不比吕西安敢作敢为，性情轻浮，胆量之大同他软绵绵的，几乎是娇弱的，同时又像女性一般妩媚的风度，毫不相称。吕西安极其浮夸，莽撞，勇敢，爱冒险，专会夸大好事，缩小坏事；只要有利可图就不怕罪过，能毫不介意的利用邪恶，作为晋身之阶。这些野心家的气质那时受着两样东西抑制：先是青春时期的美丽的幻想，其次是那股热诚，使一般向往功名的人先采用高尚的手段。吕西安还不过同自己的欲望挣扎，不是同人生的艰苦挣扎，只是和本身的充沛的精力斗争，不是和人的卑鄙斗争；而对于生性轻浮的人，最危险的就是卑鄙的榜样。大卫惑于吕西安的才华，一边佩服他，一边纠正他犯的法国人的急躁的毛病。正直的大卫生来胆小，同他壮健的体格很不调和，但并不缺少北方人的顽强。他虽然看到所有的困难，却决意克服，绝不畏缩；他的操守虽然像使徒一般坚定，可是心地慈悲，始终宽容。在两个交情悠久的青年之间，一个是对朋友存着崇拜的心，那是大卫。吕西安像一个得宠的女子，居于发号施令的地位。大卫也以服从听命为乐。他觉得自己长得笨重，俗气，朋友的俊美已经占着优势了。

印刷商心上想："牛本该耐性耕种，鸟儿才能无忧无虑的过活。让我来做牛，让吕西安做鹰吧。"

两个朋友把前途远大的命运联在一起，大约有三年光景。他们阅读战后出版的文学和科学的名著，席勒，歌德，拜伦，沃尔特·司各特，约翰-保尔，贝尔才里于斯，大维，居维埃[1]，拉马丁等等的作品。他们用这些融融巨火鼓舞自己，写一些不成熟的作品做尝试，或者开了头放下来，又抱着满腔热诚再写。他们不断的工作，青春时期的无穷的精力从来不松懈。两人同样的穷，也同样的热爱艺术，热爱科学，忘了眼前的苦难，专为未来的荣名打基础。

那天印刷商从口袋里掏出一册十八开本的小书，说道："吕西安，你知道巴黎寄来什么书？让我念给你听。"

大卫能够像诗人一样的朗诵，他念了安特莱·特·希尼埃的两首牧歌：《奈埃尔》和《年轻的病人》，还有那首纯粹古风的关于自杀的挽歌，以及讽刺诗中的最后两首。

---

1 约翰-保尔·李克忒（1763—1825），德国哲学家，小说家，为德国浪漫主义运动的领袖之一。贝尔才里于斯（1779—1848）为瑞典化学家。大维（1778—1829），英国化学家，为钾，钠，氯，碘之发现人。居维埃（1769—1832），法国动物学家，古生物学家，首创比较解剖学。

吕西安不住的叹道:"想不到安特莱·特·希尼埃是这样一个人物!"等到大卫感动得不能再念,吕西安把诗集接过去的时候,又说了第三遍:"真是望尘莫及!"他看到序文的签名,说道:"原来发现这诗人的也是个诗人![1]"

大卫道:"写了这部集子,希尼埃还自以为没有写出一点值得发表的东西。"

吕西安念了那首悲壮的《盲人》和几首挽歌,读到"要是他们不算幸福,世界上哪儿还有幸福?"不由得捧着书亲吻。两个朋友哭了,因为他们都有一股如醉若狂的爱情。葡萄藤的枝条忽然显得五色缤纷;破旧,开裂,凹凸不平,到处是难看的隙缝的墙壁,好像被仙女布满了廊柱的沟槽,方形的图案,浮雕,无数的建筑物上的装饰。神奇的幻想在阴暗的小院子里洒下许多鲜花和宝石。安特莱·特·希尼埃笔下的加米叶,一变而为大卫心爱的夏娃,也变为吕西安正在追求的一位贵族太太。诗歌抖开它星光闪闪的长袍,富丽堂皇的衣襟盖住了工场,**猴子**和**大熊**的丑态。两个朋友到五点钟还不知饥渴,只觉得生命像一个金色的梦,世界上的珍宝都在他们脚下。他们像生活波动的人一样,受着希望指点,瞥见一角青天,听到一个迷人的声音叫着:"向前吧,往上飞吧,你们可以在那金色的、银色的、蔚蓝的太空中躲避苦难。"那时,大卫从巴黎招来的学徒,赛里才,推开工场通后院的小玻璃门,让进一位生客。客人依着学徒的指点向他们俩一边行礼一边走过来。

他从衣袋里掏出一个厚厚的本子,对大卫说:"我有部论文打

---

[1] 安德莱·特·希尼埃(1762—1794)的作品最早由亨利·特·拉都希(1785—1851)作序刊行。拉都希虽然写过诗和小说,主要是政论作家。

算出版,请你估一估价钱。"

大卫不看本子,就回答说:"我们不印大部头的手稿,先生还是去找戈安得弟兄吧。"

吕西安接过手稿,说道:"我们有一副挺漂亮的字体,可能用得上。最好把作品留下,让我们估价,请你明天再来。"

"阁下莫非就是吕西安·夏同先生?……"

"是的,先生。"监工回答。

那位作家说:"先生,我能遇到一个前途无量的青年诗人,高兴极了。我是特·巴日东太太介绍来的。"

吕西安听到那名字,脸红了,含含糊糊说了几句感谢特·巴日东太太关切的话。大卫注意到朋友的发窘和脸红,让他去招呼客人。客人是个乡下绅士,写好一部讨论养蚕的书,为了虚荣想印出来给农学会的同道拜读。

乡绅走了,大卫问:"喂,吕西安,难道你竟爱上了特·巴日东太太吗?"

"爱得像发疯一样!"

"可是你们受着成见的阻隔,比她在北京,你在格林兰还要离得远。"

"情人的意志什么都能克服。"吕西安低下眼皮说。

"那你会忘记我们的。"夏娃的胆怯的情人说。

吕西安嚷道:"相反,也许我为了你,把我的爱人牺牲了。"

"这话是什么意思呢?"

"我虽然那么爱她,虽然为着种种利益想在她家里左右一切,可是我告诉她,我有个朋友才具比我高,将来准是了不起的人物,名叫大卫·赛夏;她要不招待我这个朋友,我的兄长,我从此不见她了。等会我回家去等她答复。尽管她今晚请了全体贵族来听我朗诵诗歌，倘使拒绝我的要求，我永远不再踏进特·巴日东太太家的大门。"

大卫抹了抹眼睛，和吕西安热烈握手。钟上正好敲六点。

吕西安忽然说："我再不回去，夏娃要急了，再见吧。"

说完他溜了，让大卫独自在那儿激动；一个人只有在那个年纪上才能充分体会这种情绪，尤其在当时的处境之下，两个青年诗人的翅膀还没有被内地生活斩断。

大卫望着吕西安穿过工场走出去，叹道："心肠多好！"

吕西安回乌莫，走的是菩里欧的美丽的林荫道，麦市街，出圣·比哀门。他挑这条最远的路线，可知特·巴日东太太家就在这段路上。吕西安觉得从那位太太的窗下经过，即使她不知道，心里也非常快乐，两个月来他回乌莫不走巴莱门了。

到了菩里欧的树荫底下，他凝神望了望安古兰末和乌莫之间的距离。当地的风俗习惯筑起一道精神上的界墙，比吕西安走下去的石梯更不容易跳过。在府城和城关之间，雄心勃勃的青年靠着声名做吊桥，不久才闯进巴日东的府第；此刻他心中焦急，不知道情人如何答复，正如得宠的人做了得寸进尺的试探，唯恐失去主子的欢心。凡是分作上城和下城的地方都有些特殊的风俗，不知道那风俗的人一定觉得上面的一段话意思不大清楚。并且讲到这儿也该介绍一下安古兰末，帮助读者了解这个故事中最重要的一个角色，特·巴日东太太。

02

特·巴日东太太

安古兰末是个古城,建立在一座圆锥形的岩崖顶上,夏朗德河在底下的草原中蜿蜒而过。岩崖靠贝利谷方面连着一带小山,在巴黎到波尔多的大路经过的地方,山脉突然中断;岩崖便是山脉的尽头,地形像个海角,面临三个风景秀丽的盆地。城墙,城门,以及矗立在岩崖高处的残余的堡垒,证明安古兰末在宗教战争时代形势重要。城市位居要冲,从前是天主教徒和加尔文教徒必争之地。不幸当年的优势正是今日的弱点:城墙和陡峭的山崖使安古兰末没法向夏朗德河边伸展,变得死气沉沉。我们这故事发生的时期,政府正往贝利谷方面扩建城市,沿着丘陵筑起路来,盖了一所州长公署、一所海军学校和几处军事机关的房舍。可是商业在另一地区发展。附郭的乌莫镇早在山岩下面和夏朗德河边像一片野菌似的扩张,巴黎到波尔多的大路就在河边经过。人人知道安古兰末的纸厂名气很大,纸厂三百年来不能不设在夏朗德河同几条支流上有瀑布的地方。政府在吕埃镇上为海军办着国内规模最大的铸炮厂。运输,驿站,旅馆,制车,交通各业,所有依靠水陆要道的企业都麇集在安古兰末的山脚底下,避免进城的麻烦。皮革业，洗衣作坊，一切与水源有关的商业，当然跟夏朗德河相去不远；河边还有酒栈，从水路来的各种原料的仓库，有货物过境的商号。乌莫因之成为一个兴旺富庶的市镇，可以说是第二个安古兰末，受到上城嫉妒。政府机关，主教公署，法院，贵族，集中在上城。所以乌莫镇尽管活跃，势力一天天的增长，终究是安古兰末的附庸。上面是贵族和政权，底下是商业和财富；无论在什么地方，这两个阵营总是经常对立的；我们很难说上城和下城哪一个恨对方恨得更厉害。这局面在帝政时代还算缓和，自从王政复辟以后，九年之间变得严重了。住在安古兰末上城的多半是贵族或是年代悠久，靠产业过活的布尔乔亚，形成一个土生土长，从来不容外乡人插足的帮口。难得有一户从邻省搬来的人家，在当地住到两百年，和某一旧家结了亲，勉强挨进去，而在本地人眼中还像是昨天新来的。那些古老的家庭蹲在岩石顶上，好比多疑的乌鸦；历届的州长，税局局长和行政机关，四十年来一再尝试，想叫他们归化；他们出席官方的舞会宴会，却始终不让官方人士到他们家里去。他们嘴皮刻薄，专爱挑剔，又嫉妒，又啬刻，只跟自己人通婚，结成一个紧密的队伍，不许一个人进去，也不许一个人出来；不知道近代的享受；认为送子弟上巴黎是断送青年。这种谨慎反映出那些家庭的落后的风俗习惯。他们抱着蔽塞的保王思想，没有真正的宗教情绪，只晓得守斋念经，像他们住的城市和山岩一样毫无生气。可是在邻近几州之内，安古兰末的教育颇有名气；四周的城镇把女孩子送来进私塾，进修道院。不难想象，等级观念对于安古兰末和乌莫之间的对立情绪影响极大。工商界有钱，贵族穷的居多。彼此都用轻视的态度出气，轻视的程度也不相上下。安古兰末的布尔乔亚也卷入漩涡。上城的商人提到城关的商人，老是用一种无法形容的口吻说："他是乌莫镇上的！"王政复辟以后，政府把贵族放在突出的地位，让他们存着一些只有社会大变革才能实现的希望，因而扩大了安古兰末和乌莫的精神距离，比地理的距离分隔得更清楚。当时拥护政府的贵族社会，在安古兰末比法国别的地方更褊狭。乌莫人的地位竟像印度的贱民。由此产生一股潜在而深刻的仇恨，不仅使一八三〇年的革命那么令人吃惊，一致，并且把长期维持法国社会秩序的各种因素摧毁了。宫廷贵族的傲慢使王上失去内地贵族的人心，内地贵族也伤害布尔乔亚的面子，促成他们叛离。因此，一个乌莫出身的人，药房老板的儿子，能踏进特·巴日东太太府上，确是一次小小的革命。这革命是谁促成的呢？是拉马丁和维克多·雨果，卡西米·特拉维涅和卡那利斯[1]，贝朗瑞和夏多布里昂，维勒门和埃宁，苏梅和蒂索，埃蒂安纳和达佛里尼，朋雅明·公斯当和拉美内，古尚和米旭，总之是老一辈的和小一辈的出名的文人，不分保王党进步党。特·巴日东太太喜爱文学艺术，那在安古兰末是荒唐的嗜好，大家公开惋惜的怪癖；可是我们描写那女子的身世的时候不能不为她的嗜好辩解。她是生来可以出名的，因为处境不利而埋没了，她的影响决定了吕西安的命运。

　　特·巴日东先生的高祖本姓米罗，原是波尔多的市政官，服务了许多年，由路易十三封为贵族。路易十四时代，米罗的儿子改称米罗·特·巴日东，在内廷禁卫中当军官，结了一门极有钱的亲事，他的儿子在路易十五治下便干脆称为特·巴日东先生。

---

[1] 十八个人中只有卡那利斯是巴尔扎克的假想人物，《人间喜剧》中经常出现的一个角色。

那位特·巴日东先生,市政官米罗的孙子,决心做一个地道的贵族,把祖传的产业花得精光,家道就此中落。他的弟兄之中有两个,现在这一代巴日东的叔祖,重新做买卖,至今波尔多商界中还有姓米罗的人。巴日东家的田产坐落在安古莫阿[1]境内,原是从拉·洛希夫谷家采邑中领取的租地[2];那块地和安古兰末城里的一所屋子,所谓巴日东府,都是只能世袭,不准出让的财产,所以一直传到浪子巴日东的孙子手里。一七八九年这孙子丧失了土地的使用权,只能每年收一万法郎上下的租金。如果他的祖父巴日东三世学着巴日东一世,二世的光辉的榜样,这个可称为"哑巴"的巴日东五世也许早已成为特·巴日东侯爵,同高门望族攀了亲,像多少人一样晋封为公爵,做到贵族院议员,不至于一八○五年时娶到玛丽-路易士-阿娜依斯·特·奈葛柏里斯小姐,觉得十分荣幸了。小姐的父亲是个蛰居家园的老乡绅,外面久已无人知道,祖上倒是法国南方最古老的一个世家,他的一支是小房。当年圣·路易[3]手下被俘的人中就有一个奈葛柏里斯。大房的儿子在亨利四世时代娶了埃斯巴家的独养女儿,承继了埃斯巴那个有名的姓氏。现在这个乡绅是小房中的小房,靠着妻子的产业,巴勃齐欧近边的一小块田地过活。他极会经营,自己酿酒,自己到集上去粜麦子;只要能多积几个钱,扩充一下庄园,绝不怕人笑话。

由于穷乡僻壤,虽然机会很少,特·巴日东太太居然对音乐

---

1 法国古地区名,首府便是安古兰末。
2 指封建时代下级贵族以纳贡与效忠为条件获得的土地,只要履行义务,可以永远使用。
3 一二五○年法王圣·路易(路易九世)率十字军东征,在埃及战败被俘。

和文学感到兴趣。大革命时期，罗士神甫[1]的得意门生，尼奥朗神甫，带着作曲家的行装逃入埃斯卡巴那个小小的古堡。他教育老乡绅的女儿，充分报答了主人的情谊。姑娘名叫阿娜依斯，简称娜依斯，要不遇到尼奥朗神甫，只能自生自长，或竟落入一个品性不良的女佣人之手，那就更糟了。神甫不仅是音乐家，文学方面的知识也很广博，懂得意大利文和德文。他把这两种语言和对位学教了奈葛柏里斯小姐；替她讲解法，意，德三国的文学名著，同她一起研究各个大作曲家的音乐。当时的政局使他们与世隔绝，神甫为了消磨时间，教女学生念希腊文和拉丁文，又给她一些自然科学的知识。这样的男性教育，做母亲的也改变不了；况且姑娘从小在乡间长大，独往独来的倾向本来很强。尼奥朗神甫非常热情，富有诗意，天生的艺术家气质，颇有一些优点，见解独立，目光远大，没有布尔乔亚的成见。这种气质因为有它与众不同的深度，还能叫上流社会原谅它的狂妄，在私生活中却容易促成越规的行动，变作有害了。神甫感情丰富，他的思想也就感染了阿娜依斯；她不但和一般年轻姑娘一样会激动，还有乡下的孤独生活加强她这个趋向。尼奥朗把大胆的探讨，敏捷的判断传给学生，没想到这些对男人极重要的长处，在一个生来要做主妇，过平凡生活的女性身上会变成缺点。虽则神甫不断的告诫学生，愈有学问愈要谦虚和顺；特·奈葛柏里斯小姐却自视甚高，老实不客气瞧不起人。她在周围只看见比她低微和对她唯命是听的人，养成一派贵妇人的高傲，而不曾学会她们虚假的礼数。可怜的神甫看着女学生好比作家看自己的作品，十分得意，满足女

---

[1] 尼古拉·罗士（1745—1819）是个颇有声名的音乐家。

学生各方面的虚荣心；不幸她没有遇到一个可作比较的人，帮助她衡量自己。乡居生活最大的缺陷就是没有伴侣。即不必在态度和衣着上头为别人做些小小的牺牲，也就没有顾到别人而克制自己的习惯。于是我们身上样样开始变质，不论是外表还是思想。特·奈葛柏里斯小姐不受社交拘束，思想方面的大胆发展到举动和眼神中去了；她的放肆的神气粗看很别致，其实只对生活放荡的女人才合适。可见她那种教育倘不经过高等社会把棱角磨平，等到崇拜她的人对于她只有在青春时期才显得可爱的缺点，不再美化的时候，只能使她在安古兰末叫人笑话。至于特·奈葛柏里斯先生，只要能挽救一条害病的牛，把女儿的图书全部送掉也不在乎；因为他非常吝啬，即使是教育女儿必不可少的小东西，也不肯在规定的月费以外支出。神甫死于一八〇二年，在他疼爱的孩子出嫁之前；他要是活着，准会劝阻那头亲事。神甫死了，老乡绅感到女儿是个大大的累赘。他的啬刻脾气，同一无所事的女儿的倔强脾气势必要发生冲突，而他觉得没有精力对付。娜依斯看透了婚姻，根本不放在心上；少女们一越出女性应走的老路，都是这个情形。她遇到的无非是一般没有气魄，没有价值的男人，要让他们来支配她的身心，她是受不了的。她一心想指挥，婚姻偏要她服从。还是听让一个恶俗的、不了解她的趣味的男人随意支配呢，还是跟一个惬意的情人私奔？如果叫她在两者之间选择，她绝不迟疑。特·奈葛柏里斯先生毕竟是贵族，不能不防到玷辱门楣的婚姻。他决意替女儿攀亲，同许多父亲一样，不是为女儿着想，而是求自己安宁。他需要一个不大聪明的贵族或者乡绅，不会挑剔他代管女儿财产的账目；头脑和意志相当软弱，可以让娜依斯自由行动；也不太重金钱，肯娶一个没有陪嫁的姑娘。可是既要配父亲脾胃,又要对女儿合适的女婿怎么找得到呢?如此这般的女婿像凤凰一般少有。特·奈葛柏里斯先生抱着这双重的愿望研究本州的男人,觉得只有特·巴日东先生合乎条件。他四十多岁,早年风流过度,弄得身体很虚弱,出名的没有头脑,只是还有相当理路,能照管产业;态度举动也过得去,不会在安古兰末的上流社会中失态或者闹笑话。特·奈葛柏里斯先生向女儿提出这个理想丈夫,很露骨的说出他的消极的长处,让她知道为自己的快活着想,有哪些地方可以贪图。她总算嫁了一个旧家子弟,巴日东家的纹章[1]已经有两百年历史:**图样是上下分成四格,对角的两格金底子上画着三个大红鹿头,上二下一[2],和鹿头交错在一起的有三个全黑的正面牛头,上一下二;其余对角的两格各分六根横条,银蓝相间,蓝条上画着六个贝壳,上三,中二,下一。**身边有着保护人,躲在出面经理的招牌之下,再凭着她的才情和相貌,在巴黎交上一般朋友做帮衬,她尽可称心惬意的安排前途。娜依斯看到这样自由的远景很中意。特·巴日东先生自以为攀了一门出色的亲事,估计丈人花足心血扩充的田产不久就好到手;可是按照当时的情形,似乎特·巴日东先生的墓志将来还得由岳父执笔。

我们的故事发生的时候,特·巴日东太太三十六岁,丈夫五十八岁。这个年龄的差别格外刺目,因为特·巴日东先生看来有七十岁,而他太太还能装作少女模样,穿上粉红衫子,头发梳

---

1 欧洲封建时代的纹章也是一种专门学问,描写图样有一套术语,故此处原文全用斜体字。译文只求意义清楚,给读者一个形象。
2 上二下一指安排鹿头的地位,上面两个并列,下面单独一个;下文说的上一下二是上面单独一个,下面二个并列。

成小姑娘款式，不显得肉麻。他们一年只有一万两千收入，可是除开商人和官员，在老城中已经列在六大富户之内。特·巴日东太太预备得了父亲的遗产到巴黎去，偏偏那笔遗产叫人久等，临了女婿竟死在丈人之前。特·巴日东夫妇为了巴结老人，留在安古兰末；藏在娜依斯胸中的才华和未经琢磨的宝藏就此白白糟蹋了，年代一久还变得可笑。的确，我们的可笑大半是由于某种高尚的情感，某些德行或才能过分发展。不和高等社会来往而不加纠正的傲气，不在崇高的感情圈子内而在琐事上发挥，结果变为生硬。慷慨激昂的情绪原是基本的美德：历史上的圣者，无人知道的献身，辉煌的诗篇，都是受它的感应；但用在内地的无聊小事上面就是夸张了。离开了人才荟萃的中心，呼吸不到思想活跃的空气，不接触日新月异的潮流，我们的知识会陈腐，趣味会像死水一般变质。热情无处发泄，一味夸大渺小的东西，反而降低热情的价值。毒害内地生活的吝啬，毁谤别人的风气，便是这样产生的。不久连最杰出的女子也会染上狭窄的观念，鄙陋的行动。在这种情形之下毁掉的，有些男人是天生的大才，有些女子倘若经过高等社会的教育和优秀人士的栽培，可能是极风趣的人物。特·巴日东太太为一桩极寻常的事可以大发诗兴，分不出幽密的诗意和当众的激动的区别。普通人不能体会的感触，我们应当藏在心里。落日当然是一首雄壮的诗，可是一个女人对一般俗物夸大其词的描写落日，岂不可笑？我们自有一些销魂荡魄的快乐，只能在两个人中间，诗人对着诗人，心对着心，细细吟味。特·巴日东太太的毛病却是用大而无当的句子，把浮夸的字眼堆砌起来，变成新闻界所谓的"夹心面包"——记者们天天早上为读者做得极难消化，而大家照样吞下去的文字。她的谈吐滥用极端的形容词，把小事说成天大。就在她那个时代，样样东西已经被她**典型化，个性化，综合化，戏剧化，极端化，分析化，诗歌化，散文化，巨型化，圣洁化，新式化，悲剧化**；我们只能暂时破坏一下语言，描绘某些女人新行出来的歪风。特·巴日东太太的思想也同她的语言一样如火如荼。心中和口头都是一片狂热的赞美。事无大小，她都要心跳，昏迷，激动；一个慈善会女修士的热心，富希弟兄的处决[1]，阿兰戈先生的《伊普西蒲埃》，留伊斯的《阿那公达》[2]，拉华兰德的越狱[3]，一个女朋友粗着嗓子吓走窃贼，都能使她兴奋若狂。在她看来，一切都是崇高的，非凡的，古怪的，神奇的，不可思议的。她紧张，愤怒，丧气，忽而精神奋发，忽而垂头丧气，望着天上或看着地下，老是眼泪汪汪。她的精力不是消耗在连续不断的赞叹上面，便是消耗在莫名其妙的轻蔑上面。她猜想雅尼那总督[4]的为人，恨不得在他后宫中和他搏斗；觉得被人装入布袋丢下水去，伟大得很。她羡慕沙漠中的女才子，斯丹诺普夫人[5]。她想进圣·加米叶修会，到巴塞罗那去看护病人，染上黄热病[6]送命：那种身世才伟大呢，崇高呢！她不愿埋没在野草中过平淡无奇的生活。她崇拜拜伦，卢梭，崇拜一切生活富有诗意和戏剧色彩的人。她准备为所有的苦

---

1 一八一五年九月白色恐怖时期被复辟政府枪决的两个军人。
2 法国阿兰戈的小说《伊普西蒲埃》，以文体浮夸，文字不通，见笑当时。英国小说家兼戏剧家留伊斯的《阿那公达》也是没有价值的作品。
3 拉华兰德伯爵忠于拿破仑，一八一五年时被判死刑。终于越狱逃往国外。
4 希腊塞萨利地区的雅尼那总督阿利（1741—1822），原是土匪出身，出名的阴险残暴。
5 英国埃斯忒·斯丹诺普夫人（1776—1839），是个性情乖戾，行为怪僻的女冒险家，一八一〇年后定居近东黎巴嫩。
6 一八二〇年时西班牙的巴塞罗那流行黄热病，成为大疫。

难痛哭流涕，对所有的成功欢呼颂赞。她同情战败的拿破仑，屠杀埃及暴君[1]的美黑美特－阿利。总而言之，她在天才背后画上光轮，认为他们是靠着香气和光明过活的。在许多人眼中，特·巴日东太太是个没有危险的疯子；目光深刻的观察家觉得她的种种表现仿佛有过昙花一现的美妙的爱情，见过极乐世界而只留下一些残迹，总之，她心里藏着一股没有对象的爱。这个观察是不错的。特·巴日东太太最初十八年的结婚生活，几句话就好说完。她先用自己的精神力量和遥远的希望支持了一个时期。随后她承认限于财力，一心向往的巴黎生活不可能实现，便考察周围的人，对自己的孤独感到寒心。女人过着没有出路、没有风波、没有兴趣的生活，绝望之下往往会一时糊涂；可是特·巴日东太太身边连使她一时糊涂的男人也看不见。她没有什么可期待，没有意外的事可以希望；因为平平淡淡过一辈子的人有的是。在法兰西帝国声威鼎盛，拿破仑把精锐的队伍送往西班牙的时节，那位太太一向落空的希望又醒过来了。她出于好奇，想见识见识那些听到命令就去征略欧洲的英雄，把骑士们神话式的奇迹重演一遍的人物。帝国禁卫军路过的地方，便是最吝啬最倔强的城市也不能不招待，州长市长预备好长篇演说，出去迎接，像恭迎圣驾一般。特·巴日东太太出席一个团部招待本地人士的舞会，看中一个青年贵族，军阶不过是少尉，狡猾的拿破仑暗示他有做元帅的希望。两人的抑制，高尚，强烈的爱情，和当时一般随便结合随便分手的私情大不相同，而且经过死神之手，永远变为贞洁而神圣的了。华格拉姆一仗，一颗炮弹击中特·刚德－克洛阿侯爵的

---

[1] 指埃及总督美黑特－阿利一八一一年屠杀埃及警卫军一事。

胸口，炸毁了唯一画出特·巴日东太太美貌的肖像。他受着功名和爱情鼓励，在两次战役中升到上校，把娜依斯的书信看得比帝国政府的褒奖还重。娜依斯长时期悼念这个俊美的青年。哀伤在她脸上罩着一重凄凉的幕。这块乌云消散的时候，她已经到了华年虚度，悔恨无穷的年龄，眼看自己花残叶落，不禁重新燃起爱情的欲望，只求青春最后的笑容多留一些时日。一朝感到内地生活的寒冷，特·巴日东太太一切卓越的才能都变为内心的伤口。倘使和一般饱餐过后，只想玩几个铜子小牌的男人接触之下而玷污自己，她势必要像银鼠一般羞愤而死。心高气傲使她逃过了内地那种可叹的私情。在虚无寂灭和周围的庸才俗物之间，像她这样卓越的人宁可忍受虚无寂灭。在她心目中，结婚生活和上流社会等于修道院。嘉美丽德会的女修士靠宗教过活，特·巴日东太太靠美丽的幻想过活。过去没听见过的外国名人在一八一五至一八二一年间发表许多作品，鲍那和特·梅斯忒两个大思想家[1]的重要论著先后刊行，气魄较差的法国文学也在蓬蓬勃勃长出第一批枝条；特·巴日东太太拿这些读物来破除寂寞，思想可并不变得圆通，人也不见得更灵活。她身体强壮，躯干笔直，仿佛一株遭到雷击而没有倒掉的树。尊严的态度僵化了，高高在上的地位使她装腔作势，过分雕琢。既是被人趋奉惯的，她尽管有缺点，照样占着宝座。特·巴日东太太的身世便是这一段枯燥的历史，必须交代清楚才能了解她同吕西安的关系，而吕西安被人引进的方式也相当古怪。上年冬天，城里新来一个人物，特·巴日东太太单调的生活因之有了一些生气。间接税稽核所所长的位置刚好

---

[1] 两人都是反对大革命，拥护王权的极右派。

出缺，特·巴朗德先生[1]派来的新人有一段奇怪的经历，他便利用妇女的好奇心作为晋身之阶，去接近当地的王后。

杜·夏德莱先生出世的时候只姓夏德莱，名叫西克施德；从一八〇六年起，他灵机一动，自封为旧家，称为杜·夏德莱[2]。拿破仑时代，有些讨人喜欢的青年靠着帝室的光辉，逃过每一届的兵役；夏德莱便是这等人物，开始在拿破仑家里一位公主身边当首席秘书。杜·夏德莱先生一无所能，正好配合他的职位。他身材匀称，长相漂亮，跳舞跳得出色，打得一手好弹子，锻炼身体的玩意儿都很在行，会唱多情的歌，茶余酒后能够粉墨登场，爱听俏皮话，殷勤凑趣，肯趋奉人，又嫉妒人，无所不知而一无所知。他对音乐全盘外行，可是碰到一位太太愿意替大家助兴，唱一支花了个把月，费了九牛二虎之力学来的歌，他能在钢琴上胡乱伴奏。他一点诗意都不能领会，却胆敢自告奋勇，散步十分钟，吟一首即兴诗，味同嚼蜡的四行诗，只有韵脚，没有内容。杜·夏德莱先生还有一件本领，能够把公主开头绣的花接下去。公主绕线，他张开手臂有模有样的托着，嘴里东拉西扯，隐隐约约夹几句风话。他不懂绘画，照样能临一幅风景，勾一张侧面的人像，画衣服的图样，著上颜色。总之，在妇女操纵政治，权势惊人的时代，凡是对前程大有帮助的小本领，杜·夏德莱无不具备。他自命为擅长外交。外交原是不学无术而用空虚冒充深刻的学问，而且并不难学，但看怎样充当高级的差事就知道：一则外交要用机密的人，所以外行尽可一言不发，用莫测高深的点头耸

---

[1] 当时法国间接税总署的署长。
[2] 法国法律上虽无明文规定，一般人都把姓氏之前的"特"字"杜"字当作贵族或旧世家的标识。

脑做挡箭牌；二则精通此道的高手好像在支配时局，其实在潮流中载沉载浮，尽量把头昂在水外，可见问题在于一个人的体重。外交界和文艺界一样，在上千的庸才中才有一个天才。杜·夏德莱尽管替公主办了不少例行的和例外的公事，仍不能靠着后台老板的面子进参事院；并非他不如人家，没有资格当一个风趣十足的评议官，而是公主觉得他留在自己身边比担任别的职位更好。他终于封了男爵，派到卡赛尔[1]去当特使，他的地位的确非常特别，换句话说，拿破仑在紧急关头把他派作外交信使的用场。帝国瓦解的时候，上面刚好答应让杜·夏德莱到奚罗姆宫中去，做法国驻威斯特发里亚公使，据他说是当家庭使节。这个希望破灭之后，他灰心了，和阿尔芒·特·蒙脱里伏将军一同游览埃及，遇到一些离奇的事，半路上和同伴分散，在沙漠中流浪了两年，从这个部落到那个部落，被亚刺伯人俘虏，辗转出卖，谁也没法利用他的才能。最后他进入玛斯卡德教主境内，蒙脱里伏往坦丹尔进发。夏德莱在玛斯卡德遇到一条英国船正要启碇，比同伴早一年回到巴黎。他仗着从前的一些老关系，目前走红的人受过他的好处，新近又遭了难，总算得到内阁总理的关切；总理在没有什么司长出缺之前，把他交给特·巴朗德先生安插。杜·夏德莱在帝政时代的公主手下当过差，出名是个风流人物，旅行中又有不少古怪的经历，受过许多磨折，引起安古兰末的太太们注意。西克施德·杜·夏德莱男爵弄清了上城的风俗习惯，相机行事。他装作病人，性情忧郁，兴致全无，动不动双手捧着脑袋，仿佛随时在发病；这个小手法叫人想起他的旅行，对他关心。他在上

---

[1] 德国西部威斯特发里亚的首都。当时威斯特发里亚的国王便是拿破仑的兄弟奚罗姆。

司门下走动，拜访将军，州长，税局局长，主教；到处摆出一副有礼的，冷淡的，带点儿轻慢的态度，俨然是个大材小用，但等上面提拔的人物。他暗示他多才多艺，因为没有显过身手而更受重视；他叫人仰慕而不让大众的好奇心冷却；看透了一般男子的无用，花了好几个星期日在大教堂里把所有的女人仔细研究过了，认为最合适的是和特·巴日东太太交个亲密的朋友。他打算用音乐做敲门砖，打开那座不招待外人的府第。他私下觅到米罗阿的一部弥撒祭乐，在钢琴上弹熟了，然后拣一个星期日，安古兰末的上流社会都在望弥撒的时候，他奏起大风琴来，把那些外行听得赞叹出神，还让教堂的小职员泄漏他的名字，刺激大家对他的兴趣。特·巴日东太太在教堂门口恭维他，说可惜没有机会和他一同弄音乐。他在这次有心钻谋的会面上，叫人把他自己开口得不到的通行证，心甘情愿的送在他手里。机灵的男爵进入安古兰末的王后府上，大献殷勤，不避嫌疑。过时的美男子——他年纪已经四十五——看准特·巴日东太太还能燃起青春的火焰，还有财富可以利用，说不定将来是个遗产可观的寡妇；要是跟奈葛柏里斯家结了亲，他可以接近巴黎的特·埃斯巴侯爵夫人，仗着她的势力重新进政界。虽然那株美丽的树给苍黑茂密的藤萝损坏了，夏德莱决心依附，由他来修剪，栽培，收一批出色的果子。安古兰末的贵族看见蛮子闯进宫殿，大惊小怪的直嚷起来。特·巴日东太太的客厅一向是最严格的集会，没有外人羼入，经常来的只有主教，州长每年只招待两三次，税局局长根本轮不到；特·巴日东太太出席局长的晚会和音乐会，从来不在那儿吃饭。不接待税局局长而容纳一个稽核所所长，这样颠倒等级的行为，在受到轻视的官员看来简直无法理解。

谁要能渗透每个阶层都有的狭窄的眼界，不难懂得巴日东府在安古兰末的布尔乔亚心目中多么威严。对乌莫镇说来，这个小型卢浮宫的气派，本地朗蒲依埃[1]的光彩，更是在云端里，高不可攀。在那里聚会的全是周围几十里以内最穷的乡绅，头脑最贫乏、思想最鄙陋的人物。谈到政治无非是一大篇措辞激烈的滥调，认为《每日新闻》[2]太温和，路易十八同雅各宾党相去不远。至于妇女，多半愚蠢可笑，谈不到风韵，衣着不伦不类，每个人都有些缺陷破坏她的长相；谈吐，装束，思想，肉体，没有一样是完美的。要不是对特·巴日东太太别有用心，夏德莱绝对受不了那个环境。可是阶级意识和生活习惯，乡绅的神气，小贵族的高傲，严格的规矩，遮盖着他们的空虚。他们在感情方面的贵族品质，比豪华的巴黎社会真实得多；不管怎么样，他们对波旁王室还是拥护的，尊重的。做个不相称的比方，那个社会像老式的银器，颜色发黑，可是挺有分量。一成不变的政见近于忠诚。同布尔乔亚的距离，森严的门禁，显得他们地位很高，在社会上有公认的价值。在居民心目中，每个贵族都有他的身价，仿佛贝壳在庞巴拉的黑人中代表金钱。好些女子受着夏德莱的奉承，承认他某些长处是她们圈子里的男人没有的，也就不觉得和他来往有损尊严；骨子里她们个个人希望承继帝政时代的公主的遗产。最重清规戒律的人以为那不速之客只能在巴日东府上露面，绝不会受别的家庭招待。杜·夏德莱碰过好几个钉子，可是他巴结教会，地位始终不动。他迎合安古兰末王后在本乡养成的缺点，给她看各种新书，替她念新出的诗集。两人为着一批青年诗人的作

---

1 法国十七世纪有名的文学沙龙，由特·朗蒲依埃侯爵夫人主持。
2 法国史上有名的保王党报纸。

品感动出神，在特·巴日东太太是出于真心，夏德莱是闷得发慌，硬着头皮忍受；他是帝政时代的人物，不大了解浪漫派的诗歌。在百合花[1]影响之下发生的文艺复兴，引起特·巴日东太太的热情；她喜欢夏多布里昂先生，因为他说过维克多·雨果是个"**才华盖世的孩子**"[2]。她只能在书本上认识天才，觉得心中怏怏，愈加向往名流荟萃的巴黎。杜·夏德莱先生以为想出了一个绝妙的主意，告诉她安古兰末也有一个才华盖世的孩子，一个青年诗人，比巴黎初升的明星更灿烂，而他自己并不知道。原来乌莫出了一个未来的大人物！中学校长给男爵看过一些出色的诗。那孩子又穷又朴实，竟是查忒吞[3]第二，可不像查忒吞在政治上那么卑鄙，也不像他那样痛恨名流，写小册子攻击他的恩人。特·巴日东太太周围有五六个人和她一样喜欢文学艺术，一个因为能拉几下难听的小提琴，一个因为能用墨汁糟蹋纸张，一个仗着农学会会长的身份，还有一个会直着低嗓子，像猎场上吹号角似的，嚷几句**只要你还有一口气**之类的歌；在这些荒唐古怪的角色中，特·巴日东太太赛过饿慌了肚子，眼睁睁的望着舞台上纸做的酒席。一听到杜·夏德莱的报告，她的快乐简直无法形容。她要见那个诗人，那个天使！她为之兴奋，激动，一谈就是几小时。第三天，前任外交信使托中学校长接洽，把引见吕西安的事谈妥了。

你们倘是生在内地的小百姓，阶级的距离就比巴黎人更不容

---

[1] 百合花是法国王朝的徽号。浪漫派文学家绝大多数是保王党。
[2] 夏多布里昂这句话是一八二〇年说的，雨果十八岁，夏多布里昂五十二岁。
[3] 英国诗人查忒吞（1752—1770），十二岁上写的讽刺诗已有传世价值，以贫穷潦倒于十八岁时服毒自杀。

超越,巴黎人觉得这距离正在一天天缩短,你们始终受着铁栏阻隔,各个不同的社会阶层隔着铁栏诅咒,对骂"拉加"[1];所以只有你们能体会,吕西安·夏同听见威严的校长说,他的名气替他打开了巴日东府的大门,他的心和头脑激动到什么地步。他平日夜晚同大卫在菩里欧溜达,望见巴日东家的旧山墙,常常说他们的名字恐怕永远传不到那儿,对于出身低微的人的学问,贵人们的耳朵特别迟钝。怎想到他会受到招待呢?这秘密,他只给妹妹一个人知道。夏娃会安排,又是体贴入微,拿出几个路易[2]的积蓄,为吕西安向安古兰末最高级的鞋店买了一双上等皮鞋,向最有名的成衣铺买了一套新衣服,替他最好的衬衫配上一条百裥绉领,她亲自洗过,熨过。夏娃看见吕西安穿扮好了,不知有多么高兴!她为着哥哥不知有多么得意!嘱咐的话不知说了多少!她想起无数的细节。吕西安经常出神,养成一种习惯,一坐下来就把胳膊肘子撑在桌上,有时竟拉过一张桌子来做靠手;夏娃要他在贵族的殿堂上检点行动,放肆不得。她陪着哥哥走到圣·比哀门,差不多直送到大教堂对面,看他穿入菩里欧街,拐进林荫道去和杜·夏德莱先生相会。可怜的姑娘站在那儿,激动不已,好像完成了一桩大事。吕西安踏进特·巴日东太太家,在夏娃看来是好运的开端。纯洁的女孩子哪里知道,一有野心就要丧失天真的感情!吕西安走进麦市街,看到屋子的外表并不惊奇。在他想象中一再扩大的卢浮宫是用当地特产的软石盖的,年代久了,石头有点发黄。临街的门面相当阴沉,内部的构造也很简单:内地式的冷冰冰的院子,十分干净;朴素的建筑近乎修道院,保养得

---

[1] 古希伯来人的骂人话,见《新约·马太福音》第五章二二节。
[2] 法国古金币,值二十四法郎。

不错。吕西安走上古老的楼梯，栏杆是栗树做的，从二层楼起踏级就不是石头的了。他走过一间简陋的穿堂，一间光线不足的大客厅，方始在小客室里见到当地的王后。灰色的门窗框子，雕花都是上一世纪的款式；门楣顶上嵌着仿浮雕的单色画。板壁糊着大马士革旧红绸，镶边很简单。红白方格的布套遮着寒碜的老式家具。诗人瞧见特·巴日东太太坐在一张垫子用细针密缝的长沙发上，面前摆一张铺绿呢毯子的圆桌，点着一个老式双座烛台，围着罩子。王后并不站起来，只是怪可爱的在椅上扭了扭身子，笑吟吟的望着诗人；诗人看着她蛇一般扭曲的动作，心里直跳，觉得那姿势十分高雅。

吕西安的无比的美貌，羞怯的举动，还有他的声音，一切都使特·巴日东太太感到惊异。诗人本身已经是一首诗了。吕西安觉得这女人名不虚传，偷偷打量了一番：特·巴日东太太同他理想中的贵族太太完全符合。她按照时行的款式，戴一顶直条子黑丝绒拼成的平顶帽。这顶大有中世纪风味的帽子，在青年人眼中愈加抬高了对方的身份。帽子下面露出一大堆黄里带红的头发，照着亮光的部分完全金黄，蜷曲的部分红得厉害。据说女人长着这种颜色的头发，别的部分很不容易配合；那位高贵的太太却是皮色鲜明，弥补了那个缺点。一双灰色眼睛闪闪发光，雪白宽广，已经有皱褶的脑门，轮廓很显著；眼睛四周的色调像螺钿；鼻子两旁有两条蓝血管，细巧的眼圈儿因之显得更洁白。神采奕奕的长脸孔上长着一个鹰爪鼻，成为一个鲜明的标识，说明她容易激动，像公台[1]家的人。头发没有完全遮掉脖子。随便扣上的袍

---

[1] 法国王室波旁家的旁系亲属。

子露出雪白的胸脯，不难想见乳房丰满，位置恰当。特·巴日东太太伸出她保养很好而有些干枯的细长手指，很亲热的指着近边的椅子，要青年诗人坐下。杜·夏德莱坐在一把靠椅上。那时吕西安才发觉没有别人在座。

　　乌莫的诗人被特·巴日东太太的谈话陶醉了。在她身边消磨的三个钟点，对吕西安简直是个梦，恨不得永远做下去。他发现那太太是消瘦而不是真正的瘦，渴望爱情而得不到爱情，身强力壮而带着病态。态度举动把她的缺点更加夸大了，吕西安却看着很中意；年轻人开头总喜欢夸张，只道是心地纯洁的表现。他完全不注意酒糟颧骨的面颊神态憔悴，被烦闷和痛苦染上一层土红色。他的幻想只管盯着那双热烈的眼睛，照着烛光的美丽的卷发，白得耀眼的皮肤，像飞蛾见到亮光一样死盯不放。并且对方的话句句说到他心里，他再也不想去判断对方是怎样的女人。那种女性的激动，特·巴日东太太重复了多年而吕西安觉得很新鲜的滥调，都使吕西安入迷，尤其他存心把一切看得十全十美。他不曾带作品来，而且当时也谈不到这个问题；吕西安故意忘记带诗，好作为下次再来的借口；特·巴日东太太也绝口不提，以便改天再要他念自己的作品。这不是初次见面就有了默契吗？西克施德·杜·夏德莱先生对这次招待大不高兴。他发觉得晚了一步，这漂亮青年竟是他的情敌。他送吕西安从菩里欧走下乌莫的石扶梯，直到第一个拐角儿上，有心叫吕西安领教领教他的手段。间接税稽核所所长先自己夸了一阵引见的功劳，然后以介绍人身份给他一番劝告，叫吕西安听着很诧异。

　　杜·夏德莱先生说："总算吕西安运气，受到的待遇比他夏德莱好。这批蠢东西比宫廷还傲慢。他们扫尽你面子，叫你下不了台。他们要不改变作风，一七八九年的革命准会再来。至于他夏德莱，他所以还在那家走动，无非是对特·巴日东太太感到兴趣，安古兰末只有这个女人还像点儿样。他先是因为无聊，对特·巴日东太太献献殷勤，结果却发疯似的爱上了她。不久事情就好得手，处处看得出她爱着他。他只有收服这个骄傲的王后，才能对那批臭乡绅报仇泄恨。"

夏德莱形容自己的痴情已经到了杀死情敌的地步，万一有情敌的话。帝政时代的老油子用尽全身之力扑在可怜的诗人身上，想用威势压倒他，叫他害怕。他讲到旅行埃及时的危险，大大夸张了一番，抬高自己；可是他只能刺激诗人的想象而并没有吓退情敌。

从那天晚上起，吕西安不管老风流如何威胁，如何装出小市民冒充打手的样子，照样去拜访特·巴日东太太；他先还保持乌莫人的身份，陪着小心；后来习惯了，不像早先那样觉得在那儿出入是莫大的荣幸，上门的次数愈来愈多。那个圈子里的人认为药房老板的儿子根本无足重轻。开始一个时期，某个贵族或者某些妇女去看娜依斯而碰到吕西安，对他都拿出上等人对待下级的态度，礼貌特别周到。吕西安先觉得他们和蔼可亲，后来也咂摸出那种虚假的客气是什么意思。有一些恩主面孔引起他的愤慨，加强他痛恨不平等的平民思想；许多未来的贵人开始对高等社会都有这种仇恨。可是不论怎样的痛苦，吕西安为了娜依斯都能忍受。娜依斯这个名字，他是从别人嘴里听来的。那个帮口跟西班牙的元老和维也纳的世家一样，熟朋友之间男男女女都用名字相称，他们想出这一点区别，表示他们在安古莫阿的贵族里头也是与众不同的。

吕西安爱上娜依斯，正如年轻人爱上第一个奉承他的女子，因为娜依斯预言他前途无量，一定会享大名。她使尽手段要吕西安成为她家里的常客，不但过甚其辞的赞美，还说吕西安是她有心提拔的一个穷孩子；她故意把他缩小，好把他留在身边；她要吕西安做秘书，念书给她听。其实她是爱吕西安，在当年那次惨痛的经历以后，她自己也想不到还能爱到这个程度。她暗暗责备自己，觉得爱一个二十岁的青年简直荒唐，单说身份，他就同自己离得多远！种种顾虑煽动起来的傲气，莫名其妙的在亲热的态度中流露出来。她一会儿目无下尘，摆出一副保护人面孔，一会儿慈爱温柔，满嘴甜言蜜语。吕西安开头震于她高贵的地位，尝遍了恐惧，希望，绝望的滋味；可是经过痛苦与快乐的交替，第一次的爱情也在他心里种得更深了。最初两个月，他把特·巴日东太太当作像慈母一般照顾他的恩人。一来二去，终于说起知心话来了。特·巴日东太太称诗人为亲爱的吕西安，然后干脆叫他亲爱的。诗人大着胆子也把尊贵的太太叫起娜依斯来。她听着大不高兴，发了一阵脾气，叫不通世故的孩子愈加神魂颠倒；她嗔怪吕西安不该用一个大家通用的称呼。又高傲又尊贵的特·奈葛柏里斯小姐，向俊美的天使提出一个簇新的名字，要他用路易士相称。这一下吕西安一跤跌进了爱情的天堂。一天夜晚，路易士正在瞧一张肖像，吕西安进去，她急忙收起，吕西安要求给他看。这是他第一次表示嫉妒，路易士怕他发急，给他看了年轻的刚德-克洛阿的肖像，淌着眼泪讲出那一段悲惨的爱情，多么纯洁，受到多么残酷的摧残的爱情。是不是她打算对已故的情人不忠实了？还是利用肖像暗示吕西安，还有一个男人同他竞争？吕西安太年轻，没有能力分析他的爱人，只是很天真的发急，因为娜依斯已经排开阵势挑战。在这种战斗中，女人总希望男人把她理由说得相当巧妙的顾虑彻底破除。她们关于责任，体统，宗教的争辩好比许多堡垒，但愿男人一齐攻下。天真的吕西安用不着这些挑拨就冲过来了。

有天晚上，吕西安大着胆子说："换了我才不肯死呢，我要为着你活下去。"他想把特·刚德－克洛阿先生彻底解决，望着路易士的目光表示他的热情已经到顶点。

路易士看着这股新生的爱情在她和诗人心中进展，暗暗吃惊。她故意找错儿，说吕西安答应题在她纪念册第一页上的诗不该老是拖延。等到诗写出来了，她当然觉得比贵族诗人卡那利斯最好的作品还要美，可是她念过以后又作何感想呢？

生花妙笔，虚幻的诗神，
并不经常来叩我的心魂，
　　点染我的花笺和薄薄的绢素。
倒是我美丽的情人在挥毫时分，
往往把她幽密的欢欣，
　　或是无声的悲苦，向我倾吐。

啊！等到她追寻我褪色的旧稿，
想得到一个分晓，
　　花团锦簇的前程从何处发轫；
那时但愿爱神呵，
　　将来回想起这次美妙的旅行，
像晴朗的天空没有一朵乌云！

她说："你的诗真是受了我的感应吗？"

这个疑问是喜欢玩火的女人有心挑逗，叫吕西安冒出一滴眼泪；她便安慰吕西安，破题儿第一遭亲了亲他的额角。真的，吕西安是个大人物，她要好好的栽培他，教他意大利文，德文，纠正他的态度举动；有了这些借口，她可以当着那般讨厌的清客，让吕西安经常留在身边了。她多关切吕西安的生活！为着吕西安重新弄音乐，引他进入音乐的天地，弹几支贝多芬的美妙的曲子，使他听着出神。吕西安快乐，路易士也跟着快乐；看见吕西安心醉神迷，快要晕过去的样子，她假惺惺的说："有了这样的幸福，我们不是该满足了吗？"可怜的诗人糊涂透顶，回答说："是的。"

形势逐渐发展，上星期路易士居然留吕西安在家和特·巴日东先生同桌吃饭。虽然有丈夫在场，事情还是弄得满城皆知，大家还认为过分离奇，难以相信。结果引起许多骇人听闻的谣言。有的人觉得社会马上要天翻地覆了。另外一些人大声疾呼的说："这就是高谈自由平等的后果！"醋意十足的杜·夏德莱打听出服侍产妇的夏洛德太太便是夏同太太，被他说做"乌莫夏多布里昂的母亲"。这句话变了一句有名的俏皮话。特·乡杜太太第一个赶往特·巴日东太太家，说道：

"亲爱的娜依斯，你可知道全安古兰末谈论的事吗？那起码诗人的娘，就是两个月以前服侍我嫂子生产的夏洛德太太！"

特·巴日东太太摆出一副十足地道的王后面孔，回答说："亲爱的，这有什么大惊小怪？她不是药剂师的寡妇吗？特·吕庞泼莱家的小姐落到这步田地也够可怜的了。假定你跟我穷得一个钱都没有？……咱们靠什么过活？怎么养活你的孩子？"

特·巴日东太太的镇静压倒了贵族的怨叹。伟大的心胸最容易把苦难当作德行。做的好事受到指责而坚持下去，也更有意思；清白无辜和不正当的嗜好同样有刺激作用。晚上特·巴日东太太家高朋满座，都是来埋怨她的。她拿出冷嘲热讽的口才，说即使贵族成不了莫里哀，拉辛，卢梭，伏尔泰，玛西翁，博马舍，狄德罗，至少也该接待生出大人物的家具商，钟表匠，铸刀匠[1]。她说天才永远是贵族。她责备那些绅士不懂得自己真正的利益。总而言之，她说了许多傻话，听的人要不那么蠢，早就心中有数；可是他们只以为她脾气古怪。一场雷雨被她用大炮轰散了。吕西安第一次被请来当众露面，四桌客人在褪色的旧客厅里打韦斯脱[2]；路易士满面春风的接待吕西安，摆着一副叫人非服从不可的王后气派向大众介绍。她把间接税稽核所所长叫作"夏德莱先生"，表示她知道夏德莱并无资格在姓氏之前加上旧家的标识，夏德莱听着愣住了。从那天晚上起，吕西安算是硬挨进了特·巴日东太太的圈子；可是个个人当他毒物看待，存心慢慢的用傲慢的态度做解毒剂，把他排除出去。娜依斯虽然胜利，却是大失人心；一部分反对派打算离开她了。阿美莉——就是特·乡杜太太——听着夏德莱的主意决定每星期三接待宾客，和特·巴日东太太唱对台。

特·巴日东太太是每天晚上招待的，去的人早已养成习惯，老是坐在那几张绿呢牌桌前面，玩那几副脱里脱拉[3]；看惯屋子里的

---

1 莫里哀的父亲是家具商；卢梭和博马舍的父亲是钟表匠；狄德罗的父亲是铸刀匠。
2 纸牌戏的一种，桥牌的前身。
3 用骰子和跳棋玩的一种游戏。

当差，烛台；在走道里挂大衣，帽子，放套鞋，都变了刻板文章；甚至对楼梯的踏级也像对女主人一样有感情。大家捺着性子忍受"御花园中的蓟鸟[1]"，这是亚历山大·特·布勒皮安想出来的俏皮话。最后，农学会会长还说出一番内行话来消除众人的怒气。

他说："大革命以前，便是王公大臣也接待跟这小诗人差不多的小角色，例如杜格洛，葛里姆，克莱皮翁等等；可是从来不接见收人头税的小官儿，像夏德莱这种人。"

杜·夏德莱做了夏同的替死鬼，个个人对他冷淡。间接税稽核所所长自从被称为夏德莱先生起，发誓非征服特·巴日东太太不可；他一发觉受人攻击，反而站在女主人一边，替青年诗人撑腰，自称为吕西安的朋友。了不起的外交家当年手段笨拙，没有拍上拿破仑，如今却来笼络吕西安，跟他亲热了。他请了一次客，替诗人捧场，出席的有州长，税局局长，驻军司令，海军学校校长，法院院长，所有的行政首脑。可怜的诗人大受夸奖，要不是二十二岁的年轻人，听着那些耍弄他的赞美准会疑心。上甜菜的时候，夏德莱要他的情敌朗诵他最近的杰作，《垂死的萨达那巴勒的颂歌》。素来不动感情的中学校长拍手说，便是约翰-巴蒂斯德·卢梭[2]也不能写得更好了。西克施德·夏德莱男爵断定这小诗人不是经不起夸奖，早晚在暖室里干瘪，便是为了未来的光荣得意忘形，闹出些狂妄的笑话来，仍旧缩回去做个无名小卒。在这个天才不曾夭折的时期，夏德莱的雄心似乎为特·巴日东太太牺牲了；其实他老奸巨猾，订好计划，要像刺探军情一样

---

1 蓟鸟（以蓟草为食料的鸟）在法文中叫作"夏同纳莱"；吕西安姓夏同，原意为蓟草，是一种开淡紫花的多年生草。夏同纳莱前半与夏同相同，又可作小夏同解。
2 约翰-巴蒂斯德·卢梭（1671—1741），是法国抒情诗人。

留意两个情人的行动，等候机会消灭吕西安。从那时起，城内城外隐隐然说到安古莫阿出了一个大人物。舆论一致赞美特·巴日东太太照顾青年才子。特·巴日东太太发现她的行事有人赞同，就想获得公众的批准。她在本州内逢人便说，要举行一次请吃冰淇淋和糕点的茶会；那时茶叶还作为消化药，归药房发售，请客喝茶是从来未有的创举。第一流的贵族都被请去听吕西安朗诵一件重要作品。

路易士把她暗中克服的困难瞒着吕西安，可也透露几句上流社会反对他的阴谋。她认为应当让吕西安知道天才一生中必然要经历的危险，有些难关需要过人的勇气才能冲破。她拿这种胜利当作教育。她伸着雪白的手，向吕西安指出要用不断的苦难去换取的光荣，提到殉道的志士非受不可的毒刑，她搬出她的最好听的空话，最浮夸的辞藻。那种信口开河的议论正是学了《高丽纳》小说中的缺点。她自以为雄辩滔滔，伟大之极，而她的口才又是受她的朋雅明的感应，也就更爱他了[1]。她劝吕西安放大胆子抛弃父亲的姓氏，改用吕庞泼莱那个高贵的姓，不用管群众起哄，反正将来王上会批准的。勃拉蒙－旭佛里家的小姐，特·埃斯巴侯爵夫人，跟路易士是至亲，在宫廷中很有势力，请求改姓的事由路易士负责就是了。听到王上，宫廷，特·埃斯巴侯爵夫人这些字儿，吕西安好比看见一连串美丽的烟火，觉得大有改姓的必要。

"亲爱的孩子，"路易士带着又温柔又打趣的口吻说，"事情早一天做，公众就早一天承认。"

---

[1] 法国女作家斯塔埃夫人（1766—1817）写的小说《高丽纳》，反映她和朋雅明·公斯当的爱情，作者借女主人公高丽纳表现自己的思想感情。

她把社会的阶层一一揭开，叫诗人明白这个巧妙的主意可以使他平空跳过多少等级。吕西安听着她的劝告，立刻改变思想，不再相信一七九三年代的虚幻的平等；对于名位的饥渴本来被大卫用冷静的理智消解了，如今受到路易士的煽动，她说只有高等社会才是他活动的天地。愤懑不平的进步党人**内心深处**变了保王党。吕西安咬着荣华富贵的禁果，发誓要送一个胜利的花冠给他的王后，哪怕是染着鲜血的花冠，他也要弄到手，**任何代价在所不惜**。他要证明他的勇敢，说出眼前的痛苦。至此为止他瞒着路易士；年轻人初次恋爱都莫名其妙的怕羞，不敢炫耀自己崇高的品质，但愿不露出真正的精神面目就得到情人赏识。此刻他说出如何受贫穷压迫，自己如何高傲的忍受，提到在大卫那儿的工作，深夜的用功。这股青春的热诚使特·巴日东太太想起二十六岁的上校，眼神愈来愈柔和。吕西安看出他的尊贵的情人动了心，便抓着她的手（她也让他拿着），凭着诗人的、青年的、情人的冲动亲吻。路易士甚至允许药剂师的儿子把颤动的嘴唇贴在她的脑门上。

她从迷惘中醒来，说道："孩子！孩子！给人撞见了，我要闹笑话了。"

那天晚上，特·巴日东太太的思想把她所谓吕西安的成见摧毁了不少。据她说来，天才是没有父母，没有兄弟，没有姐妹的；他们要建立伟大的事业，表面上不能不自私，为了他们的成就不能不牺牲一切。家属开始不免被巨人式的头脑蚕食，因为要帮助一股被压迫的力量奋斗而做种种牺牲，可是后来分享胜利的果实的时候，得到的报酬比付出的代价不知要超过多少倍。天才只向自己负责，手段只能由他决定，因为目的只有他一个人知道；他超于法律之上，他的使命是重订法律；能控制时代的人，什么都可以取为己有，什么都可以拿去冒险，因为一切都是属于他的。路易士举出许多名人的少年时代做例子：裴那·特·巴利西，路易十一，福克斯，拿破仑，哥伦布，恺撒，以及一切有名的冒险家，开始都债台高筑或者潦倒不堪，被人误解，当作疯子，败子，品行不端的父兄，后来却为一家，一国增光，甚至为全人类增光。

这些议论正好迎合吕西安隐藏的邪念，进一步败坏他的心术。在强烈的欲望鼓动之下，他认为不择手段是理所当然的。不能成功不是对社会犯了大不敬的罪恶吗？失败的人不是等于把世俗的美德全部推翻吗？而那些美德正是社会的支柱，社会唾弃的便是坐在废墟上的玛里于斯[1]。吕西安不知道他所处的地位一方面是沉沦堕落，一方面是天才的胜利，他只管望着先知们逗留过的西乃山，没有看见山下的死海和峨摩拉的丑恶的尸体[2]。

诗人的思想感情被路易士从内地生活的襁褓中完全解放出来，他竟想试探特·巴日东太太，看自己是否能征服这个高贵的俘虏，不至于遭到拒绝，下不了台。最近宣布的诗歌晚会正好给他做这个尝试。他的爱情中间有野心羼入。他动了情，同时也想往上高升；这股双重的欲望，在既要满足感情，又要摆脱贫穷的青年身上，也是自然的。今日之下，社会把所有的孩子请去赴同一个宴会，叫他们年纪轻轻就有野心。社会使青年失去妩媚，做

---

[1] 公元前二世纪至一世纪时罗马将军，做到执政，被政敌放逐国外，追捕的人看见他坐在迦太基的废墟上叹息。后世以此为英雄末路的比喻。
[2] 西乃山是摩西看见耶和华显形的地方，见《旧约·出埃及记》。亚剌伯半岛上的古城峨摩拉，以人民作恶多端，被耶和华用天火毁灭。作者引用这两个典故做上面两句的比喻，谓吕西安向往天才的荣誉，看不见脚下的万丈深渊。

着自私的打算，破坏他们仁厚的心地。我们美妙的理想但愿情形不是这样，无奈事实往往破坏我们一厢情愿的幻景，叫人除了十九世纪的青年以外没法写出另外一种青年。吕西安还觉得自己的计划用意高尚，表示他对大卫友情深厚呢。

吕西安动笔比说话大胆，便写了一封长信给他的路易士。十二张信纸誊了三遍，叙述他父亲的才气，落空的希望，使他受尽折磨的贫穷。他把心爱的妹子写成天使，大卫·赛夏写成未来的居维埃，目前不但是吕西安的朋友，而且是他的兄长，他的父亲。如果他不要求路易士对待大卫像对待他一样，他就不配受路易士的爱——不配受他生平第一次的光荣。他宁可放弃一切，不能辜负大卫，他要大卫亲眼看见他成功。在那种疯狂的信里，年轻人往往用自杀来威吓，关于良心问题发表许多幼稚的议论，搬出高尚的心灵的荒谬的逻辑；长篇累牍的废话说得怪有意思，还穿插一些天真的倾诉，在写的人是无心流露而女人看了最喜欢的。吕西安把信交给女佣人，到印刷所去改校样，分派工作，打发一些零星杂务，对大卫只字不提。年轻人只有在童心未失的时候，才会这样稳重。说不定吕西安也怕大卫的不客气的批评，或者怕大卫目光犀利，窥破他的心事。念过希尼埃的作品，吕西安听到大卫埋怨，好像伤口被医生的手碰到了，他的秘密方始从心中浮到嘴边。

现在你们不难体会，吕西安从安古兰末走回乌莫，脑子里有些什么思想。那位高贵的太太要生气吗？会接待大卫吗？野心家不至于被撵出来，缩回乌莫的阁楼上去吧？不曾亲吻路易士的额角以前，吕西安还能估计一个王后和她宠臣的距离，现在可想不到他花了五个月才走完的路程，大卫不可能在一霎眼之间跨过。他不知道贵族排斥小百姓的禁令多么严格,特·巴日东太太再要敢触犯一次,非下台不可;路易士自甘堕落的罪名势必坐实,不能再在安古兰末住下去,本阶级的人对她要远而避之,像中世纪的人躲避麻风病人一样。娜依斯要是失节的话,上层的贵族阶级,甚至连教会在内,都会替她辩护;和下等人往来可是罪大恶极,永远不能赦免;因为当权的人犯错误,可以得到大家原谅,下台以后就要受到谴责。而接待大卫不是等于自动逊位吗?吕西安即使看不见这方面的问题,他的贵族的本能也预感到另外一些困难,使他心里发慌。高尚的思想感情不一定产生高尚的举止。拉辛的风度固然不亚于身份极高的朝臣,高乃依却很像一个牛贩子。笛卡儿长得像老实的荷兰商人。孟德斯鸠肩上扛着铁耙,头上戴着睡帽,到拉·勃兰特去访问的外客往往以为他是粗俗的园丁。上流社会的风度是出身高贵的人的天赋,从吃奶的时候起就开始吸收,或者从血统带来的一门学问,否则就得靠教育培养,还需要某些偶然的因素帮忙,例如漂亮的外表,清秀的面目,特殊的音色。这些重要的小节在大卫身上完全没有,而他的朋友生来就具备。吕西安承继母系的贵族血统,连一双脚也是法兰克人的高脚背,不比大卫长的是韦尔希人的平脚背[1],体格像他掌车的父亲。吕西安仿佛已经听到众人对大卫的讪笑,看见特·巴日东太太忍俊不禁的表情。总之,他虽不完全觉得他的好朋友丢他的脸,至少下着决心,以后不再凭冲动行事,先要经过一番考虑了。

因此,在充满诗意和友爱的时间以后,两个朋友念过作品,在一个新的太阳照耀之下看到另外一个文学天地以后,吕西安想

---

[1] 韦尔希是德国人轻视外国人和一切外国事物的用语。相传法国的贵族是法兰克族的后代,平民是高卢人的后代。弓起的脚背被认为是贵族血统的标识。

起处世的手段和实际的利益来了。回到乌莫,他已经瞥见上流社会的无情的规律,后悔不该写那封信,恨不得收回才好。他完全体会到,交上好运对个人的抱负有怎样的帮助;他在猎取功名的阶梯上已经跨了第一步,再要退回来牺牲太大了。然后他又想起他的朴素安静的生活,高尚的感情;天才横溢的大卫多么慷慨的帮助他,必要时连为他献出生命都愿意;母亲受了屈辱仍旧那么高贵,认为儿子不但聪明,而且天性仁厚;乐天安命的妹子多么可爱,她的童年多么纯洁,良心上不曾有过斑点;他自己的希望也不曾受过狂风吹打;这些情形,他都回想起来。于是他觉得,用自己的成绩冲破贵族或者布尔乔亚的封锁,比靠一个女人的宠爱发迹更有面子。他的天才早晚会光芒四射,像那些征服社会的前辈一样;那个时候自然有女人爱他!拿破仑的榜样使多少平凡的人狂妄自大,成为十九世纪的致命伤。吕西安也想起拿破仑,丢开了钻营的念头,还为此责备自己。吕西安就是这样的性格,从恶到善,从善到恶,转变得一样容易。他不像学者那样爱好自己的小天地;一个月来看到铺子的绿地黄字的招牌,写着:

夏同药房——卜斯丹新记

好像对他是种耻辱。父亲的姓写在一个车马必经之处,他觉得刺眼。那天晚上要到菩里欧去,在上城最时髦的青年中间挽着特·巴日东太太露面的时候,跨过他家里的难看的铁栅门,他更抱怨这所屋子同他的好运气太不相称。

他从过弄走进小院子,一路想:"爱上了特·巴日东太太,不久也许就能得手,偏偏住在这耗子窠里!"院子里靠墙放着几捆煮过的药草，学徒在洗刷配药间的锅子，卜斯丹先生系着围身，捧着一个曲颈瓶察看瓶里的药水，一边瞅着铺子，看药看得专心的时候，便耸起耳朵留意门铃。从院子到后面的破屋子，到处是一股甘菊，薄荷和煮过的草药味儿。后院的住屋要从笔直的楼梯走上去，扶手只有两根绳子，俗语叫作磨坊梯子。假三层上只有一间卧房，便是吕西安住的。

卜斯丹先生是个标准的内地老板，他招呼吕西安道："老弟，你好。身体怎么样？我才把植物糖水做了一次实验，我的问题只有你父亲能解决，他这个人真了不起！要是我知道他治痛风症的秘方，咱们俩今天还不高车大马，阔得很吗？"

又蠢又忠厚的药剂师每星期都要向吕西安提到他父亲不肯泄露秘方的话，叫吕西安听了刺心。

吕西安很简单的回答："的确倒霉。"老实的卜斯丹对师母和她的儿女帮过好几次忙，吕西安常常感激他，近来却觉得父亲的学生俗不可耐。

"你怎么啦？"卜斯丹说着，把瓶子放在实验桌上。

"可有我的信吗？"

"有一封，像香膏一样好闻！就在账台上，我的写字架[1]旁边。"

特·巴日东太太的信同药房的瓶儿罐儿放在一起，还了得！吕西安赶紧冲进铺子。

一扇半开的窗子里传出一个好听的声音，温柔的叫着："吕西安，快些儿！饭菜等了你一个钟点，快凉了。"可是吕西安没有

---

[1] 面子倾斜的木架子，放在桌上写字用的。

听见。

卜斯丹抬起头来说:"小姐,你哥哥魂都没有了。"

这单身汉像一个小酒桶,被画家一时高兴描上了一张皮色通红的大麻脸。他望着夏娃装出又恭敬又讨好的神气,说明他很有意思娶老东家的女儿,只是没法叫利益和爱情在心中停止打架。吕西安走过他身边,他把平日堆着笑脸常说的话又说了一遍:"好漂亮啊,你妹妹!你也不错!只要经过你爸爸的手,没有一样不出色!"

夏娃个子高大,深色皮肤,黑头发,蓝眼睛。看上去性格刚强,其实她温柔和顺,待人非常热心。大卫准是看中她的率直,天真,心平气和的过着刻苦耐劳的生活,端庄稳重,从来没人说过她一句坏话。从第一次见面起,两人之间就有一股隐藏而纯朴的感情,纯粹是德国式的,既没有骚动的表现,也不急于吐露真情。各人只是暗中想念,仿佛有个妒忌的丈夫会对他们的感情生气。两人都瞒着吕西安,也许认为他们相爱会损害吕西安。大卫唯恐夏娃不喜欢他;夏娃因为家境清苦,特别羞怯。真正的女工可能胆子很大,有教养的落难的姑娘只会适应她悲惨的命运。夏娃表面上谦虚,骨子里高傲,不愿追求一个公认为有钱的人的儿子。那时地产正在涨价,熟悉行市的人估计玛撒克的庄园值到八万法郎以上,老赛夏可能候着机会买进的田地还不算在内;他手头积蓄不少,年年丰收,出产都是高价脱手的。或许只有大卫一个人对老子的家业一无所知。在他看来,玛撒克不过是一八一〇年上花一万五六买下的一所破房子,每年他只在收割的季节去一回,让父亲带着在葡萄园里溜达,一路夸他的收成;大卫从来没看见收获的东西,也不放在心上。生活孤独的学者往往夸大感情方面的阻碍，因而感情愈加扩张。这等人的爱情需要对方鼓励才行，因为大卫心目中的夏娃比小职员心目中的贵夫人还要尊严。印刷商在他偶像身边心慌意乱，手足无措；他急急忙忙赶到，又急急忙忙离开，热情非但不表示出来，反而竭力抑制。他往往在晚上想出理由，要和吕西安商量事情，从桑树广场穿过巴莱门赶往乌莫；到了绿漆的铁栅门口，忽然又退回来，怕时间太晚，或者怕夏娃睡了，嫌他冒失。虽然这股强烈的爱只在小事情上透露，夏娃却心里明白。看见大卫的眼神，说话，举动，对她十分尊敬，她也很得意，可并不骄傲；而印刷商最动人的地方还是在于他盲目的崇拜吕西安；讨好夏娃最有效的办法，被他想出来了。这种爱情自有一些无声无息的乐趣，不同于骚乱紧张的热情，正如田野的花不同于园庭中富丽堂皇的花。温柔微妙的眼神好比浮在水上的蓝色的睡莲，飘忽的表情赛过野蔷薇的淡淡的清香；凄凉的情调同丝绒般的苔藓一样柔和；那是两颗高尚的心灵在一块富饶，肥沃，不会变质的土地上开出来的花。夏娃屡次体会到，在大卫软弱的外表之下，藏着一股力。凡是大卫不敢表达的情意，夏娃都很感激，所以只消一件小小的事故就能使他们俩的心进一步接近。

吕西安上楼，夏娃已经把门打开了。他和妹妹一句话不说就坐下。交叉的木架子撑着一张小桌，没有台布，摆着他的刀叉。可怜的小家庭只有三份银制的餐具，夏娃都给心爱的哥哥用了。

她从灶上拿下一盘菜，端上桌子，用铁板把灶火压熄了，说道："你看什么啊？"

吕西安不回答。夏娃又端出一只小碟子，有模有样的铺着葡萄叶，还有一小碗满满的奶油，一齐放在桌上。

"喂，吕西安，我给你弄了草莓来啦。"

吕西安只顾聚精会神看信，不曾听见。夏娃过来坐在他身边，一句嘀咕都没有；妹子对哥哥感情太好了，哥哥越对她随便，她越快活。

她看见吕西安眼中亮晶晶的含着眼泪，便说："怎么啦？"

"没有什么，夏娃，没有什么。"吕西安搂着妹子的腰把她拉到身边，亲她的额角，头发，脖子，冲动得厉害。

"你有事瞒我呢。"

"告诉你，她真的爱我！"

可怜的妹妹红着脸，带着埋怨的口气说："我知道你不是拥抱我。"

"我们都要快活了。"吕西安说着，把一大匙一大匙的汤往嘴里送。

"我们？"夏娃问。她也有大卫那样的预感，便补上一句：

"你不会像以前那样爱我们了！"

"你不是了解我的吗？怎么有这个想法呢？"

夏娃握了握哥哥的手，撤去空盆和棕色陶器的汤钵，端上她做的菜。吕西安顾不得吃，又拿着特·巴日东太太的信看起来。识趣的夏娃尊重哥哥，并不要求看信；他要愿意让妹子过目，她就得等着；要是不愿意，也不能强求。所以她等着。来信是这样写的：

朋友，我怎会不帮助你研究学问的同道，像帮助你一样呢？在我看来，有才能的人都有同等权利。可是你不知道我周围的人的偏见。我们没法叫无知的贵族承认思想的高贵。倘若我的声望不能强迫他们接受大卫·赛夏先生，我愿意把他们为你牺牲，像古时候用牛羊祭神一样。不过，亲爱的朋友，你不见得要我同一个在思想或态度举动方面，可能使我不喜欢的人来往吧？你过分赞美我，足见一个人多么容易被友谊蒙蔽！我对你的要求提出一个条件，你不至于见怪吗？我要见见你的朋友，鉴定一下，为了你的前途我要亲自判断你是否看错了人。亲爱的诗人，既然我要像慈母一般照应你，这个做法不是我对你应尽的责任吗？

路易士·特·奈葛柏里斯

吕西安不知道上流社会的人有本领从是说到否，从否说到是。他觉得那封信是他的胜利。大卫可以到特·巴日东太太家里去，显露他天才的光辉了。吕西安看到事情顺利，自以为有了压倒众人的优势，不由得心神陶醉，得意扬扬，脸上反映出各式各样的希望，让妹子看着叫好，说他美极了。

她说："她要是个聪明人，怎么能不爱你呢！今晚她心里不见得会好过，所有的女人都要向你卖俏。你念起《圣·约翰在巴德摩斯》来，一定漂亮极了！我恨不得变作耗子，钻到那儿去看你！来吧，你的衣服我放在妈妈屋里了。"

妈妈的房间虽然寒素，还过得去。胡桃木的床上挂着白帐子，床前铺一方薄薄的绿地毯。木头面子的五斗柜，上面装着镜子。另外还有几把胡桃木的靠椅。壁炉架上的座钟叫人想起他们从前优裕的生活。窗上挂着白窗帘。壁上糊着暗花的灰色纸。地砖上过颜色，夏娃擦得很干净。中央一张独脚圆桌，放一个描金玫瑰花形的红盘,盘里摆三只茶杯,一只糖缸,都是利摩日的瓷器。夏娃睡在隔壁一个小房间里,只有一张小床,一只旧沙发,临窗一张女红台。房间小得像水手的房舱,只能经常开着玻璃门让空气流通。虽然处处地方显出境况艰难,却有一股勤劳朴素的气息。凡是认识那娘儿三个的人,都觉得室内的景象非常和谐,动人。

吕西安正在扣领带,听见小院子里响起大卫的脚步声;不一会印刷商进门了,动作和神气都说明他是性急慌忙赶来的。

野心勃勃的吕西安叫道:"喂!大卫,事情成功了!她真爱我!你可以去了。"

"不。"印刷商局促不安的说,"我专诚来谢谢你的友谊;我为此郑重考虑了一番。吕西安,我的身份早已确定。我是大卫·赛夏,领着王家执照在安古兰末开印刷所,墙上的招贴下面都有我的名字。在贵族看来,我是一个手艺人,说得好听些是商人,在靠近桑树广场的菩里欧街上有个铺子。我还没有格莱的家财,也没有台北兰的声望;便是这两种势力[1],贵族还不肯承认呢。并且有了财产或者名气还不够,还要懂得绅士的规矩,有绅士的气派,在这一点上我同意贵族的意见。我凭什么一步登天呢?我不但要受贵族耻笑,也要受布尔乔亚耻笑。你啊,你处的地位不同。做印刷所的监工对你并没有束缚。你做工是为了求上进,学一些必要的知识,你可以用你的前程解释你眼前的职业。你以后尽可干别的事儿,读法律啊,学外交啊,进衙门啊。反正你没有归入门类,贴上标签。你利用你的自由之身吧,你一个人

---

[1] 格莱是大银行家,台北兰是名医,都是《人间喜剧》中的假想人物。

向前，去追求功名吧！所有的乐趣，哪怕是满足虚荣的乐趣，你尽管高高兴兴的享受。但愿你快乐，我看到你成功就心中得意，你是我的化身。的确，你经历的生活，我都能够领会。宴会，应酬，交际场中的光彩，钻门路，找捷径，都是你的事儿。生意人的朴素勤恳的生活，长时期的研究学问，那是我的事儿。将来你是我们的贵族。"大卫说着望了望夏娃，"你身子摇晃的时候，我伸出胳膊来扶你。你要是受了欺骗，可以躲到我们心中来，我们有的是永远不变的爱。人家的照拂，恩惠，好意，分在两个人身上可不容易持久，咱们会互相妨碍，还是你一个人上前吧，必要的时候再拉我一把。我对你非但不嫉妒，还愿意为你牺牲。你因为不肯丢掉我，不肯否认我是你朋友，竟然冒着危险，不怕失掉你的靠山，也许还是你的情人。这桩多伟大的小事使我跟你，吕西安，就算过去还不曾像兄弟一般，这一下也成了生死之交。你用不着好像沾了便宜而良心不安，有什么顾虑。我就赞成两弟兄分家，长兄独得大份的办法。即使你日后使我受到烦恼，谁敢说我不是永远欠着你的情分呢？"说到这两句，大卫怯生生的望着夏娃，夏娃噙着眼泪，完全了解他的意思。大卫还说出一番话来，叫吕西安听着诧异："并且你长的一表人才，身腰多美，打扮起来多像样，穿着你的黄纽扣的蓝衣服，简简单单的南京缎裤子，活脱是个绅士；换了我，在那些人中间我像个工人，又窘，又僵，不是说些傻话，便是一句话都说不上来。你为了迁就大家对门第的偏见，不妨改用你母亲的姓，称为吕西安·特·吕庞泼莱；我永远是大卫·赛夏。在你来往的那个社会里，一切都对你有利，对我不利。你生来是交际场中的红人。女人见了你这张天使般的脸准定喜欢，夏娃，你说是不是？"

吕西安扑过去拥抱大卫。这番谦让替他把许多疑虑和困难一齐解决了。大卫从友谊出发所想到的,和吕西安从野心出发想到的完全一样,他对大卫怎么能不加倍亲热呢?野心家和情人觉得前途平坦了,自然流露出青年和朋友的感情。精神奋发,所有的心弦一齐振动,发出丰满的声音:这是人生少有的境界。不幸心胸高尚的人的明智,使吕西安唯我独尊的倾向越发加强。我们多多少少全有路易十四那种"朕即国家"的想法。母亲和妹子的爱集中在他一人身上,大卫对他爱护备至,他也看惯三个人为他暗中努力,不禁养成一种少爷习气,产生自我中心的思想,侵蚀他高尚的品质;特·巴日东太太还迎合他的自私,怂恿他忘记父母,妹子和大卫的情分。当时他还没有到这一步,可是等他把野心的范围在四周扩大起来,谁敢担保他不至于迫于形势,为了保持地位而只想着自己呢?

彼此激动了一番以后,大卫提醒吕西安,他那首题作《圣·约翰在巴德摩斯》的诗恐怕《圣经》气息太重,念给不熟悉寓意诗的人听不大合适。吕西安要同全夏朗德州最不容易讨好的群众见面,也不大放心。大卫劝他把安特莱·特·希尼埃的集子带去,拿稳受欢迎的东西代替不一定受欢迎的东西。吕西安擅长朗诵,必定讨人喜欢;不念自己的作品还显得谦虚,对他有好处。他们俩像多数年轻人一样,认为自己的智力和品德,上流人物同样具备。不曾犯过错误的青年既不原谅别人的过失,同时当作别人也有崇高的信仰。我们必须有了丰富的人生经验,才能理会拉斐尔的名言:所谓了解是彼此的程度相等。一般说来,法国领会诗歌的人很少,性灵一下子就被理性抑制,不能悠然神往,冒出圣洁的眼泪;也没有人肯费心去体味崇高的意境,发掘无穷的天地。浮华社会的无知同冷淡，在吕西安是第一次领教。他先往大卫家拿诗集。

等到只剩下两个情人的时候，大卫觉得生平从来没有这样局促过。他心慌的厉害，既要人称赞，又怕人称赞，竟想溜之大吉，原来怕羞的人也有欲迎故拒的心理！可怜的情人唯恐说出话来好像要人感激，一开口就犯嫌疑，只能不声不响，神气像罪犯。这种老实人的苦恼，夏娃完全理解，她很欣赏大卫的静默。大卫抓着帽子团来团去预备动身了，夏娃笑着说：

"大卫先生，既然你不上特·巴日东太太家，咱们不妨一块儿消磨黄昏。天气很好，你愿意到夏朗德河边去散散步吗？咱们可以谈谈吕西安。"

大卫恨不得扑在这个妙人儿脚下。夏娃的声调给了他意想不到的酬报，温柔的语气打开了僵局，她的提议不仅有赞美的意思，也是第一次表示她的情意。

大卫做了一个手势，夏娃接着说："请你在外面等一下，让我换衣服。"

大卫从来不会唱歌，出门的当口居然咿咿唔唔的哼起来；忠厚的卜斯丹听着奇怪，不禁对夏娃和印刷商的关系大起疑心。

03

客厅里的夜晚,河边的夜晚

吕西安由于性格关系,对第一个印象特别敏感,那天晚上便是极小的事情都对他很有作用。像没有经验的情人一样,他老早就去了。路易士还没进客厅,只有特·巴日东先生一个人在那里。爱一个有夫之妇需要在小地方用卑躬屈节的代价换取快乐,女人也凭这一点来估计她操纵情人的力量。这些手法,吕西安已经开始学习,只是还不曾和特·巴日东先生单独照面。

那位绅士思想狭窄,头脑空虚,浑浑噩噩的守着他的小天地:一方面是个与人无害的脓包而还算懂事,一方面愚蠢高傲,什么都不愿意受人家的,也什么都不愿意回敬人家。他一心一意想着待人接物的义务,竭力要讨人喜欢,唯一的语言是挂着舞女一般的笑脸。心中高兴也罢,不高兴也罢,始终是那副笑容。听到好消息是微笑,听到坏消息也微笑。特·巴日东先生另外加上一些表情,使他的笑容到处用得上。如果赞成的意思非直接表示不可,他便很殷勤的笑出声来,加强笑容的意义,只要迫不得已才肯开一声口。他只怕单独见客,扰乱他死水般的生活,逼他在一大片空白的脑子里找出些东西来。他多半用小时候的习惯来解救;他自言自语,告诉你一些生活琐事,说他需要什么,有什么琐琐碎碎的感觉,他认为这些感觉就近乎思想。他不谈天气好坏,不像普通的俗物用一套滥调来应付,他只谈他的私事。比如说:"我怕特·巴日东太太扫兴,中午吃了她最喜欢的小牛肉,肚子胀得要命。我明明知道,却老是不由自主!你说是什么道理?"或者说:"我要打铃叫人送一杯糖水来,你要不要也来一杯?"再不然:"我明儿要骑马出门,去拜访岳父。"这些简短的话毫无讨论的余地,听的人只能回答一声是或否,话谈不下去了。于是特·巴日东先生朝西扬起鼻子,像气喘的老哈巴狗,要求客人帮忙。他向你睁着一双长着白翳的大眼睛,仿佛问:"你说的是?……"凡是只谈自己的讨厌家伙,最配他脾胃,他们说话,他洗耳恭听,又诚恳又体贴,使安古兰末的一些话匣子对他十分重视,认为特·巴日东先生胸有城府,聪明得很,大家一向错看了他。那批家伙逢到没有听众的时候就来找他,把他们的故事或者大道理从头讲到尾,知道主人准会笑嘻嘻的表示赞许。特·巴日东太太的客厅经常高朋满座,特·巴日东先生待在那儿挺舒服。他管着零星琐事,留心观看,有人进来,他笑脸相迎,陪到太太跟前;有人动身,他起来相送,满面堆笑和客人告别。等到场面热闹,个个人都安顿好了,心情愉快的哑巴便挺着两条长腿像仙鹤般站着,似乎在听人谈论政治,或者在客人背后揣摩一副牌,其实他什么牌都不懂,看着莫名其妙;再不然他吸着鼻烟踱来踱去,帮助消化。阿娜依斯是他生命中最光彩的一面,从她那儿不知得了多少乐趣。太太招待宾客,特·巴日东先生靠在沙发上暗暗赞赏,先是他用不着开口了,而且喜欢听太太说话,揣摩其中的妙处,往往过了好久才恍然大悟,透出一丝会心的笑意，好比陷在地下的炮弹忽然炸起来。他对妻子敬重到崇拜的地步。一个人有个崇拜的对象，生活不就幸福了吗？阿娜依斯觉得丈夫脾气和善，像小孩儿，巴不得受人指挥；她聪明厚道，绝不因此滥用威权。她照料丈夫赛过照料一件大衣，把他收拾干净，洗刷，保藏，调理周到；特·巴日东先生受着调理，洗刷，照顾，对妻子养成了像狗对主人一样的感情。惠而不费的给人一点快乐真是太容易了！特·巴日东太太叫人把饭菜弄得很精致，知道丈夫除了讲究吃喝，没有别的乐趣。她可怜丈夫，对他从来没有一句怨言；她为了高傲，一声不出，有些人不了解，只道丈夫有什么大家不知道的美德。并且她把丈夫训练得极有纪律，唯命是听。她说一声"替我去拜访某先生或者某太太"，他立刻照办，好比小兵去站岗。他在太太面前一动不动，摆着立正的姿势。那个时期正在考虑替哑巴活动国会议员。吕西安在这户人家出入不久，还不曾揭开幕来看清这个难以想象的角色。特·巴日东先生埋在大沙发中，无所不见无所不知的神气，一声不响的尊严，在吕西安看来简直威严得不得了。富于幻想的人最会夸张，或者以为样样东西都有灵性。吕西安非但不把特·巴日东先生看作花岗石的柱子，反而当他是可怕的斯芬克斯[1]，非奉承不可。

"我第一个到了。"吕西安说着，行的礼比别人对这个老头儿更恭敬一些。

"那很自然。"特·巴日东先生回答。

吕西安只道丈夫吃醋，话中带刺，不禁满面通红，假装照镜子。

---

[1] 据埃及神话，人面狮身的巨兽斯芬克斯代表太阳；希腊神话说是神秘的怪兽，蹲在大路上要行人猜谜，猜不中的就被它吞掉。

特·巴日东先生说:"你住在乌莫,路远的人总比路近的先到。"

吕西安装着讨好的神气问:"为什么呢?"

特·巴日东先生不动声色,回复了老样子,回答说:"不知道。"

吕西安说:"那是你不愿意想罢了。一个人提得出意见,一定说得出理由。"

"啊!"特·巴日东先生说,"理由!嗳!嗳!……"

吕西安搜索枯肠,想把话接下去。

"特·巴日东太太大概在换衣服吧?"他说了又觉得这话问得无聊,暗暗发急。

"是的,她在换衣服。"丈夫的回答很自然。

吕西安抬起头来瞧着两根凸出的灰色梁木,梁木之间嵌着天花板,想不出话来接下去;他看见挂着旧水晶坠子的小型吊烛台卸去纱罩,插满蜡烛,又不由得害怕。家具上的套子都拿下了,露出大红织锦缎上褪色的花。这些排场说明今晚的局面非同小可。诗人因为穿着靴子,怕装束不合规矩。一张路易十五时代的半圆桌刻着花环的图案,上面供一个日本花瓶。吕西安担着心事,傻支支的走过去瞧花瓶,一会儿又怕冷淡了丈夫,把他得罪了,决意探探口风,看他有什么嗜好,借此奉承一下。

吕西安回过身来朝特·巴日东先生走去,问道:"先生,你难得出城吗?"

"难得出城。"

两人又无话可说了。特·巴日东先生被吕西安扰乱了安宁,暗暗留心吕西安的举动,像多疑的猫。他们俩互相害怕。

吕西安私下想:"是不是我常常来,引起他疑心?看样子他对我大有反感!"

特·巴日东先生瞧着吕西安走来走去,猜疑的眼神使吕西安十分难受,幸亏穿着号衣的老当差通报杜·夏德莱先生到了。男爵神态自若的进来,向他的朋友巴日东行了礼,对吕西安略微点点头,那种招呼的方式当时很流行,诗人却觉得他是仗着财势瞧不起人。西克施德·杜·夏德莱的裤子白得耀眼,裤脚上两条带子套着鞋底,把裤子的折缝拉得笔直。他穿着讲究的皮鞋,苏格兰细纱袜子。手眼镜的黑丝带在白背心上飘荡。黑礼服的巴黎款式和巴黎做工特别令人注目。美男子的气派跟他过去的经历完全符合,只是多了一把年纪,滚圆的肚子不容易约束到合乎风流潇洒的标准。因为出过远门,饱经风霜,有股冷酷的神气,头发和鬓角也已花白,不能不染色了。原来很娇嫩的皮色同去过印度的人一样变成古铜色;举动态度保持自命不凡的功架,叫人看了好笑,可也显出他在帝政时代的一位公主身边当过讨人喜爱的首席秘书。他擎着手眼镜瞧了瞧吕西安的南京缎裤子,靴子,背心,安古兰末做的蓝色礼服,把情敌浑身上下打量了一番,然后冷冷的把手眼镜放进背心口袋,仿佛说:"行!"吕西安被税务官的高雅大方压倒了,只想等会在众人面前动了诗兴,神采飞舞的时候吐一口气。刚才他以为特·巴日东对他没有好感而慌张,此刻又感到另外一种痛苦。男爵的财势仿佛全部压在吕西安身上,使他的寒酸相形之下越发难堪。特·巴日东先生只道从此不用说话了,谁知两个对头互相虎视眈眈,一声不出,叫他看了吃惊。幸而他逢到无计可施的时候,还有一句救急的话;当下他认为应当装着忙人的样子,拿出这个法宝来了。

"喂！先生，"他对杜·夏德莱说，"有什么新闻？外边谈论些什么呢？"

税务官不怀好意的回答："新闻？夏同先生是个新闻人物，应该请问他才对——你可有什么得意之作带来吗？"男爵意气洋洋的问吕西安，同时他觉得一边鬓角上的头发卷儿乱了，整理了一下。

吕西安回答："诗好不好还得请教你呢，你是写诗的老前辈了。"

"噢！我为了应酬写过一些有趣的通俗诗，应景的歌曲，全靠音乐帮忙的罗曼斯[1]，还有写给波那帕脱一个姐妹（忘恩负义的家伙？）[2]的一首书信体的长诗，都不是什么传世之作。"

那时特·巴日东太太出场了，她花了一番心思，打扮得光彩夺目。犹太式的头巾扣着东方式的搭扣。脖子里很妩媚的围一块薄纱，底下挂一条宝石项链。短袖的印花纱衫露出一双白净美丽的胳膊，戴着一串手镯。这一派舞台式的装束把吕西安迷住了。杜·夏德莱先生对王后说了许多肉麻的恭维话，她笑盈盈的听着，在吕西安面前受人赞美，特别高兴。王后和她宠爱的诗人只交换一个眼风，对税务稽核所所长却礼数周到，不当他亲密的朋友，使他难堪。

请的客人开始上门了。先是主教和副主教，两人都道貌岸然，长相可截然不同：主教又高又瘦，副主教又矮又胖。两人都眼睛很亮，可是主教皮色苍白，副主教满面红光，身体十分健

---

[1] 谈情说爱的歌曲。
[2] 拿破仑在位期间，国内外的政敌只称他的姓（波那帕脱），表示否认他称帝。下台以后，十九世纪中凡是恨他的人也都称他为波那帕脱。杜·夏德莱是以前受过他恩惠的人，到了王政复辟时代也不认他了。

康。他们的手势和动作都很少,态度谨慎,难得开口,令人望而生畏,大家说他们俩智慧极高。

　　跟着来的是特·乡杜夫妇。这是两个怪物,说出来恐怕不熟悉内地的人不会相信。特·乡杜太太名叫阿美莉,就是想和特·巴日东太太对抗的角色。特·乡杜先生,大家称为斯大尼斯拉,是个过时的年轻人,年纪已经四十五,身段还苗条,脸孔像只筛子。打的领带老是翘起两只狠巴巴的尖角,一只角接近右面的耳朵,一只角往下倾斜,接近钮孔上的勋饰。衣摆强头倔脑的翻在外面,背心领口很大,露出一件鼓起的上浆的衬衫,扣着好几支镶满珠宝的别针。浑身的装束都夸张过分,像漫画上的人物,叫外国人看着好笑。斯大尼斯拉一刻不停的打量自己,很得意的从头看到脚,查点背心上的纽扣,瞧着紧窄的裤子刻画出来的曲线,欣赏自己的大腿,恋恋不舍的眼睛直瞧到靴尖为止。他要不这样自我欣赏的话,便远远的照着屋子里的镜子,看卷好的头发是否牢固;眼睛喜滋滋的向女人们打问号,一个手指插在背心袋里,侧着大半个身子,微微往后仰着。这套卖俏的玩意儿在贵族圈子里很能叫座,他是他们中间的美男子。开出口来多半是十八世纪的风情话。他靠着这套恶俗的谈吐在女人堆里相当走红,同她们逗笑取乐。近来他对杜·夏德莱先生不大放心。因为狂妄的税官目空一切,引起女人们的好奇心;他假装消沉,对什么都不感兴趣,口气仿佛是一个享受过度而百无聊赖的苏丹;这些表现大有刺激作用,所以从特·巴日东太太迷上安古兰末的拜伦以后,一般妇女想接近夏德莱的心比他初来的时期更迫切了。

　　阿美莉是白白胖胖的矮个子,头发乌黑,喜欢做作而手段极不高明:她样样夸张,说话高声大气,头上夏天插着成堆的鸟毛,冬天插着鲜花,摇来晃去的摆架子。她最爱讲话,每句话末了总得哼一阵,因为她闹着气喘病而不肯承认。

农学会会长特·桑多先生,名叫阿斯多弗,皮色鲜红,又高又胖,像一条拖船似的跟着太太到场。太太赛过干瘪的凤尾草,名叫埃丽莎,简称丽丽。这个带点孩子气的名字,同她的性格举动正好相反。她态度庄严,对宗教非常热心,打起牌来脾气挺坏,最会作难人。阿斯多弗被认为第一流的学者。他一窍不通,却翻遍了报纸和前人的著作,把有关糖和酒精的文字详细抄下来,为《农学辞典》写了两个条目。全州的人都以为他在准备一篇讨论新式种植的文章。他每天上午关在书房里,十二年工夫还没写上两页。客人上门,老是撞见他在纸堆中乱翻,寻找一条丢失的注解,或是修笔尖[1]。他在书房里的时间就是做些无聊的事消磨的:看上大半天报纸,用小刀雕刻软木塞,在吸墨纸上画奇形怪状的图,翻翻西塞罗的文集,看有什么能够同时事结合起来的句子或者段落;然后到了晚上,想法把谈话引到他预定的题目,说道:"西塞罗集子里有一段文字,好像就为今天这件事写的。"接着他背出原文,叫听的人大吃一惊,背后争着说:"阿斯多弗真是无所不知!"这桩稀罕事儿在城里到处传扬,替特·桑多先生维持声誉。

这对夫妇之后,来了特·巴尔大先生,他名叫阿特里安,专唱次低音[2]的歌曲,在音乐方面自以为了不起。他最得意的是练习音阶;一边唱一边自我赞赏,然后谈论音乐,最后只关心音乐。他为着音乐犯了神经病,只有谈到音乐才有劲,晚会上没有人请

---

[1] 当时用鹅毛管写字,笔尖需要经常修削。
[2] 介于男低音和男中音之间的声音,是以前歌唱音乐的分类法。

他唱歌就苦闷。只要穷嘶极喊,唱了一支歌,他方始精神奋发,趾高气扬,提起脚跟接受恭维,同时还装作谦虚;可是照样往各处人堆里转一转,收集赞美的话;等到所有的话都说完了,他又回到音乐上来,解释刚才那支歌多么难唱,或者捧一阵作曲家。

陪特·巴尔大先生同来的是位水墨画大家,亚历山大·特·布勒皮安先生,他的古怪可笑的作品把朋友们的屋子和本州所有的纪念册都玷污了。他们俩各人搀着朋友的太太。据熟悉内部丑事的人说,这个交换很彻底。夏洛德·特·布勒皮安太太简称洛洛德,约瑟芬·特·巴尔大太太简称斐斐纳,两人对于围巾,绲边,搭配不调和的颜色,同样感到兴趣,一心要学巴黎的时髦,不问正事,家里弄得一团糟。他们穿着精打细算做起来的衣衫,像小孩儿玩的娃娃,身上开着颜色刺目的展览会。两个丈夫又自命为艺术家,不修边幅,一派内地人的马虎叫人看了好玩。他们穿着破旧的礼服,活像小戏院的跑龙套扮着上流人物去参加婚礼。

在客厅里出现的人中间,有个怪物叫作特·塞农希伯爵,在贵族圈子里称为雅各。他是打猎专家,高傲,古板,紫堂堂的脸色,脾气和善像野猪,多疑像威尼斯人,爱吃醋像摩尔人,跟一个同住的朋友相处极好。那位朋友名叫杜·奥多阿先生,简称法朗西斯。

特·塞农希太太名字叫柴斐莉纳,长得高大漂亮,可是脸上长满红斑,因为肝火很旺,出名的脾气难缠。她仗着腰肢细小,身段苗条,装出一副弱不禁风的样子,未免做作,可也看得出她有人疼爱,满足她的情欲,对她百依百顺。

法朗西斯相貌还不错,放弃了华朗斯领事的职位和外交界的前程，住到安古兰末来陪柴斐莉纳，一名齐齐纳。卸任的领事替她处理家务，管教孩子，教他们外国文，忠心耿耿的经营特·塞农希夫妇的产业。有过一个很长的时期，安古兰末的贵族圈子，官方人士和布尔乔亚，看着这三个人的家庭那么和睦，都议论纷纷，不以为然；可是日子久了，那三位一体的奇迹越看越难得，越看越可爱，万一杜·奥多阿先生再想结婚，反倒要受批评，说他太不道德了。特·塞农希太太还有一个干女儿做伴，叫作特·拉海小姐。外边看特·塞农希太太对干女儿过分钟爱，觉得事情蹊跷：虽则年代合不上，法朗梭阿士·特·拉海小姐的面貌和法朗西斯·杜·奥多阿长得一般无二。雅各出城打猎，个个人向他打听法朗西斯的近况，他便讲他义务总管的小小的病痛，把朋友的地位放在妻子之上。一个爱吃醋的人会这样糊涂，真是不可思议，连他最知己的朋友也喜欢逗他表现，告诉不知道内幕的人，引为笑谈。杜·奥多阿先生是个爱装腔的哥儿，那套保养身体的办法终于变了撒娇跟胡闹。他关心自己的咳嗽，睡眠，消化，饮食。柴斐莉纳把她的总管弄得娇生惯养，给他穿上棉衣，戴上风帽，叫他吃药，做些精致的饭菜，当他侯爵夫人的小哈巴狗看待；要他吃这样，忌那样；还替他绣背心，领带，手帕，经常把法朗西斯装扮得花花绿绿，好比日本的神像。两人心心相印，从来不曾闹过误会：柴斐莉纳时时刻刻望着法朗西斯，法朗西斯也看着柴斐莉纳的眼色行事。他们俩一同皱眉头，一同微笑，似乎最简单不过的动作也要彼此商量。

　　安古兰末四周最有钱的地主，大众看了眼红的特·比芒丹侯爵，夫妇俩有四万法郎收入，每年在巴黎过冬。他们从乡下坐着篷车，带着邻居特·拉斯蒂涅男爵和男爵夫人同来，车上还有男爵夫人的姑母和男爵的女儿。两个可爱的姑娘教养极好,虽然家境清寒,朴素的穿扮反而显出天生的美。这批人当然是全场的精华,一进屋子,大家立刻冷冰冰的静下来,尊敬中带着嫉妒,尤其因为特·巴日东太太接待他们的礼数与众不同。内地自有少数几户人家,像他们一样不听闲言闲语,不同外界往来,无声无息的过着隐居生活,保持他们的尊严。众人对特·比芒丹先生和特·拉斯蒂涅先生只用爵位相称;他们的妻子女儿跟安古兰末上层的小圈子也谈不上亲昵:他们的地位已经接近宫廷贵族,绝不有失身份,沾染荒唐的内地习气。

州长和将军最后到场。同来的有个乡绅,就是白天拿养蚕的稿子送往大卫那儿的人。大概他是什么镇长之类,靠一些良田美产抬高了身份,态度衣着却显出他完全不懂得应酬交际:他穿着礼服老大不自在,一双手没处安放,一面讲话一面在人家身边打转,对答的时候先站起来,又坐下去,好像准备替你当什么小差使;他忽而过分巴结,忽而心神不定,忽而一本正经;听到一句笑话,来不及的笑出来,人家和他攀谈,他毕恭毕敬的听着,有时以为受了讽刺,装出一副阴险的神气。那天晚上他想着那部论文,闷得发慌,几次三番提到养蚕;可是特·赛佛拉克先生运气不好,撞着特·巴尔大先生回答他音乐,又撞着特·桑多先生引证西塞罗。晚会过了一半,可怜的镇长好容易遇到一个寡妇杜·勃罗沙太太和她的女儿杜·勃罗沙小姐,谈得很投机。那母女两个在当夜的宾客里头也是挺有意思的人物。总括一句:她们的穷苦跟家世的高贵不相上下。她们竭力讲究衣着,可是遮盖不了寒酸。杜·勃罗沙太太手段笨拙,口口声声夸她身材高大的胖女儿,年纪二十七,说是弹的一手好钢琴。一知道某个单身汉爱好什么，杜·勃罗沙太太马上宣布她女儿也爱好什么。为了要嫁掉她亲爱的加米叶，她在同一个晚上说加米叶喜欢随着军队调动，过流浪生活，又说她喜欢经营田地，过安静的地主生活。娘儿俩故意装作尊严，半和气，半尖酸。遇到这等人物，谁都乐于同情，表示关切，借此抬高自己。能够安慰安慰可怜虫本是一种乐趣，不过听的人也把空口白舌的人情看透了。特·赛佛拉克先生五十九岁，老婆死了，无儿无女；他讲到蚕房的细节，杜·勃罗沙母女俩诚心诚意的听着，赞叹不置。

母亲说："小女向来爱动物。并且那些奇怪的小动物吐的丝，女人都感到兴趣，所以请你允许我们到宝庄上去，让加米叶见识见识丝是怎么收获的。加米叶聪明极了，不管跟她说什么，她都一听就懂。有一回她把平方反比律也弄清楚了。"

在吕西安朗诵完毕以后，杜·勃罗沙太太和特·赛佛拉克先生的交谈就是用这句夸耀的话结束的。

几个熟客随随便便溜进场子，还有两三个大家子弟，怯生生的，一声不出，衣服穿得像供圣体的宝匣，因为被请来参加隆重的文学晚会，觉得很得意，胆子最大的一个还同特·拉海小姐谈了不少话。所有的女太太一本正经团团坐着，男人站在后面。这批古怪的人物，离奇的服装，涂脂抹粉的脸孔，在吕西安心目中变得十分可怕。他发现所有的目光集中在他身上，不由得心惊肉跳。这个第一次考验实在不容易支持，不管他怎么勇敢，也不管情人怎样壮他的胆，为着他卖弄行礼的风度，拿出全身本领来应酬安古兰末的名流。吕西安本来就局促不安，此刻更有一桩意料之中的难堪事儿，使一个不懂交际手腕的年轻人大为惊慌。他的眼睛耳朵那时特别灵敏，听见路易士，特·巴日东先生，主教，和几个存心讨好女主人的来宾，叫他特·吕庞泼莱先生，而他见了害怕的大多数人都称他夏同先生。他被许多好奇的眼睛打量之下，心虚胆怯，看见人家嘴唇一动就知道是提他的本姓；他猜到大家事先就在批评他，用的又是内地人那种坦率的，近于无礼的话。这一类连续不断而意想不到的暗箭使吕西安越发心绪不宁。他只盼望时间快到，一开始朗诵，身心就有着落，不至于受罪了。无奈雅各还在跟特·比芒丹太太讲他最近一次的行猎；阿特里安和洛尔·特·拉斯蒂涅小姐谈着乐坛上的新明星洛西尼；阿斯多弗背熟了报上描写新式犁的一篇文字，正在告诉男爵。吕西安这可怜的诗人，不知道除了特·巴日东太太，这些人的头脑没有一个能理解诗。所有的客人都缺少刺激，弄错了晚会的性质才赶来的。有些字儿好比江湖艺人的喇叭，铙钹，大鼓，专会吸引群众。美啊，光荣啊，诗歌啊，这一类的字近乎咒语，便是最庸俗的人也会受到迷惑。

客人到齐了，特·巴日东先生受着妻子嘱咐，仿佛教堂的门丁拿棍子撞击地下的石板一样，不知通知了多少回才叫打扰的人静下来。吕西安坐在一张圆桌前面，靠近特·巴日东太太，心里非常震动。他声音慌慌张张的宣告，为了免得大家失望，他预备念一些新近发现的杰作，是个无名的大诗人写的。虽则安特莱·特·希尼埃的诗集在一八一九年上就印出了，安古兰末还没有一个人听见过作者的名字。个个人以为那声明是特·巴日东太太出的计策，既顾着吕西安的面子，也让听众的情绪松动一些。吕西安先念了《年轻的病人》，听见一阵轻轻的赞美声；又念了《盲人》，那些俗物就觉得作品太长了。吕西安一边朗诵一边感到剧烈的痛苦。那种痛苦，只有杰出的艺术家，或者凭着热情和高度的悟性和艺术家并肩的人，才能完全体会。你要不真诚严肃，全神贯注，休想用声音来表达诗，也休想领会诗。朗诵的人和听众必须密切结合，否则感情不可能像电流一般沟通。双方的心灵不打成一片，诗人就等于一个天使在地狱的诟谇声中唱天国的颂歌。而凡是聪明人，在他的器官特别发展的领域之内，都具有蜗牛般眼观四方的目力，狗一般的嗅觉，田鼠般的耳朵，能看到、感到、听到周围的一切。有人赏识还是无人了解，音乐家和诗人立刻能感觉到，同植物在适宜的气候中复苏，在不适宜的气候中枯萎一样快。当时那般男人只是为奉陪太太而来，来了又忙于谈彼此的私事，唧唧哝哝的声音，由于特殊的音响作用，传到吕西安耳边格外响亮；他还看见有些人张着大嘴打呵欠，对他恶狠狠的露着牙齿。等到他像洪水中的鸽子[1]，想找一个愉快的地方让眼睛停留一下，又发现一些不耐烦的眼神，表示他们只想利用当天的集会和朋友们商量实际问题。除了洛尔·特·拉斯蒂涅，两三个年轻人和主教以外，在场的人没有一个不闷得发慌。真正懂诗的人会把作者诗句中只透露一星半点的东西拿到自己心中去发展。而这般冷冰冰的听众非但对诗人的情绪毫无感受，连他的声调口吻都没听进去。吕西安灰心到极点，一身冷汗把衬衫湿透了。他转身望望路易士，看见她眼神热烈，才鼓足勇气把诗念完；可是诗人的心已经大受伤害。

"你觉得有趣吗，斐斐纳？"干瘪的丽丽问她邻座的朋友，也许丽丽是存心来看什么惊人的表演的。

"还是别问我的好，亲爱的。一听见读文章，我眼皮马上合

---

[1] 《旧约·创世记》载，洪水来了190天，诺亚从方舟上放出一只乌鸦，一只鸽子，试探地上的水退了没有。

拢来了。"

法朗西斯道:"但愿娜依斯不要常常叫我们夜晚听诗。吃过晚饭听朗诵,我要集中精神,妨碍消化。"

柴斐莉纳悄悄的说道:"可怜的猫咪,去喝一杯糖水吧。"

亚历山大道:"念得真好;不过我更喜欢韦斯脱。"

因为韦斯脱在英文中另外有个意思[1],大家认为这话妙不可言。几个爱打牌的女客接着说,念诗的人也该歇歇了。一两对客人趁此溜进小客厅。吕西安不好推却路易士,主教,以及可爱的洛尔·特·拉斯蒂涅的央求,又念了几首讽刺诗。诗中的反革命热情引起了注意,好几个人被激昂的声调鼓动了,虽然不了解意义,也拍起手来。那种人只会受穷嘶极喊的影响,好比老粗的舌头只觉得烈酒才有刺激。吃冰淇淋的时候,柴斐莉纳打发法朗西斯去瞧了瞧诗集,告诉她邻座的阿美莉,说吕西安念的诗原来是印好的。

阿美莉听着很得意,回答说:"那有什么奇怪?特·吕庞泼莱先生在印刷所做工,他印书就好比漂亮女人自己做衣衫。"她说的时候望着洛洛德。

女人们便争相传说:"他的诗是自己印的。"

雅各问道:"那么干吗他要称为特·吕庞泼莱先生呢?世家子弟做了手艺就应当改名换姓。"

齐齐纳道:"他不是改了姓吗?不过原来是平民的姓,现在改了母亲的贵族的姓。"

阿斯多弗道:"既然他的诗已经印出来,我们自己会念的。"

---

[1] 韦斯脱是一种纸牌戏的名字,在英国的方言中也是一个惊叹词,意思叫人静默。

这种胡说八道把事情越弄越糊涂，临了杜·夏德莱只得耐着性子向那些无知的客人解释，刚才的开场白并非巧妙的托词，那些美妙的诗是一个保王党写的，作者的弟弟玛丽-约瑟·希尼埃倒是个革命党。听着这伟大的诗歌感动的只有主教，特·拉斯蒂涅太太和她的两个女儿；除此以外，安古兰末的上层社会都觉得上了当，大不高兴。客厅里隐隐然有一片抱怨的声音，可是吕西安没有听见。内心的音律使他陶醉了，他极力想表达那音律，眼前的俗物变得和他渺不相关，各人的面貌对他好像隔着一重云雾。他念了那首关于自杀的沉痛的诗，苍茫忧郁的情调纯粹是古风。接着又念了一首，其中有两句：

君诗隽永如甘泉，长日低吟苦不足。

最后朗诵的是一首隽永的牧歌，叫作《奈埃尔》。

特·巴日东太太心情欢畅，独自坐在客厅中央出神，一只手下垂，一只手扶着头，不知不觉把头发卷儿伸直了，眼睛神思恍惚。她生平第一次进入她的理想世界。阿美莉自告奋勇，过来代众人请愿的时候，我们不难想象，特·巴日东太太受到打扰多么不愉快。

阿美莉说："娜依斯，我们存心来听夏同先生的诗，刚才念的是印出来的作品，虽然很好，那些太太们为了乡土观念，更喜欢土产。"

阿斯多弗对税务官说："你不觉得法国语言不宜于作诗吗？我认为西塞罗的散文反而诗意浓得多。"

杜·夏德莱答道："真正的法国诗是轻松有趣的一类，是歌谣。"

阿特里安道："歌谣证明我们的语言音乐性很强。"

柴斐莉纳道："叫娜依斯神魂颠倒的诗，我真想领教一下；可惜她对阿美莉的态度表示她不愿意给我们看样品。"

法朗西斯回答说："娜依斯为她自己着想也应该要他念；只有证明这小子的天才，她的行为才说得过去。"

阿美莉对杜·夏德莱说："你办过外交，还是你去说吧。"

男爵说："那容易得很。"

前任的首席秘书惯会耍这一类花招，他过去撺掇主教。娜依斯碍着主教的情面，只得要吕西安挑一首记熟的诗来念。阿美莉看见杜·夏德莱男爵马到成功，向他脉脉含情的笑了一笑。

"这位男爵真聪明。"她对洛洛德说。

洛洛德想起阿美莉话中带刺，说过女人自己做衣衫的话，便笑着回答："帝政时代的男爵，你从什么时候起承认的呢？"

吕西安用一般初出校门的青年人想出来的题目，写过一首颂歌给情人，把她比作天上的仙女。满腔的热情使作品显得更美，他自己也更喜欢，觉得只有这一首才能和希尼埃的诗见个高下。他很得意的瞧了瞧特·巴日东太太，报告题目：《献给她》，躲在特·巴日东太太背后，作者的自尊心有了依傍，他昂昂然摆好姿势，预备念他的得意之作了。可是在女人们眼中，娜依斯露了马脚。她平日尽管恃才傲物，瞧不起周围的人，这一下也免不了替吕西安捏一把汗。她忽然态度拘束，眼睛似乎在向人求情；听着一节又一节的诗，她只能低下眼皮，唯恐人家看出她内心的快乐。

献给她

荣耀显赫，只看见万道霞光，
众天使屏息凝神，奏着玉瑟金琴，
在耶和华的宝座之下告禀：
   大千世界在祈祷，呻吟；

一个金发的仙童
往往遮起额上的神光，
在天上卸掉银色的翅膀，
   向人间缓缓下降。

上帝眼中的慈悲他悉心领会：
穷而无告的天才由他抚慰；
又化作受尽钟爱的女郎，
   让老人重温如花似锦的旧梦；

罪人的忏悔他一一登记；
"希望吧！"他对焦急的母亲梦中鼓励；
众人对着苦难声声哀叹，
   他怀着欢乐的心情倾听。

这些美丽的使者，我们身边只剩下一个，
私心企慕的大地把他中途留住；
他却嘤嘤啜泣，两眼凄凉而柔和，

望着他苍穹之上的乡土。

并非他洁白的前额
使我看出他高贵的出身,
也不是为了他双眸炯炯,
　　　也不是为了他品德超凡入圣。

然而那么多的光华眩惑了我的心,
只想和他圣洁的本体交融,
谁知那威严的天使长
　　　全身金甲,无隙可乘。

啊!留神!别让我的心
再见首座的天使飞向太空;
黄昏时奇妙的语言
　　　不宜他早听!

那时但见他们像曙光一点
穿过夜幕,振翼高飞,
　　　回翔于众星之间;

于是那仰窥天象,终宵不寐的水手,
指着他们辉煌的足迹,
当作指路的明灯永永不熄!

"这个哑谜你猜得出吗？"阿美莉做了一个媚眼问杜·夏德莱。

"这一类的诗，我们念完中学的时代多少作过一些，"男爵要充内行，对什么都看得平淡无奇，有心装作很腻烦的样子，"从前我们浸在奥喜安的浓雾里：什么玛维娜啊，芬加尔啊，云端里的鬼影啊，战士们披星戴月爬出坟墓啊。诗坛上这些破衣服如今换了耶和华，古琴，天使长的翅膀，天堂上的服装；用伟大，无穷，寂寞，智慧一类的字儿把那些服装翻新。动起笔来就是湖啊，神的诏示啊，披着基督教外衣的泛神主义，押上冷僻的，好不容易才想出来的韵，拿'绿玉'和'吹竽'押韵，'始祖'和'菖蒲'押韵。我们的经纬度也改变了：过去我们住北方，现在住东方，不过望上去同样漆黑一团[1]。"

柴斐莉纳道："诗固然暗晦，爱情倒是表白得再清楚没有。"

法朗西斯道："天使长的金甲其实不过是一件薄薄的纱衫。"

大家碍着特·巴日东太太的面子，表面上不能不称赞吕西安的颂歌；女太太们因为没有诗人捧她们做天使，气恼得很，装作不胜厌烦的样子站起来，脸上冷冰冰的，咕哝着说：**嗯，好，很好，妙极了。**

洛洛德盼咐她亲爱的阿特里安："你要是爱我，就不能恭维作者，也不能恭维他的天使。"说话的神气挺专横，阿特里安只有服从的份儿。

---

[1] 传说三世纪时苏格兰的武士兼行吟诗人奥喜安留下许多诗，其中有个女主角名叫玛维娜。英雄芬加尔是奥喜安之父。奥喜安的诗集于一七八三年出版，不久即译成各国文字，对十八世纪末年至十九世纪初年的法国文学影响极大，成为浪漫主义文学所吸收的外来因素之一。夏德莱在这段议论中做的"从前"与"现在"的比较，就是浪漫主义在一八〇〇年左右与一八一五年以后两个阶段中的变化。

柴斐莉纳对法朗西斯说:"归根结底,全是空话,爱情的诗在乎行动。"

斯大尼斯拉眯着眼睛把自己从头到脚检查了一遍,接上来说:"齐齐纳,我心里的话被你说出来了,我可不能形容得像你这样深刻。"

阿美莉对杜·夏德莱说:"我真想叫娜依斯的骄傲收敛一些;她让人捧作天使长,好像她比我们高出一头。她还侮辱我们,招来一个药剂师的儿子,娘是看护病人的,妹子是个女工,他自己也在印刷所干活。"

雅各道:"既然老子卖治虫的药饼,应该叫他儿子先吃[1]。"

斯大尼斯拉有心卖俏,摆着最动人的姿势说:"他是承继他父亲的行业,他给我们喝的就是药水。就算吃药,我也不喜欢这一种。"

一刹那间,每个人说了几句贵族式的刻薄话羞辱吕西安。虔诚的丽丽觉得娜依斯快要干出糊涂事来,趁早点醒她也是一桩功德。那些小心眼儿的人都好像急于要看戏文的结局,恨不得安排一个诡计,作为第二天说笑的资料;外交官法朗西斯决心要把这个荒唐的阴谋策划成功。

青年诗人如果在情人面前受到一句侮辱,是绝不肯善罢甘休的;前任领事不想同一个年轻人决斗,觉得最好用一样神圣的,没法还手的武器致吕西安的死命。于是他便仿照狡猾的杜·夏德莱逼吕西安念自己作品的办法,走过去和主教谈天,假装同他大人一样对吕西安的颂歌感到兴趣;然后故弄玄虚,说吕西安的母

---

[1] 原文中虫与诗只差一个字母,读音毫无分别,虫字的复数,写法也和诗字完全一样。

亲是个杰出的女人,而且极其谦虚,儿子写诗的题材都是她供给的。吕西安十分孝顺,最高兴人家称道他母亲的好处。法朗西斯把这个意思印进了主教的脑子,但等谈话之间有个机会,让主教漏出一句法朗西斯意想中的话,伤害吕西安。

法朗西斯和主教走向围着吕西安的小圈子,对吕西安放过不少冷箭的人看着格外留心。可怜的诗人完全不懂交际场中的把戏,只顾望着特·巴日东太太;人家问他一些傻里傻气的话,他也傻里傻气的回答。在场的人的姓名身份,他多半弄不清;也不知同那般妇女谈什么好;她们说的幼稚可笑的话,先就使他脸红耳赤。吕西安觉得自己同这些安古莫阿的贵族隔着十万八千里,只听见他们一会儿称他夏同先生,一会儿称他特·吕庞泼莱先生,而他们自己又叫作洛洛德,阿特里安,阿斯多弗,丽丽,斐斐纳。他最窘的是误认丽丽为男人,把粗暴的特·塞农希先生叫作丽丽先生。那宁录截住吕西安的话,说道:"什么!吕吕先生?"羞得特·巴日东太太满面通红[1]。

特·塞农希低声说:"让这个小子到这儿来,还介绍给我们,真是糊涂透了。"

柴斐莉纳问特·比芒丹太太:"侯爵夫人,你不觉得夏同先生跟特·刚德-克洛阿先生非常相像吗?"柴斐莉纳故意把话说得很轻而照样听得见。

特·比芒丹太太笑着回答:"也许是精神上相像吧。"

特·巴日东太太对侯爵夫人说:"仰慕名流倒用不着忌讳。"又望着法朗西斯补上两句:"有的女人喜欢平凡庸俗,有的女人喜

---

[1] 那宁录是古代有名的猎人(见《旧约·创世记》),在此是指雅各·特·塞农希。吕吕是一种云雀,与丽丽二字声音近似;塞农希专好打猎,故用禽鸟的名字讽刺吕西安。

欢崇高伟大。"

柴斐莉纳没有听懂,她觉得她的领事伟大得很呢。侯爵夫人却站在娜依斯一边,笑起来了。

"先生,你很幸运。"特·比芒丹先生叫了他夏同,又改口称他特·吕庞泼莱,"你从来不会感到无聊。"

洛洛德问道:"你工作很快吗?"神气仿佛问木匠做个匣子是不是要很多时间。

吕西安挨了这一下闷棍,不禁垂头丧气。特·巴日东太太笑着回答:"亲爱的,特·吕庞泼莱先生脑子里的诗意,不比我们院子里的野草。"吕西安听着又抬起头来。

主教对洛洛德道:"太太,高贵的心灵照着上帝的光,我们再尊敬也不嫌过分。诗是圣洁的东西。所谓诗,就是痛苦。你刚才欣赏的作品,不知要花多少更深夜静的时间才写得出来!我们应当对诗人表示敬意,他的生活差不多永远是苦恼的,大概上帝在先知中间给他留着一个席位。"主教拿手按着吕西安的头,又说:"这青年的确是个诗人,你看不见他清秀的脑门上就有命运的烙印吗?"

有人用这样庄严的话庇护吕西安,吕西安很快活,他用柔和的眼神望着主教表示感谢,没料到正直的教士会拿他开刀。特·巴日东太太得意扬扬,瞧着周围的敌人,目光像匕首一般直刺过去,惹得她们愈加气愤。

诗人有心利用主教的金杖打击那些蠢货,回答说:"啊!大人,世界上的俗物既没有您的智慧,也没有您的慈悲。没有人知道我们的痛苦,我们的劳动。工人从矿井里开采黄金,也不像我们在最贫乏的语言中追求我们的意境那么艰苦。假如诗歌的目的在于把我们的思想表达得非常明确，让所有的人都能看到，感到，那么诗人对于人的高下不同的智力就该不断衡量，才能使个个人满足；必须把两种对立的力量，逻辑和感情，藏在最强烈的色彩之下；一个字要包含无数的思想，一个画面要概括整套的哲理；总之，诗句是一些种子，应当在别人心里开花，在每个人的感情刻画出来的沟槽中开花。要表达一切不是先得感受一切吗？而强烈的感受不就是痛苦吗？所以只有在社会和思想的广阔的天地中，千辛万苦跋涉过后，才能产生诗歌。创造一些比真人更真实的人物，的确是不朽的工作，例如理查孙的**克拉立萨**，希尼埃的**加米叶**，提巴拉斯的**台莉**，阿里欧斯托的**安日丽葛**，但丁的**法朗采斯卡**，莫里哀的**阿赛斯德**，博马舍的**费加罗**，沃尔特·司各特的**利蓓卡**，塞万提斯的**堂·吉诃德**。"

杜·夏德莱问道："那么你给我们创造些什么呢？"

吕西安回答："我不敢自命为天才，预告这样的计划。而且这一类伟大的出品需要长期的社会经验，研究人的情欲和利害关系，我还没有这些准备；不过我正在开始。"他带着牢骚的口吻对周围的人狠狠的瞪了一眼：

"头脑需要长期的酝酿……"

法朗西斯插了一句："你生产的时候一定很辛苦。"

主教说："你的了不起的母亲会帮助你的。"

这句安排得多巧妙的话，这一下人人渴望的报复，使每一双眼睛放出快乐的光彩，每个人嘴边浮起一副得意的笑容；特·巴日东先生还糊涂透顶，等了一会笑起来，让他们更加高兴。

特·巴日东太太说："大人，您这话对我们说来太微妙了些，这些太太们没有了解您的意思。"大家听着马上收起笑容，诧异的望着特·巴日东太太。"在《圣经》里找灵感的诗人,他的真正的母亲是教会。——特·吕庞泼莱先生,请你念《圣·约翰在巴德摩斯》或者《巴尔泰乍的宴会》,证明罗马始终是维琪尔的伟大的祖先[1]。"

女太太们听见娜依斯说出几个拉丁字,彼此望着笑笑。

初出茅庐的人不管多么勇猛,灰心丧气总是免不了的。吕西安当头挨着一棒,沉到河底,一跺脚又浮上水面,发誓要控制这个社会。他像一条牛中了乱箭,怒不可遏的重新站起来,预备按照路易士的意思朗诵《圣·约翰在巴德摩斯》。多数客人却受着牌桌吸引,回到他们的老习惯中寻快活去了,那种乐趣在诗歌中是得不到的。何况那么多人的自尊心受了伤害,要不消极的轻视本地出品的诗,不拆特·巴日东太太的台,怎么能出尽恶气呢?每个人都好像心中有事:有的同州长讨论区里的一条公路,有的提议晚会的节目应该有些变化,不妨来点儿音乐。安古兰末的上层社会知道自己不懂诗,特别想探听拉斯蒂涅和比芒丹两家对吕西安的看法,当下就有好几个人围在他们身边。遇到重大事故,这两家在本州的声望是一致公认的;每个人嫉妒他们,同时也巴结他们,大家都防到有朝一日需要他们照应。

常在比芒丹家打猎的雅各问侯爵夫人:"我们的诗人和他的诗,你觉得怎么样?"

侯爵夫人笑道:"在内地,他的诗也不坏了。并且这样漂亮的诗人无论干什么不会不好的。"

个个人认为这评语精彩之极,拿去到处宣传,还越出侯爵夫

---

[1] 伟大的祖先几个字是用拉丁文说的。

人的本意,把话说得很刻薄。

杜·夏德莱被请去替特·巴尔大先生伴奏,《费加罗》[1]的大段唱词在巴尔大嘴里变得面目全非。音乐节目开了场,就得听杜·夏德莱唱几支骑士风格的罗曼斯,夏多布里昂在帝政时代写的作品。接着姑娘们表演两人合奏的钢琴曲,杜·勃罗沙太太提出这个节目,让她亲爱的加米叶在特·赛佛拉克先生面前显显本领。

特·巴日东太太看大家瞧不起她的诗人,心中有气,就照样回敬,趁他们弹琴唱歌的当口躲往小客厅。主教听见副主教解释,知道刚才一句无心的话竟是尖刻的讽刺,他有心补救,跟在女主人后面。特·拉斯蒂涅小姐受着诗歌吸引,不给母亲发觉,溜进小客厅。路易士挽着吕西安坐在垫子用细针密缝的长沙发上,不给人瞧见也不让人听见,凑着吕西安的耳朵说:"亲爱的天使,他们不了解你!可是……

君诗隽永如甘泉,长日低吟苦不足。"

吕西安受到夸奖,安慰了些,暂时忘记了痛苦。

特·巴日东太太抓着他的手紧紧握着,说道:"世界上没有廉价的光荣。受苦吧,朋友,受苦吧,一个人受了苦才伟大;你的苦恼是换取不朽的声名的代价。我自己恨不得经过一场战斗,受一番磨炼。但愿上帝保佑你,不要过死气沉沉的,没有斗争的生活,使大鹏没有展翅的余地。我羡慕你的痛苦,因为你至少是

---

[1] 洛西尼喜歌剧《塞维尔的理发匠》中的一段。

活着！你可以发挥力量，有胜利的希望！你的斗争一定是轰轰烈烈的。一朝你进入大智大慧的人的国土，别忘了一般薄命的可怜虫。他们的智力在恶浊的气氛中化为乌有，明知道人生的境界而一辈子没有生活过，目光犀利而一无所见，灵敏的嗅觉只闻到腐烂的花。那时你应当歌咏在丛林深处枯萎的植物，压在蔓藤和贪馋茂密的草木底下，不曾得到阳光的抚爱，没有开花就夭折了！那不是一首伤心惨目的诗吗？不是充满奇思幻想的题材吗？再不然描写一个生在亚洲或荒漠中的少女，被人带到寒冷的西方，渴望她热爱的太阳，受着寒冷和爱情的折磨，在无人理解的痛苦中死去！这样的作品岂不悲壮？并且也代表许许多多人的生活。"

主教说："这样你就写出了我们的灵魂对天国的怀念，那是应当在古代出现的诗，我很高兴在《雅歌》中发现这样一个片段。"

洛尔·特·拉斯蒂涅说："你就来担任这个事业吧。"她表示很天真的相信吕西安的天才。

主教说："法国缺少一首伟大的宗教诗。我相信，有才能的人只有为宗教服务才能得到光荣和财富。"

"大人，他一定会接受这个使命。"特·巴日东太太用着夸大的语气说。

"这种诗歌的意境不是已经像曙光一般在他眼中透露了吗？"

斐斐纳道："娜依斯太冷淡我们了。她在干什么啊？"

斯大尼斯拉道："你不听见吗？她在那里说一些没有头没有尾的大话。"

特·拉斯蒂涅太太过来找女儿，准备回去；阿美莉，斐斐纳，阿特里安，法朗西斯，陪着特·拉斯蒂涅太太在小客厅门口出现。

两个女人能够打扰小客厅里的密谈，非常高兴，说道："娜依斯，请你弹几个曲子给我们听。"

特·巴日东太太回答说："亲爱的，特·吕庞泼莱先生要给我们念他的《圣·约翰在巴德摩斯》，那首辉煌的诗用的是《圣经》的题材。"

斐斐纳诧异道："《圣经》的题材！"

阿美莉和斐斐纳把这句话带往客厅，当作取笑的资料。吕西安推说记性不行，谢绝了朗诵。等到他重新出场，已经没有人对他再感兴趣。大家谈天的谈天，打牌的打牌。诗人变得黯淡无光了，地主们觉得他一无所用，自命不凡的人忌他的才具，怕他瞧不起他们的无知。照副主教的说法，特·巴日东太太是新生的但丁的俾阿特利克斯；嫉妒特·巴日东太太的妇女用着冷冷的轻蔑的目光瞅着吕西安。

"这就是上流社会！"吕西安对自己说着，走下菩里欧的石梯回乌莫。我们有时喜欢挑最远的路走，用步行来刺激当时的思想，让自己浸在里头。野心家碰过钉子并不灰心，反而勇气勃勃。像他这种还没有力量在高等社会中站稳脚跟，光凭着本能闯进去的人，决意牺牲一切，保持已得的地位。他中的毒箭，他在路上一支一支拔掉；高声自言自语，把当晚遇到的一些蠢货痛骂一顿，对他们荒唐的问话想出许多俏皮的回答，只恨事过境迁，念头来得迟了一步。走到在山脚下沿着夏朗德河前进的波尔多公路上，吕西安趁着月光，好像看见一所工厂附近，夏娃和大卫两人坐在河边一根横木上，便抄着小路走过去。

吕西安赶往特·巴日东太太家去受罪的时候,他的妹子穿起一件粉红的条纹纱衫,戴上草帽,裹一条小小的丝围巾,这个朴素的穿扮在她身上等于盛装一样;有的人生来气派很大,能够使极平常的装饰显得很体面。所以她一脱下女工的衣衫,大卫见着格外胆怯。印刷商决心要谈谈自己,不料搀着美丽的夏娃穿过乌莫,一句话都想不出来。动了真情的人喜欢这种诚惶诚恐的感觉,仿佛信徒见到了神的光辉。两个情人一声不出走向圣·安纳桥,打算穿往夏朗德的左岸。夏娃觉得一路静默很不自在,便在桥中央停下来欣赏河上的景致;从这里到正在建造火药厂的地方为止,一长条水面照着落日,放出绚烂的光彩。

夏娃想找个谈话的题目,说道:"晚景多美啊!空气又温和又新鲜,到处是花香。天色好极了!"

大卫回答说:"是啊,样样打动人的心。"他想借这个譬喻来谈到他的爱情。

"多情的人最喜欢在景色的变化,明净的空气,泥土的香味中,体会他们心里的诗意。大自然代替他们把话说出来了。"

夏娃笑道:"而且也逗他们开口了。刚才穿过乌莫的时候,你一句话不说,你可知道我多窘啊……"

大卫天真的回答:"刚才你那么美,使我出神了。"

夏娃道:"那么现在我就不好看了吗?"

"不是的,我能够陪你散步太快活了,所以……"

他心中一慌,停住了,眼睛望着圣者路从上面盘下来的一带山岗。

"你要觉得这次散步快乐,我很高兴。我认为你牺牲了晚会,应当给你补偿。你谢绝到特·巴日东太太家去,跟吕西安不怕得罪她，向她提出要求，一样慷慨。"

大卫道："不是慷慨，是识时务。此刻除了夏朗德河两岸的芦苇和杂树，只有我们两个，请你允许我，亲爱的夏娃，说一说我为吕西安眼前的行动担的心事。既然我和他说了那番话，想必你能体会到，我的忧虑只是表示我进一步的友谊。你和你母亲想尽方法抬高他的地位，你们鼓动他的雄心，不是轻举妄动叫他将来更痛苦吗？在他一心向往的上流社会里，他怎么站得住呢？我是知道他的！他的脾气喜欢不劳而获。应酬交际势必吞掉他的时间，而除了聪明没有别的财产的人，时间是唯一的资本。他爱出风头，上流社会可能把他的欲望刺激得愈来愈大，不论多大家业也满足不了：将来他只会花钱，不会挣钱；总之，你们养成了他自命不凡的习惯，社会却先要看到辉煌的成绩，才肯承认你的本领。而文学的成就又只能靠孤独的生活和顽强的工作去争取。你哥哥在特·巴日东太太脚下消磨了多少光阴，特·巴日东太太拿什么来酬报他呢？吕西安太高傲了，绝不肯受她帮助；同时他还太穷，没法老是在特·巴日东太太的圈子中来往，花那么高的代价。那女人要使我们亲爱的兄弟不想再用功，叫他爱奢华，爱享受，瞧不起我们朴素的生活，加强他游手好闲的倾向，这是富于幻想的人最容易犯的毛病；然后她有朝一日把吕西安丢开完事。是的，我提心吊胆，生怕这位贵族太太玩弄吕西安：她或是真心的爱吕西安，使他忘掉一切，或是并不爱他而使他伤心绝望，因为他对特·巴日东太太简直爱得发疯。"

夏娃走到夏朗德的水坝那儿停下来，说道："我听着你的话心都凉了。不过只要母亲还能对付她辛苦的工作，只要我活着，我们挣的钱大概足够吕西安使花，维持到他事业成功。我永远不会缺少勇气。"夏娃说着兴奋起来，"替一个心爱的人干活，不会觉得工作苦闷或者厌烦的。就算辛苦一点，一想到为谁辛苦，我也快乐了。因此你不必担心，我们一定能挣到足够的钱，供给吕西安去结交上流社会。那才是他的出路。"

"那也是断送他的地方。"大卫接着说，"告诉你，亲爱的夏娃，天才的作品不是短时期写得出来的，他需要一大笔现成的产业，或者是满不在乎的过苦日子。可是相信我的话！吕西安最恨穷苦，他已经挺得意的咂摸过酒席的香味，虚浮的名声；他的自尊心在特·巴日东太太的小客厅里不知扩大了多少，现在他什么都肯干，只要能维持他的地位。你们两人的收入永远不可能满足他的需要。"

夏娃发急了，叫道："你叫我们泄气，你不是一个真正的朋友！"

大卫答道："夏娃！夏娃！我存心要做吕西安的哥哥。只有你能给我这个身份，使他能接受我的一切，使我有权利替他尽心出力。我对他除了和你们一样忠心耿耿以外，还能帮他辨别利害。夏娃，亲爱的孩子，你可愿意让吕西安有一个拿了钱不用脸红的银库吗？哥哥的钱不是等于他自己的钱吗？你不知道吕西安目前的处境叫我想起多少念头！可怜的孩子要在特·巴日东太太家进出，就不能再做我的监工，不能再住在乌莫，你不能再干活，你妈妈那个行业也不能再干下去。你要肯嫁给我，一切都解决了：吕西安暂时住在我三楼上，等我在院子尽头的偏屋顶上替他盖起一个楼面来，除非我父亲肯把正屋添盖一个三层楼。这样他可以不用操心，独立过活。我因为存心帮衬吕西安，挣起家业来比单为我自己挣钱劲道更足。不过我的尽心出力先要得到你的准许。

说不定他有一天要去巴黎,只有那儿才是他活动的天地,才有人赏识他的才具,给他报酬。巴黎开支浩大,我们三个人支持他也不嫌多。再说,你同你的母亲不是也需要有个依靠吗?亲爱的夏娃,你既然爱吕安西,你就嫁给我吧。以后你看到我为了帮助他,为了使你快活所花的心血,也许你会爱我的。我们两人都欲望不大,没有什么需要;我们的大事只是要吕西安幸福,我们的财富,感情,激动的情绪,一切都存放在他的心坎里!"

夏娃看见这股伟大的爱情谦卑到这个田地,很感动,她说:"我和你地位相差太远了。你富,我穷。真要十二分的爱才能破除这个顾虑。"

大卫丧气的说:"那么你还不大爱我吗?"

"说不定你父亲会反对……"

大卫答道:"行了,行了,假如只要跟我父亲商量,你我的婚姻一定成功。夏娃,亲爱的夏娃!这一下你使我觉得生活好过了。可怜我的满腔热情一向不能说,也不知道怎么说。只要你告诉我有点儿爱我,我就有勇气把其余的话一齐说出来。"

夏娃说:"真的,你使我惭愧得很。不过我们既然吐露彼此的感情,我可以告诉你,我生平除了你,心上不曾有过别人。一个女人能嫁一个像你这样的丈夫,是值得骄傲的。我是个没有前途的可怜的女工,不敢指望这样的好福气。"

"别说了,别说了。"大卫说着坐在水坝的横木上。他们俩像疯子般老是在一个地方来回打转,那时又回到水坝旁边。

"你怎么啦?"夏娃第一次露出多情的关切。女人只有把你看作自己人的时候才会这样表示。

他道:"事情太圆满了。看到一生快乐的前景,我头脑迷糊了，心也沉下去了。为什么我比你更快活呢？"他带着怅惘的口气说。

"反正我心中有数。"

夏娃望着大卫，做出一副卖俏而不相信的样子，等大卫解释。

"亲爱的夏娃，我受的多，给的少。将来我对你的爱永远要超过你对我的爱，因为我有更多的理由爱你：你是天使，我是凡人。"

夏娃笑着回答："我不像你这样博学。我只是很爱你……"

大卫抢着问："跟你爱吕西安一样吗？"

"爱到愿意做你的妻子，把我的生命交给你，在共同生活中尽量不给你一点烦恼，因为我们的生活开头必定有些困难的。"

"亲爱的夏娃，你可曾发觉我第一天见到你就爱你了？"

她反问道："哪有女人不发觉人家爱她的？"

大卫道："你以为我有钱，因此有顾虑，让我来替你解除。亲爱的夏娃，我是个穷光蛋。父亲有心剥削我，想从我的工作中榨出一笔钱来，他的作风像自命为做好事的人对待受他们帮助的人。假如我将来有钱，也是靠你的力量。这不是为了爱情故意把话说得好听，而是经过仔细考虑的。我要你知道我的缺点，在一个应当挣一份家业的人身上，那是很大的缺点。我的性格，习惯，喜欢的工作，都不适宜做买卖，做投机；而事实上我们又只能靠实业发财。我就算能发现一个金矿，可没有本领开采。可是你啊，为了爱你的哥哥，你会注意到最细微的事，你有理财的天赋，像真正的生意人一样肯耐性等待，将来我播的种子，你会去收获。咱们的处境——我说咱们，因为我久已把自己看作你们一家人——咱们的处境压在我心上多么沉重，因此我日夜都在找发财的机会。我懂得化学，也看出商业上的需要，正在研究一样极有出息的东西。现在还什么都不能告诉你，事情绝对快不了。也许咱们要苦熬几年；可是我准能找出工业上的一些新技术；摸索的人不止我一个，要是我捷足先登，就好挣一笔极大的家私。我对吕西安一字不提；他容易冲动，可能弄糟事情；他会把我的希望当作现实，生活过得像王侯一样，说不定会背债。所以请你保守秘密。我做着长时期试验的时候，有你这个温柔可爱的人陪着，就是我唯一的安慰，正如要你跟吕西安有钱的愿望能给我恒心和毅力……"

夏娃插嘴道："我早猜到你是个发明家，跟我可怜的爸爸一样需要一个女人照顾。"

"那么你是爱我的了！啊！别害怕，说出来吧。我把你的名字看作我爱情的象征。夏娃原是世界上独一无二的女人，当初对亚当是如此，如今你在我精神上也是如此。噢！天哪！你爱我吗？"

"爱的。"夏娃拖长着声音，表示情意深长。

大卫挽着夏娃走到一家纸厂的机轮底下，指着一根长长的横木说："好，咱们在这儿坐一会。我要呼吸晚上的空气，听听青蛙的叫声，欣赏在水面上抖动的月光。没有一样东西不反映出我的幸福，我第一次发现自然界这样光华灿烂，它受着爱情照耀，被你点缀得更美了。我要把这些景致牢牢的记在心上。夏娃，亲爱的人儿！这是命运第一回赐给我纯粹的快乐！我怕吕西安没有我幸福！"

大卫握着夏娃的手，觉得有些汗湿，有些颤动，不禁掉了一滴眼泪在她手上。

夏娃娇声问道:"我能知道你的秘密吗?"

大卫道:"我应当给你知道,因为那是你父亲考虑过的,将来问题更要严重。让我告诉你为什么。从帝国崩溃以后,大家差不多全用棉织品,原因是比麻料便宜。目前造纸还用破旧的萱麻布和亚麻布;这种原料很贵,法国出版业必然会有的大发展因此延迟了。我们不能加速破布的生产,那是大众用旧的东西,数量受一国的人口限制。希望用布的数量增长,先要生育增长。而一个国家不经过二十五年的时间,不在风俗,商业或农业方面来一些大改革,人口不会有显著的变动。假如纸厂的需要超过法国破布的供应,或是超过一倍或是超过两倍,我们就得采用另外一种原料,才能有便宜的纸张。这个结论有本地的事实做根据。至今还用破麻布造纸的,安古兰末的纸厂是最后一批了,那些厂家发现棉料侵入纸浆的情形越来越惊人。"

年轻的女工不懂什么叫纸浆,问了一句,大卫便告诉她造纸的常识;这常识放在这儿叙述也不算越出范围,我这部作品要出版,除了印刷也得靠纸张。不过要了解两个情人之间的一大段插话,最好先来一个提要。

给印刷做基础而和印刷的产生同样奇妙的纸,在中国出现很久之后,方始由地下商业网传到小亚细亚。相传七五〇年左右,小亚细亚用棉料捣成的薄糊造纸。羊皮纸价值奇昂,不能不找代用品,于是有人仿照**茧纸**(当时称呼东方棉料纸的名字[1]),用破布造出一种纸来。有人说是一一七〇年时流亡瑞士的希腊人在巴尔创制的;也有人说是一个叫作巴克斯的意大利人一三〇一年

---

[1] 这是用特殊的一种中国纸概括了全部中国纸。

在巴杜创制的。可见造纸工业进步极慢，经过情形也不大有人知道。可以肯定的是查理六世治下[1]，巴黎有人做纸牌用的纸浆。等到了不起的费斯德，高斯忒和加顿堡[2]发明书籍的时候，同当时许多大艺术家一样没世无闻的工匠改进了造纸技术，满足印刷的需要。十五世纪的人非常天真，精力非常充沛，尺寸不同的纸和大小铅字的名称都反映出那个时代的天真。**葡萄纸，耶稣纸，鸽笼纸，水壶纸，银洋纸，贝壳纸，王冠纸**，都是用纸中央水印上的葡萄，耶稣，王冠，钱币，水壶等等的图像命名的，正如后来拿破仑时代用鹰做水印的纸叫作**大鹰纸**。同样，第一次排印宗教书，神学书，西塞罗文集等等的字体，从此叫作**西塞罗，圣奥古斯丁，大法规**。斜体字是十七世纪威尼斯的印刷商阿尔特发明的，所以称为**意大利体**。在长度没有限制的机器纸[3]出现之前，尺寸最大的纸是**大耶稣**或**大鸽笼**[4]；而大鸽笼只限于印地图或版画。纸的尺寸必须适应印刷车上的云石的大小。在大卫和夏娃谈论造纸问题的时候，连续不断的纸在法国还近于空想，虽然一七九九年时但尼·劳培[5]已经在埃索纳发明造这种纸的机器，以后第多－圣－莱日又想法改良。至于安布罗阿士·第多发明仿小牛皮纸，还不过是一七八〇年的事。从这段简短的叙述中可以很清楚的看

1　一三八〇至一四二二年。
2　德国人费斯德于十五世纪时和加顿堡及才斐尔合办印刷厂，印的《玛扬斯版圣经》为第一部合乎近代标准的书。十五世纪的荷兰人高斯忒相传也是最早试用木刻活字印刷的人。
3　我们今日称为卷筒纸。
4　大耶稣纸的尺寸是76×56公分，大鸽笼是90×63公分。
5　劳倍（1761—1828），名字是尼古拉－路易，不是但尼，他于一七九九年发明造卷筒纸的机器，经第多改良后于一八一一年正式在法国使用。巴尔扎克说一八二〇年时造卷筒纸在法国还近于空想，不知何故。

出,实业界和知识界的一切重大收获都极其迟缓,有赖于不知不觉的积累,跟自然界化育万物的情形完全一样。书法,也许连文字在内,还有许多别的东西,都经过类似印刷和造纸的摸索,才逐渐完美的。

大卫结束的时候说:"破布商在全欧洲搜罗破布,旧衣,买进各种破烂的纺织品。这些破烂东西分门别类理清之后,由批发破布,供应纸厂的商人送进仓库。要知道破布买卖有多大规模,我可以告诉你一件事,小姐。银行家加同是皮日和朗葛莱纸厂的主人,早在一七七六年,雷沃里埃·特·列尔就在那些厂里打算解决你父亲想到的问题;一八一四年加同跟一个姓普罗斯德的人打过一场官司,因为在一笔总数一千万斤,价值四百万法郎的破布交易中弄错了两百万斤!纸厂把破布洗净,捣碎,做成洁白的纸浆,再同厨娘用筛子过滤沙司[1]一般,浇在一块金属的网板上,四面围着铁框,中央嵌一个水印图案,根据图案定出各种纸张的名称。纸张的尺寸随网板的尺寸而定。我在第多厂工作的时代,已经有人研究原料问题,至今还在研究。你父亲想要改进的技术原是现代最迫切的问题之一。原因是这样的。麻料虽则比棉料耐用,所以归根结底更经济;可是要穷人掏出钱来,多花一文总不如少花一文,不管从长远计算有多大损失,这也是吃了穷苦的亏!中等阶级和穷人一样作风。麻料织物因此大大的减少。英国五分之四的人口改用了棉织品,他们已经只造棉料纸了。这种纸性质太脆,折痕容易碎裂,入水容易化掉;一本棉料纸的书泡水一刻钟就成为纸糊,麻料纸的旧书浸两小时还不要紧,晾干之

---

1 西菜中用肉汤和面粉做的作料,叫作沙司。

后尽管颜色发黄，墨色变淡，文字照样看得出，作品并没毁掉。我们这个时代，财产经过平均分配[1]，数目减少，大家都穷了，需要廉价的内衣，廉价的书籍，正如屋内没有地方挂大画，我们都在物色小画。结果是衬衫和书都不经用了。样样东西不再讲究坚固。因此，我们所要解决的造纸问题，对于文学，科学，政治，重要无比。有一次在我巴黎的办公室内，几个人为了中国造纸用的原料，展开一场热烈的争论。由于原料关系，中国纸一开始就胜过我们的纸。中国纸又薄又细洁，比我们的好多了，而且这些可贵的特点并不减少纸的韧性；不管怎么薄，还是不透明的。当年大家对中国纸极感兴趣。有位非常博学的校对——巴黎的校对员中不少学者，傅立叶和比哀·勒罗此刻就在拉希华第埃那儿当校对！……我们正在讨论，那时正在做校对员的特·圣西门伯爵来看我们[2]。他说开普弗和杜·阿尔特[3]认为中国纸和我们的纸同样是用植物做的，原料是楮[4]。另外一个校对认为中国纸主要用动物性的原料，就是中国大量生产的丝。他们在我面前打赌。第多厂平日承包学士院的印件，就把问题送交学士院，由前任帝国印刷所所长马赛尔先生做评判。马赛尔先生打发两个校对去见阿尔什那图书馆馆长葛罗齐埃神甫。据葛罗齐埃神甫的意见，两个打赌

---

1 法国大革命后，取消长子的特权，子女继承父母的遗产一律平均分配。
2 傅立叶（1772—1837）即十九世纪初叶有名的法国空想社会主义者。勒罗（1798—1871）是个印刷工人出身的圣西门信徒，办过不少报刊。圣西门（1760—1825）伯爵也就是有名的空想社会主义者。
3 德国医生兼博物学家开普弗（1651—1716）曾遍历亚洲各地考察植物。法国耶稣会教士杜·阿尔特（1674—1743）专攻地理，写过一部《中国散记》，内有一章专述中国的纸，墨，笔，印刷及装订。巴尔扎克很多地方采用他的说法。
4 楮是桑的一种，法国俗称为中国桑，又称造纸桑，今日已移植欧洲，造最高级的纸，就是他们所谓"中国纸"。日本及中国都用楮树的嫩枝皮造纸，作为纸伞的原料。

的人都输了。中国纸的原料既不是楮，也不是丝，而是用捣碎的竹子纤维做的纸浆[1]。葛罗齐埃神甫藏着一部讲述造纸技术的中国书，附有不少图解，说明全部制造过程；他指给我们看纸坊里堆的大批竹竿，画得很精。我听吕西安说，你们的父亲凭着聪明人的直觉，想出破布的一种代用品，用极普通的，生长在本地而随手可得的植物做造纸的原料，像中国人利用纤维质的枝干一样。我听了这话把前人做过的试验整理了一下，开始研究。竹是一种芦苇，我自然想到我国的芦苇。中国人工便宜，一天只要三个铜子，所以他们的纸从网板上揭下以后，尽可一张一张压在白的瓷砖中间，用火烘烤；这么一来，纸就有光彩，韧性，又轻又薄，像缎子一般柔和，成为世界上最好的出品。我们要用机器来代替中国人的办法。便宜的成本在中国是依靠便宜的人工，我们可以依靠机器。如果能造出一种廉价的纸，和中国纸的品质差不多，书的重量和厚薄可以减去一半以上。用我们的仿小牛皮纸印一部精装的伏尔泰全集，重二百五十斤，用中国纸印不到五十斤。这一点不能不说是很大的成功。安放图书的地位越来越成问题。我们这个时代，不管是人是物，都在缩小规模，连房屋在内。巴黎的宏大的住宅早晚要拆掉，上代留下来的建筑，我们的财产快要配合不上了。印出来的书不能传久，真是这个时代的耻辱！再过十年，所谓荷兰纸，就是说破麻布做的纸，再也造不出来了。既然你慷慨的哥哥告诉我，你们的父亲想到用某种植物纤维造纸，将来我要成功的话，你们不是有权利……"

那时吕西安走到妹子身边，打断了大卫那句表示感激的话。

---

[1] 中国造纸用的原料有麻，有竹，有桑，有楮，有藤，有稻秆，有茧。两个打赌的校对和那位神甫都各见一斑而未窥全豹，各人说出了中国许多造纸原料中的一种。

吕西安说："不知道你们觉得今天晚上愉快不愉快，对我来说可着实难受。"

夏娃发现哥哥脸色紧张，便问："可怜的吕西安，你碰到了什么事啊？"

气恼的诗人说出他的苦闷，把脑子里翻腾起伏的思想倾注在两个知己的心里。夏娃和大卫不声不响，听着吕西安在痛苦的浪潮中流露出他的伟大和渺小，很难过。

最后，吕西安说："特·巴日东先生已经老了，不久准会闹一次消化不良，完事大吉。那时我就能压倒那些骄傲的家伙，我可以和特·巴日东太太结婚！今天晚上，看她眼睛就知道她的爱情跟我的爱情一样强烈。是的，她感觉到我受的伤害，安慰我的痛苦；她的高尚伟大不亚于她的美貌和风雅！她永远不会欺骗我的！"

大卫轻轻对夏娃说："你看，不是得赶快让他生活安定吗？"

夏娃悄悄的把大卫的胳膊捏了一把。大卫懂得她的意思，立刻和吕西安说出他的计划。两个情人和吕西安同样只想着自己，急于要他赞成他们的婚事，没有发觉特·巴日东太太的情人听着做了一个惊讶的动作。吕西安梦想等自己发迹以后，叫妹子嫁给高门望族，让他靠着有势力的亲戚关心，多一个帮衬。夏娃和大卫结了亲，吕西安在上流社会出头的希望就多一重障碍，因之他心中懊恼。

"就算特·巴日东太太答应做特·吕庞泼莱太太，可绝不肯做大卫·赛夏的内嫂！"这句话把吕西安感到痛心的思想简单明了的包括尽了。他好不心酸的想道："路易士说的不错！有前程的人永远不会受到家属了解。"

如果换了一个时间，他没有想入非非叫特·巴日东先生离开世界的话，听到妹子攀这门亲事一定欢喜不尽。只要考虑到他当前的处境，考虑到夏娃这样一个穷苦的美人儿能有什么前途，他准会觉得妹子嫁给大卫是意想不到的幸运。无奈那时他做着年轻人的好梦，左一个假定，右一个假定，一厢情愿的闯过了所有的难关。诗人刚才在上流社会中露过锋芒，马上跌回到现实世界，自然感到痛苦。夏娃和大卫只道吕西安不说话是受了朋友的义气感动。在两个心地高尚的人看来，吕西安悄没声儿的接受倒是显出真正的友谊。印刷商描写他们四个人将来的幸福，话说得亲切动听。不管夏娃插嘴反对，他要把二层楼布置得十分讲究，表示他情人的心意；他又一片好心要替吕西安盖三楼，在偏屋顶上为夏同太太造一个楼面，尽量孝顺她，照顾她。总而言之，大卫要家里的人完全快乐，要他的兄弟完全独立。吕西安被大卫的声音和妹妹的抚爱陶醉了；在路旁的树荫底下，沿着平静而明亮的夏朗德河走着，头上是明星灿烂的天空，夜间的空气十分暖和，他终究忘了上流社会给他戴上的荆冠。特·吕庞泼莱先生又承认大卫是他的朋友了。反复无常的性格很快的使他想起过去的纯洁，用功，平凡的生活，看到今后无忧无虑，更美满的生活。贵族社会的喧闹逐渐消失。等到走进乌莫镇，野心家居然握着他兄长的手，和两个快乐的情人语调一致了。

他对大卫说："但愿你父亲不反对这头亲事。"

"他要为我操心才怪呢！老头儿只顾他自己。可是明儿我还是要上玛撒克去；单单要求他替我们盖屋子也不能不走一遭。"

大卫送兄妹俩回家。他一刻都不能多等，马上向夏同太太求亲。母亲满心欢喜，拿女儿的手放在大卫手里；情人大着胆子亲了亲未婚妻的额角,夏娃红着脸向他微笑。

母亲说:"这是穷人的定亲。"她眼睛朝上望着,仿佛求上帝赐福。又对大卫说:"孩子,你勇气不小;我们遭着不幸,我真怕我们的背运连累人。"

大卫一本正经的回答:"我们会有钱的,会幸福的。先是你不用再服侍病人,跟你儿子女儿一同住到安古兰末去。"

于是三个孩子急不可待的说出他们美好的计划,母亲听了只是诧异。家庭中常有这一类疯疯癫癫的谈话,把播种当作收成,不等幸福实现,先快活起来。大卫恨不得那一夜不要天亮,他们只能逼他动身。吕西安陪着未来的妹夫走到巴莱门,已经半夜过后一点钟了。老实的卜斯丹听见闹哄哄的声音不大放心,站在百叶窗后面张望;他打开窗子,发现夏娃家那时还有灯火,私下想:"夏同家有什么事啊?"

他看见吕西安回来,问道:"老弟,你们有什么事啊?要不要我帮忙?"

诗人回答说:"用不着,先生。不过你是我们的朋友,我可以告诉你:大卫·赛夏向我妹子求婚,妈妈答应了。"

卜斯丹一言不答,霍的关上窗子,恨自己早先没有向夏同小姐提亲。

大卫不回安古兰末,直接上路去玛撒克,只当散步一般走往父亲家。太阳刚升起,他到了屋旁的园子外面。情人瞥见老熊站在一株杏树底下,头耸在篱笆上面。

大卫道:"爸爸,你好。"

"呦,是你,孩子?这个时候怎么会出门的?打这儿进来。"种葡萄的向儿子指着一扇小栅门,"我的葡萄藤都开花,一棵也没冻坏！今年一亩能出二十桶酒；不过肥料也不知加了多少！"

"爸爸，我来同你商量一件要紧事儿。"

"啊！咱们的印刷车怎么啦？你钱赚饱了吧？"

"慢慢会赚的，爸爸，眼前我可没有钱。"

父亲回答："地方上都埋怨我，说我不该拼命上肥。那些大户，什么侯爵，伯爵，这位先生，那位先生，怪我弄坏了酒味。哼！教育有什么用？只能教你头脑糊涂。你听着：他们一亩出七桶酒，有时八桶，每桶卖六十法郎，年成好的时候大不了一亩收入四百法郎。我一亩出二十桶，每桶卖三十法郎，一共六百法郎！到底谁傻谁聪明，你说吧！品质！品质！品质跟我有什么相干？让那些侯爵去关心品质吧！我只晓得钱就是品质。——你说什么？……"

"爸爸，我要成家了，我来要求你……"

"要求我？哼，什么都没有，孩子。你成家，我不反对；可是别向我开口，我一个子儿都没有。人工把我弄穷了。两年工夫下的本钱才大呢，又是人工，又是捐税，各种各样的开销；样样被政府拿去了，油水都归了政府！这两年种葡萄的什么都没捞到。今年年成不坏，谁知该死的酒桶已经涨到十一法郎！我们的收成还不是孝敬箍桶匠？干吗你不等收割完了再结婚？……"

"爸爸，我只是来征求你同意。"

"啊！那又是一回事了。对方是谁呢，告诉我行不行？"

"夏娃·夏同小姐。"

"她是谁？靠什么过活的？"

"她父亲死了，夏同先生从前在乌莫开药房。"

"你,堂堂一个生意人,娶一个乌莫的姑娘!你还是在安古兰末领着王家执照的印刷商呢!受了教育,结果这样!唉!这就是送孩子上学的报应!那么,我的儿,她一定非常有钱啰?"种葡萄的眉开眼笑挨近儿子,"你要肯娶一个乌莫的女孩子,她准有成千上万的家私!好,你可以付我房租了。孩子,你可知道,房租已经欠了两年零三个月,总数有两千七百法郎?付给我正是时候,我好拿来开发木桶账。你要不是我的儿子,我还有权利向你讨利息呢;归根到底,买卖总是买卖;不过我对你客气,不问你要了。话说回来,她手头有多少?"

"不多不少,跟我妈妈一样。"

老头儿险些儿没说出:"原来只有一万法郎!"他想起过去不肯向儿子交代他妈妈的遗产账,便叫道:"那么她竟一无所有了!"

"妈的财产是她的聪明和相貌。"

"你到集上去说给人家听听,看他们怎么说!该死!做老子的多倒霉!大卫,我娶亲的时候,赤手空拳,全部家私只有头上一顶纸帽子[1],我是个可怜的**大熊**。你啊,我给了你一个出色的印刷所,凭你的本领、学问,正应该娶一个城里的布尔乔亚,有三四万陪嫁的女人。你的痴情还是趁早撂开,让我来替你找一门亲事!离这儿三四里有个寡妇,三十二岁,开着磨坊,有十万法郎产业,这才配得上你。你可以把她的田产跟玛撒克的合起来,两块地本来连在一块儿。哎!这么一来,咱们的庄园可体面啦,你看我将来怎么经营!听说她要嫁给她的大伙计戈多阿,你

---

[1] 见前注。

比戈多阿强多了!我管理磨坊,让她到安古兰末去做你得力的助手。"

"爸爸,我已经订婚了……"

"大卫,你一点不懂生意经,我看你是弄穷人家。你要娶那乌莫姑娘,我就跟你算账,我要求法院叫你付清房租,因为我料你没有好结果。哎哟!我可怜的印刷车啊,我的印刷车啊!车子要上油,要保养,要开动,哪一样少得了钱?唉,除非来个大好的年成,我心里是不会快活的了。"

"爸爸,我到此为止并没给你多少烦恼……"

"也没付我多少房租。"种葡萄的老头儿回答。

"我除了来请你答应我结婚,还想请你在正屋上面盖一个三层楼,偏屋上加一个楼面。"

"呸!你明明知道我没有钱。再说那不是平白无故把钱扔在水里吗?那会给我生利吗?嘿!你大清早跑来要我盖新屋子,花一笔皇帝老子也吃不消的大本钱!你虽然名叫大卫,我可没有梭罗门的财富[1]。你不是疯了吗?我的孩子变作吃奶的娃娃了。这一棵一定结葡萄!"他把话岔开去,指着一棵葡萄藤叫大卫看,"这些孩子才不会叫父母失望,多少肥料下去,就是多少收成。我把你送进中学,花了多大本钱培植你成为学者,到第多厂去研究印刷,谁知全是没出息的事儿,临了给我弄一个乌莫姑娘来做媳妇,一个钱陪嫁都没有!要是你不读书,跟我在一起,你就由我安排,今天倒好娶一个磨坊的老板娘,不算磨坊,就有十万法郎产业。嘿!你真聪明,当我会赏识你的好主意,替你盖起宫殿

---

[1] 《圣经》上的梭罗门是大卫的儿子。赛夏老人没有知识,乱用典故,颠倒身份。

来？……难道你现在的屋子两百年来都是养猪的，你的乌莫姑娘住不得吗？呦！难道她是法兰西的王后吗？"

"好吧，爸爸，盖三层楼的费用归我负担，就让儿子来替父亲挣家业吧。事情虽然颠倒，有时还看得见。"

"怎么，小家伙，你有钱盖屋子，没有钱付房租？你好调皮，耍弄你父亲！"

这样一来，问题不容易解决了。老头儿能够做到一钱不花而不失其为慈爱的爸爸，非常得意。他同意大卫结婚，允许儿子按照他的需要自己出钱在老家添造房屋。大卫得到的不过是这些。**老熊**这个保守派父亲的模范，居然宽宏大量，不向儿子讨房租，不叫他把粗心大意露了口风的私蓄捧给老子。大卫快快不乐的回去，知道一朝遇到患难，绝不能指望父亲帮忙。

04

内地的爱情风波

安古兰末城里只听见谈论主教的话和特·巴日东太太的回答。晚会上每一桩小事都被添枝接叶，经过装饰，改头换面的传开去，诗人也就成为当时的红人。在上层社会中兴风作浪的谣言，也有几滴水星飘入中产阶级。吕西安穿过菩里欧去看特·巴日东太太，发觉好几个青年不胜羡慕的望着他，还听到一些话使他暗暗得意。

"这小伙子运气真好。"一个诉讼代理人的书记说。他名叫柏蒂-格劳，是吕西安的中学同学，长相难看，吕西安一向对他摆着老大哥面孔。

一个听过他朗诵的大家子弟回答说："是啊，他长得漂亮，又有才气，特·巴日东太太被他迷上了！"

吕西安知道白天有段时间路易士一个人在家，他急煎煎的等候这个时间。如今这女人变了他命运的主宰，妹子的婚事要她赞成才好。经过了前一天的晚会，路易士或许更加温柔，可以让他快乐一下。特·巴日东太太不出他所料，对他特别多情，没有经验的情人以为对方的爱又进了一步。隔天晚上诗人太痛苦了！路易士便听让吕西安在她美丽的金发上、手上、头上,热烈亲吻。

她说:"你念诗的表情,可惜你自己看不见。"上一天路易士在长沙发上拿雪白的手抹掉吕西安额上的汗珠,等于给他一个花冠的时节,他们俩已经亲热得你我相称了。"你美丽的眼睛发出闪光!我看着你唇间吐出金链,把我们的心拴在诗人的嘴边。希尼埃的作品,你得全部念给我听,他的诗最适合情人的心情。我不愿意你再痛苦了。是的,亲爱的天使,我要替你安排一块乐土,让你过纯粹的诗人生活,有时活跃,有时懒散,有时无精打采,有时用功,有时深思;可是你永远不能忘记:你的桂冠是靠我得来的,你的成功应当补偿我以后的痛苦。唉,亲爱的,这个社会对我不会比对你更宽容,他们因为分享不到幸福,要发泄他们的怨恨。是的,我永远有人嫉妒,昨天晚上你不是看见了吗?那些吸血的苍蝇不是刺伤了人的皮肉,急急忙忙扑到创口上来吗?可是我多快乐!我真正生活过了!我的心弦好久没有这样振动了!"

眼泪在路易士的腮帮上淌下来,吕西安一声不出,握着她的手吻了很久。诗人的虚荣心受着母亲,妹子和大卫奉承,如今又受到这个女人奉承。他所站立的虚幻的台阶,周围的人都在继续替他加高。狂妄的信心不但有朋友支持,还有恼怒的敌人支持,使他在充满幻景的气氛中向前趱奔。青年人的幻想自然而然同那些赞美、那些观念,沉瀣一气,一切都在帮助一个风流俊美、前程远大的青年,只要经过几次冷酷无情的教训,这样的迷梦才会惊醒。

"亲爱的路易士,那么你愿意做我的俾阿特利克斯了,肯接受爱情的俾阿特利克斯了?"

她抬起她本来低垂的美丽的眼睛，天使般的笑容显然和她说话的意义不一致，她说："要是将来……你值得人家爱的话！……现在你还不幸福吗？有一个知己，无论说什么都有把握得到了解，不是快乐吗？"

"是的。"吕西安噘着嘴回答，做出一副情人失意的样子。

她用取笑的口吻叫了声："孩子！哦，你不是有话跟我说吗？我看你进来的时候心中有事。"

吕西安怯生生的向爱人说出大卫和夏娃彼此相爱，打算结婚的事。

她道："可怜的吕西安，你怕挨打，挨骂，好像你自己要结婚似的！"她把手掠着吕西安的头发，又说："那有什么大不了呢？你家里的人跟我有什么相干？你在他们之中是一个例外。倘若我父亲要娶他的女佣人，你会不痛快吗？亲爱的孩子，情人是没有家庭的。难道除了我的吕西安，我在世界上还关心别人吗？要出人头地，要成名，这才是我们的正经！"

吕西安听着这种自私的回答，一变而为世界上最快乐的人。路易士正举出许多荒谬的理由，证明世界上只有他们两个人的时候，特·巴日东先生走进客厅。吕西安眉头一皱，怔住了；路易士向他递了个眼色，留他吃饭，饭后在打牌的人和别的常客未到之前，要他念安特莱·特·希尼埃的诗。

特·巴日东先生道："这样不但她高兴，我也高兴。吃过饭听朗诵，对我再合适没有。"

特·巴日东先生讨好他，路易士讨好他，仆役看主人宠他，侍候得特别恭敬；吕西安便在巴日东府上坐享现成，一样一样的受用过来。等到宾客满堂的时候，特·巴日东先生的愚蠢和路易士的爱情壮了他的胆子，不由得气焰高涨，而他美丽的情人还从旁鼓励。吕西安看着娜依斯在众人面前的威势，好不得意，娜依斯也只想把这威势分一些给他。总之，那天晚上他尽量充当小城市里的大人物的角色。有人看吕西安态度大变，以为他和特·巴日东太太，照旧时代的说法，有了深交。好些妒忌的人聚在客厅一角，跟杜·夏德莱先生同来的阿美莉一口咬定，说已经出事了。

夏德莱道："一个年轻小子想不到能踏进这个社会，不免得意忘形，这不能怪娜依斯。夏同听见一个上流社会的太太说了几句好话，就以为对他有意了。他还分辨不出真正的热情是不声不响的，此刻抬举他的话只是看在他美貌，年轻和才气的份上说的。如果我们的痴情都叫女人负责，也太冤枉女人了。他当然是动了心，可是娜依斯……"

恶毒的阿美莉接口说："噢！娜依斯！娜依斯看见人家这股痴情才快活呢！到了她的岁数，年轻人的爱情吸引力特别强。在青年人身边，一个女人会返老还童，装作小姑娘，像女孩子般心神不定，装腔作势，忘了什么叫可笑……你们看不见吗？药房老板的儿子竟敢在特·巴日东太太家拿出主人翁的架子来。"

阿特里安轻轻的哼了一句："爱情是不知道这些距离的。"

下一天，安古兰末没有一户人家不谈论夏同先生——一名特·吕庞泼莱——和特·巴日东太太亲密的程度。仅仅有过几个亲吻，他们已经受到指摘，说是有了私情。特·巴日东太太吃了她的权势的亏。在社会的许多怪现象中，你们可曾注意到没有标准的批评和荒唐苛刻的要求吗？有些人可以无所不为，再胡闹也不要紧，他们样样合乎体统，老是有人争先恐后替他们的行为辩护。社会对另一些人却严格得不能相信：他们做事都要合乎规矩，永远不能有错误，犯过失，闹一点儿笑话都不行；人家把他们当作雕像欣赏，冬天冻坏一个手指或者断了鼻梁，立刻从座子上拿下；他们不能有人性，永远要像神道一般十全十美。特·巴日东太太瞧一眼吕西安，就等于齐齐纳和法朗西斯十二年的快乐。两个情人握一握手，就会叫夏朗德河上所有的霹雳打在他们头上。

大卫从巴黎带回一笔积蓄，此刻作为结婚的开支和在老家添造三楼的费用。扩充住屋不是为的自己吗？屋子早晚是他的，父亲已经七十八岁了。印刷商替吕西安用砖木结构盖了一套房间，因为原来的墙壁到处开裂，不能压得太重。他高高兴兴的把二楼装修齐整，配上讲究的家具，预备安顿美丽的夏娃。那一段时间，两个朋友过着轻松愉快、完全幸福的日子。吕西安虽然讨厌内地的寒酸俭省，连五法郎都看作一个大数目的习惯，可是精打细算的苦日子，他照样忍受，不哼一声。郁闷的情绪消散了，脸上精神焕发，表示他抱着希望。他看到自己福星高照，便一心想望美好的生活，把幸福建筑在特·巴日东先生的坟墓之上。这位先生不但有时候消化不良，而且还有个可喜的怪脾气，认为吃的中饭不消化，晚上再多吃一些就好了。

九月初，吕西安不再做印刷监工，而是堂堂特·吕庞泼莱先生了。无名的夏同在乌莫住一间只有天窗的破阁楼，相形之下，特·吕庞泼莱先生的屋子不知要华丽多少。他不算乌莫人了，住在安古兰末上城，每星期在特·巴日东太太家差不多要吃四顿饭。主教大人对他很好，让他出入官邸。他凭着诗人的身份变为最高级的人物，将来还要成为法兰西的名流呢。他在漂亮的客室，精致的卧房和书室之间踱来踱去，觉得每月从母亲和妹子辛辛苦苦挣来的工钱中预支三十法郎，用不着于心不安；他的一部历史小说已经写了两年，题目叫《查理九世的弓箭手》，还有一本诗集叫作《长生菊》。这两部作品一朝使他在文坛上出了名，不怕没有钱偿还母亲，妹子和大卫。他既然感到自己的伟大，耳朵里只听见未来的声名，便泰然自若的接受别人的牺牲。吕西安对着清寒的生活微笑，觉得最后一个阶段的贫穷倒也很有意思。夏娃和大卫把吕西安的快乐看得比他们的更重要。工匠先得赶完吕西安的事，再替二楼做家具，油漆，糊纸等等的活儿；婚期因此耽搁下来。认识吕西安的人看他受到这样的爱护，都不以为奇：他多迷人！一举一动多可爱！欲望和急躁表现得多妩媚！他不用开口，人家已经迁就他了。（被这种优势断送的青年，比因之得益的青年多得多。）年少风流自然有人趋奉，上流社会从自私出发，也愿意照顾他们喜欢的人，好比看到乞丐，因为能引起他们同情，给他们一些刺激，而乐于施舍；可是许多大孩子受惯了奉承照顾，高兴非凡，只知道享受而不去利用。他们误解应酬交际的意义和动机，以为永远能看到虚假的笑容；想不到日后头发秃了，光彩褪尽，一无所有，既没有价值也没有产业的时候，被上流社会当作年老色衰的交际花和破烂的衣服一般，挡在客厅外面，扔在墙脚底下。夏娃巴不得婚礼延期，因为她要用俭省的办法置备小家庭的必需品。吕西安看见妹子做活，说道："我要能做针线就好了！"声调语气完全出于真心。对这样一个兄弟，两个情人怎么能不百依百顺呢？并且这种无微不至的爱护，还有严肃而细心的大卫参加。可是从吕西安在特·巴日东太太家大露锋芒以后，大卫也担心他改变，唯恐他瞧不起布尔乔亚的生活习惯,有时便故意试试兄弟,要他在淳朴的家庭乐趣和上流社会的乐趣之间选择一下。看见吕西安肯为着他们牺牲浮华的享受,大卫私下想:"好,他是不怕人家引诱的!"三个朋友和夏同太太按照内地方式一同玩了几次:在安古兰末附近,夏朗德河边的树林中散步;大卫叫学徒带着食物在约定的时间送到一个地方,他们在草地上野餐,傍晚略微有些疲劳的回去,总共花不了三法郎。逢到重大的日子,他们在乡下饭店吃一顿,铺子介于内地酒馆和巴黎近郊的小酒店之间,花到五个法郎,由大卫和夏同一家分摊。下乡玩儿的时候,吕西安忘了特·巴日东太太府上的享用和上流社会的筵席,大卫看着心里感激不尽。那时大家都想款待安古兰末的大人物。

到这个阶段,新家庭需要的东西差不多备齐了,大卫到玛撒克去请父亲出来参加婚礼,希望老人看着新媳妇喜欢,自愿在装修房屋的大笔开支里头分担一部分。不料大卫出门期间发生一件事,在小城市里把整个局面改变了。

原来杜·夏德莱在吕西安和路易士身边做奸细,他的仇恨既有吃醋的成分,也有贪财的成分,所以等候机会要他们出丑。西克施德想逼特·巴日东太太对吕西安的态度表示得非常露骨,证明她已经像俗语所谓失身。他假装是特·巴日东太太的心腹,不作非分之想,在麦市街赞美吕西安,在别的地方拆吕西安的台。娜依斯已经不再提防过去崇拜她的男人,不知不觉的让夏德莱在她家随便进出了。他对两个情人的关系过分猜疑;事实上吕西安和路易士停留在柏拉图式的阶段,两人还因此大为懊恼呢。有些恋爱开场开得不好,或者说很好,反正你爱怎么说都可以。双方用感情来勾心斗角,没有行动,只管空谈,不去围城而在野外作战。欲望一再扑空，弄得两人都感到厌倦。在这种情形之下，他们有时间考虑了，能够互相批判了。往往有些热情开始大张旗鼓，浩浩荡荡的出发，似乎火气很大，要把一切关口都攻下来；临了却退回原处，没有胜利，倒反解除了武装，因为白闹一场而老大不好意思。有时候，这种失败是由于年轻人的胆小，由于初入情场的女子喜欢拖延；凡是风月场中的老手，耍惯手段的荡妇，倒不会这样互相愚弄的。

并且内地生活使爱情极不容易满足，只能引起精神上的冲突；另外还有许多阻碍，不允许情人称心惬意的来往，逼着一般性情急躁的人走上极端。内地有的是无孔不入的刺探，家里藏不住一点儿秘密，给你安慰而并不越轨的亲密简直不可能，最纯洁的友谊受到极荒谬的指摘，不少清白的妇女受到鞭挞。因此，很多这一类的女子恨自己不曾享尽失节的乐趣，白吃了许多苦。某些大张晓喻的事，是经过长时期内心的斗争才发生的，社会不加细察，只知道非难，抨击，其实促成丑事的原始因素不是别人，就是社会。批评的人多半只鞭挞无故受谤的妇女，指责莫须有的罪过，从来不去想逼她们公然下水的原因。不少女性是受了冤枉以后才失足的，特·巴日东太太不久就陷入这种古怪的局面。

热情刚开始的时候，没有经验的人碰到阻碍就惊慌；吕西安和路易士遭受的困难又极像小人国里的小人捆绑格列佛的绳子[1]，不知有多少琐碎的牵掣叫人动弹不得，便是最强烈的欲望也无法抬头。比如说，特·巴日东太太非经常见客不可。如果在吕西安上门的时间谢绝宾客，等于不打自招，还不如干脆同

---

1 英国小说家斯威夫特在《格列佛游记》（1726）中提到格列佛乘船触礁，漂流到一个岛上，居民只有六英寸高。格列佛睡着的时候被小人用绳子浑身捆绑。

吕西安私奔。事实上她老是在小客厅中接待吕西安,吕西安在那儿已经非常习惯,当作自己家里一样;各处门户都堂而皇之的打开着。一切都按照规矩,不失体统。特·巴日东先生像金壳虫似的在家里来来往往,从来没想到太太要跟吕西安单独在一起。假如只碍着特·巴日东先生一个人,娜依斯倒不难打发他,或者安排他做些事情;无奈客人川流不息,而且外边越注意娜依斯,来的人越多。内地人天生爱捣乱,喜欢破坏人家初生的爱情。仆役不经使唤,在屋内随便走动,事先也不让你知道,这是多年的习惯,女主人没有什么事要隐瞒,一向由着他们。改变家里的老例章程,不等于把全安古兰末还在将信将疑的爱情自己承认下来吗?特·巴日东太太也休想跨出大门不让人知道她往哪儿去。单独和吕西安出城散步,更是坐实人家的猜疑,宁可和他一同关在家中,还少一些危险。吕西安倘在特·巴日东太太家坐到半夜过后而没有别人在场,第二天准会引起批评。所以不论屋内屋外,特·巴日东太太始终过着公开的生活。这些细节说明内地的环境,男女的私情要不坦然承认,根本不可能。

路易士像一切堕入情网而没有经验的女子,发现一桩又一桩的困难,心中害怕。他们单独相对的时候,最愉快的是亲密的谈话,现在这谈话受了她的恐惧的影响。有些女子能造出巧妙的借口躲往乡下,特·巴日东太太没有庄园好带着心爱的诗人同去。她不耐烦老是在人前露面,恨环境给她戴上难堪的枷锁而并没给她快乐;种种无聊的牵掣使她气恼透了,不禁想起埃斯卡巴,打算去探望年老的父亲。

夏德莱不相信两人这样清白。他专等吕西安拜访特·巴日东太太的时间,过了一会闯上门去,还每次叫小圈子里的冒失鬼,特·乡杜先生陪着,进门让他走前几步,希望碰巧撞见什么。他要扮这个角色,实现他的计划,极不容易;他必须冒充中立,才能在他导演的戏剧中支配所有的人物。他要叫他假意奉承的吕西安麻痹大意,又要叫目光尖锐的特·巴日东太太不起疑心,便假装追求那个嫉妒路易士的阿美莉。为了进一步监视路易士和吕西安,他最近为两个情人的事故意和特·乡杜先生抬杠。照杜·夏德莱的说法,路易士是拿吕西安打哈哈,以她的傲气和出身而论,绝不会纡尊降贵,垂青一个药房老板的儿子。这个不信谣言的态度正好配合他的计划,因为他要装作站在特·巴日东太太一边。斯大尼斯拉却断定吕西安不是单相思。阿美莉巴不得知道真相,鼓动他们辩论。各人说出各人的理由。杜·夏德莱和斯大尼斯拉都有些精彩的见解,证明自己的看法正确。谈话中间,不免有些乡杜家的熟客临时闯来,那在内地是常事。论战双方都希望有人附和自己,争着问旁边的朋友:"那么你呢,你的意见怎么样?"这样的争论使特·巴日东太太和吕西安经常受人注意。有一天,杜·夏德莱说他和特·乡杜先生每次当吕西安在座的时候闯进去,从来看不出可疑的形迹:小客厅的门敞开着,佣人们照常进出,没有一点儿鬼鬼祟祟的样子可以怀疑他们犯什么风流罪过。斯大尼斯拉不无捣鬼的本领,打算第二天蹑手蹑脚的进去,恶毒的阿美莉听了竭力怂恿。

像吕西安下一天上的遭遇,无论哪个青年碰到了都会捶胸顿足,发誓再也不在女人面前干这种摇尾乞怜的傻事了。吕西安久已习惯自己的地位。当初踏进安古兰末王后神圣的小客厅,在椅子上怯生生的坐下来的诗人,现在变了贪心不足的情人。仅仅六个月的时间,他已经自以为和路易士一般身份,想占有她了。那天吕西安从家里出来，决意疯疯癫癫拼着性命干一下，他要尽量发挥口才，说出一番火辣辣的话，说他疯了，一个念头都想不出了，一句诗也写不成了。可是有些女子还相当高雅，最恨人家有心算计，要让步也得出于情不自禁而不落俗套。一般说来，强加于人的快乐总是不受欢迎的。特·巴日东太太发觉吕西安的脑门，眼神，脸色，举动，都很骚动，看出他志在必得；而她偏要推翻他的决心，一半是故意反抗，一半因为她把爱情看得极高。她本是爱夸张的女人，如今更夸大自身的价值。她自命为王后，是俾阿特利克斯，是洛尔[1]。她仿佛生活在中世纪，坐在帐幕底下看文坛上的角斗；吕西安要配得上她，先得打好几次胜仗，把**才华盖世的孩子**[2]，把拉马丁，沃尔特·司各特，拜伦，一齐比下去才行。这个高贵的女人认为她的爱情应当生出美丽的果实，吕西安对她的爱慕应当是他获得荣名的因素。这种女性**堂·吉诃德精神**肯定爱情的价值，从而发挥爱情的作用，把它抬高，推崇。特·巴日东太太执意要在吕西安生命中当七八年杜西奈[3]的角色，像许多内地妇女一样，要吕西安鞠躬尽瘁，用长期的忠诚换取她的恩爱，让她能充分考察她的朋友。

吕西安用呕气作为进攻的手段，这种态度只能叫已经委身的情妇伤心，身体还自由的女人看了只会发笑。路易士摆出尊严的神气，用浮夸的辞藻发表一大篇训话。

结束的时候她说："吕西安，难道你以前对我的保证就是这么

---

1 前者是但丁的恋人，后者是与但丁同样知名的意大利诗人彼特拉克（1304—1374）的恋人。
2 见前注。
3 堂·吉诃德遇见一个乡下姑娘，幻想她是一个貌若天使的贵妇人，替她起了一个名字叫作杜西奈。

回事吗？现在生活多么甜蜜，你别播下后悔的种子，使我以后的日子不得安宁。千万别糟蹋将来！并且我可以很骄傲的说，千万别糟蹋现在！我的心不是整个儿给了你吗？你还要什么？难道你的爱离不了肉欲吗？女子受人爱慕，她的最光荣的特权是克制对方的肉欲。你把我当什么人看待？我不再是你的俾阿特利克斯了吗？要是在你眼中，我同普通的女人没有分别，我就不配做一个女人。"

吕西安又气又急，说道："你对一个你不爱的男人，也不过说这样的话。"

"我思想中包含的真正的爱，你要不能全部感觉到，就永远不配得到我的爱。"

"你不肯回报我的爱，才怀疑我的爱。"吕西安说着，扑在她脚下哭了。

可怜的青年在天堂外面等得太久了，当真哭起来。这是诗人的眼泪，因为力量不足而感到羞辱；也是儿童的眼泪，因为要的玩具得不到而发急。

他说："你从来不曾爱我。"

路易士听着这气话，暗暗得意，说道："你心里并不这样想。"

吕西安发疯似的说道："那么我要你证明你是我的。"

那时斯大尼斯拉正好悄没声儿的走来，看见吕西安半仰着身子，噙着眼泪，头靠在路易士膝盖上。斯大尼斯拉见了这副可疑的形景满意了，反身便走，朝着等在大客厅门口的杜·夏德莱退回去。特·巴日东太太赶紧冲出来，没有追上两个暗探；他们像冒失的客人一般急急忙忙溜了。

特·巴日东太太问佣人："谁来过了？"

老当差扬蒂回答："特·乡杜先生和杜·夏德莱先生。"

她回进小客厅，脸色发白，直打哆嗦。

她对吕西安说："要是他们看见你这副样子，我完啦。"

诗人叫道："那才好呢！"

特·巴日东太太听着这句自私而充满爱情的话，微微一笑。在内地，因为话说得难听，这一类的事情显得格外严重。一刹那间每个人都知道吕西安被人撞见坐在娜依斯膝上。特·乡杜先生为这件事变了要人，得意非凡，先上俱乐部去报告，然后挨门挨户的宣传。杜·夏德莱到处抢着声明，他什么都没看见；可是他置身事外，等于逗斯大尼斯拉说话，夸大细节；斯大尼斯拉还俏皮得很，每讲一次都添加一些。晚上大批客人赶往阿美莉家。那时安古兰末的贵族圈子把事情越说越夸张，每个传达的人都学着斯大尼斯拉的榜样添枝接叶。男男女女急于要打听事实。女人中间掩耳盗铃，骂无耻骂堕落，叫嚷最凶的，正是阿美莉，柴斐莉纳，斐斐纳，洛洛德，多多少少尝过私情的甜头的一帮。从这个题目上化出去，刻薄的话层出不穷。

一个女人说："喂！你知道没有，据说是那可怜的娜依斯！我吗，我不相信，她清白了一辈子；她多高傲，除了做夏同先生的保护人，绝不肯当别的角色的。万一实有其事，我倒真心替她可惜。"

"是啊，更糟的是她闹了一个大笑话。那个吕吕先生——用雅各的称呼——尽可以做她儿子！不入流的诗人至多二十二岁，而娜依斯，我们之间说句老实话，足足有四十了。"

夏德莱道："我认为特·吕庞泼莱先生的姿势就可证明娜依斯

的清白。一个人已经到手的东西，不会再跪下来央求。"

法朗西斯色眯眯的说道："那也要看情形！"柴斐莉纳听着把他瞪了一眼，表示不高兴。

另外几个人偷偷的躲在客厅一角，问斯大尼斯拉："喂，告诉我们，究竟是怎么回事？"

斯大尼斯拉最后编成一个小故事，夹着不少粗话，还指手划脚描摹动作和姿态，事情越发显得不堪了。

大家都说："简直不能相信。"

另外一个说："而且是中午。"

"万万想不到是娜依斯。"

"现在她怎么办呢？"

接下来便议论纷纷，各式各样的猜想不知有多少！……杜·夏德莱替特·巴日东太太辩护，可是手段极其笨拙，非但没有扑灭毁谤的火焰，反而挑拨得更旺。丽丽眼看安古兰末乐园中最美的天使堕落了，难过得很，流着眼泪赶往主教官邸报告新闻。等到谣言在城中传遍了，得意非凡的杜·夏德莱跑去见特·巴日东太太。可怜那边只有一桌客人玩韦斯脱。他装着莫测高深的样子要求娜依斯到小客厅去谈话。两人在小小的长沙发上一同坐下。

杜·夏德莱轻轻的说："全个安古兰末关心的事，你大概知道了吧？……"

她说："不知道。"

他接着说："凭我们的交情，我不能让你蒙在鼓里。你得有个准备，制止那些毁谤。事情准是出于阿美莉的捏造，她过分好强，要跟你竞争。今天早上，我同那捣蛋鬼斯大尼斯拉来看你，他比我走前几步,到了那儿。"夏德莱指着小客厅的门,"他说看见你和特·吕庞泼莱先生的情形不容许他走进屋子,慌慌张张回到我身边,不容我定一定神,把我拉着就跑;等到他说出退走的原因,我们已经到了菩里欧。如果我当场知道,我绝不离开府上,我要辨明真相,替你洗刷。可是出了门再回来,还能证明什么呢?事到如今,不管斯大尼斯拉看错没看错,**反正他是不对的**。亲爱的娜依斯,你的一生,你的荣誉,你的前途,绝不能让一个混账东西玩弄,应当立刻堵住他的嘴。你知道我在这里的地位吗?虽然我各方面都要敷衍,对你可是赤胆忠心。我的生命可以完全交给你,由你支配。尽管你不接受我的情意,我的心始终向着你;在无论什么情形之下,我都要证明我多么爱你。是的,我要像忠心的仆人一般保护你,不希望报酬;唯一的乐趣是为你效劳,即使你不知道也没关系。今天我到处声明,我到了客厅门口,什么都没看见。如果有人问你,谁把外边的话告诉你的,就说是我吧。能够公开为你辩护,是我莫大的荣幸;不过咱们之间老实说,可以质问斯大尼斯拉的只有特·巴日东先生一个人……吕庞泼莱可能胡闹,女人的声名却不能落在一个随便拜倒在她脚下的糊涂虫手中。我要说的就是这个。"

娜依斯神思恍惚,向杜·夏德莱点点头表示感谢。她对内地生活感到厌倦,甚至于痛恨了。听着杜·夏德莱开头几句,她就想起巴黎。特·巴日东太太的沉默,使那个崇拜她的精明家伙感到为难。

他道:"我再说一遍,有什么差遣,你尽管吩咐。"

她回答说:"谢谢你。"

"你打算怎么办呢?"

"我会考虑的。"两人半天没有话说。

"难道你对小家伙吕庞泼莱真是爱得很吗？"

她露出一副高傲的笑容，抱着手臂望着小客厅的窗帘。杜·夏德莱走了，猜不透这骄傲的女人的心。四个常来的老头儿不理会那些可疑的谣言，照样来打牌。他们和吕西安都走了，特·巴日东先生预备去睡觉，正想和妻子说再会，特·巴日东太太却拦着丈夫，郑重其事的说道：

"亲爱的，到这儿来，我有话跟你说。"

特·巴日东先生跟着妻子走进小客厅。

她说："先生，我提拔特·吕庞泼莱先生也许不该那么热情，不但地方上的糊涂虫误会了，连他本人也误会了。今天上午，吕西安在这儿向我跪下，说了一篇痴情话。我正在把孩子扶起来，斯大尼斯拉进来了。一个绅士在任何场合都应当尊重女性，斯大尼斯拉不守这规矩，竟说我和吕西安行动暧昧，事实上我应付得很得体。要是那冒失的青年知道他荒唐的举动引起了毁谤，我知道他的脾气，准会向斯大尼斯拉寻衅，逼他决斗。那就等于公开承认他的痴情。我无须跟你声明你的妻子是清白的；可是你该想到，让特·吕庞泼莱先生出头为你的妻子争回名誉，对你，对我，都是不体面的。你现在马上去找斯大尼斯拉，正式质问他为什么要说侮辱我的话。别忘了，千万不能和解，除非他当着许多有地位的见证把他说过的话收回。这么一来，所有正派的人都会敬重你；你要做得像个有头脑有血性的男子，你会得到我的尊重。我此刻叫扬蒂骑着马到埃斯卡巴去，请我父亲来做你的证人；别看他年纪大了，我知道他的性子，听到那油头粉脸的小子玷污奈葛柏里斯家小姐的名誉，准会砸破他的脑袋。你有权利挑选武器[1]，你就挑手枪吧，你打枪的本领一等。"

特·巴日东先生拿了手杖帽子，回答说："我就去。"

妻子看着大为感动，说道："行，朋友，我就喜欢这样的男人。你是名副其实的绅士。"

她把脑门凑过去给丈夫亲吻，老头儿又快活又得意的吻着。特·巴日东太太对这个大孩子一向抱着慈母般的心情，听见他出去关上大门的声音，不由得冒上一滴眼泪。

她心上想："啊，他多爱我！可怜的家伙把生命看得多宝贵，为着我竟心甘情愿的去送死。"

特·巴日东先生不怕第二天同人家交手，冷冷的望着对准他的枪口，只有一桩事情使他到乡杜家去一路慌张，心里为难。他想："叫我怎么说呢？娜依斯应该替我把话预备好才对！"他在脑子里尽量搜索，只想找出几句得体的话来，不要受人耻笑。

像特·巴日东先生这样头脑狭窄，思想空虚，平时只能不声不响过日子的人，逢到重大关头，自然而然有股庄严的气派。不大开口，当然不大闹笑话；应当说些什么，事先考虑得很多；他们毫无自信，把话再三斟酌，所以表达出来非常精彩。这个现象同巴兰的驴子被逼开口[2]的情形相仿。特·巴日东先生那天的行动也就高人一等，证实某些人的意见，仿佛真是毕太哥拉派[3]的哲学家。晚上十一点，他走进斯大尼斯拉府上，发现客人很多。

---

1 决斗用哪一种武器，照例由受侮辱的一方挑选。
2 摩押王巴勒派巴兰去诅咒以色列人；巴兰骑的驴子中途看见耶和华的使者显形，三次避让，害主人受苦，因之三次遭打，便开口叫冤。见《旧约·民数记》第二十二章。这里是比喻一个人迫不得已而开口，说话必定中肯。
3 古希腊哲学家兼数学家毕太哥拉（公元前六世纪）提倡道德高尚，生活严肃的人生哲学。

他不声不响,过去向阿美莉行了礼,对每个人都堆着他那副傻支支的笑脸,在当时的情形之下很像冷笑。屋内寂静无声,像自然界中雷雨将临的时候一样。夏德莱已经回来,他意味深长的望望特·巴日东,望望斯大尼斯拉。受了侮辱的丈夫斯斯文文向斯大尼斯拉走过去。

杜·夏德莱懂得老头儿的来意,平素这个时候他早睡觉了;这个身体虚弱的家伙明明受着娜依斯指挥。杜·夏德莱仗着他在阿美莉身边的地位,尽可参与他们的家事,站起来把特·巴日东拉过一边,问道:"你要和斯大尼斯拉说话吗?"

"是的。"老头儿很高兴有个中间人,也许还会代他说话。

"好吧,你到阿美莉屋里等着。"税务官回答。他对这场决斗暗暗欢喜:特·巴日东太太说不定就此守寡而没法嫁给吕西安,因为决斗是吕西安引起的。

杜·夏德莱对特·乡杜说:"斯大尼斯拉,巴日东大概因为你说了娜依斯那些话,跑来向你问罪。来吧,到你太太屋里去,你们俩都得保持绅士风度。别高声大气,要很有礼貌,像英国人一样尊严,冷静。"

斯大尼斯拉和杜·夏德莱两人很快的同巴日东见面了。

受了侮辱的丈夫说道:"先生,你说你看见特·巴日东太太跟特·吕庞泼莱先生行动暧昧,是不是?"

"跟夏同先生。"斯大尼斯拉挖苦了一句,他不信巴日东是什么厉害角色。

丈夫回答:"好吧,你要不当着此刻在你府上的许多客人否认你说过的话,就请你指定一个证人。我的岳父特·奈葛柏里斯先生,清早四点来找你。我们各自去准备吧,事情只能照我提出的办法解决。我决定用手枪,我是受损害的一方。"

这篇话是特·巴日东先生一路上反复推敲,才想出来的,他一生从来不曾说过那么多话;说的时候毫不激动,神气自然得不得了。斯大尼斯拉脸色发白,私下想:"怎么!我莫非做梦不成?"可是当着所有的城里人,当着这个受了侮辱不肯甘休的哑巴,推翻自己说过的话,岂不是奇耻大辱?另一方面,想到决斗又非常恐怖,好像有一双火热的手掐着他的脖子;反正进退两难,他觉得还是把危险推迟一步的好。

他对特·巴日东先生说:"好吧,明儿见。"他以为事情还可以调解。

三个人回进客厅,大家琢磨他们的表情:杜·夏德莱堆着笑容,特·巴日东先生完全像在自己家里,只有斯大尼斯拉面无人色。好几个女人一看这形景就知道谈判些什么。大家交头接耳的说:"他们要决斗了!"在场的人有一半认为斯大尼斯拉理屈,看他苍白的脸色和神气,可知他的话是造谣;另外一半人佩服特·巴日东先生的风度。杜·夏德莱装着一副正经面孔,叫人莫测高深。特·巴日东先生把众人的脸端详了一会,告辞了。

夏德莱凑着斯大尼斯拉的耳朵问:"你有没有手枪?"斯大尼斯拉听着从头到脚打了一个寒噤。

阿美莉心中有数,发起病来,妇女们赶紧扶她进房。大家七嘴八舌,乱哄哄的争着说话。男人们留在客厅里,一致认为特·巴日东先生的行动是他应有的权利。

特·桑多先生说:"老头儿有这个气派,你们想得到吗?"

毫不留情的雅各说:"哦,他年轻的时候是个打枪的好手。我父亲常常跟我提起特·巴日东的战绩。"

法朗西斯对夏德莱说："没关系！你把两人隔开二十步，用骑兵手枪，包你不会打中。"

客人散尽了，夏德莱安慰斯大尼斯拉夫妇，说事情必定顺利，三十六岁的人同六十岁的人决斗，总是年轻的便宜。

第二天上午，大卫没有请到父亲，从玛撒克回来，正和吕西安吃饭，夏同太太慌慌张张赶来说：

"喂！吕西安，你知道连菜场上都在谈论的新闻吗？今天早上五点钟，特·巴日东先生差点儿没把特·乡杜先生打死。场子叫作丢罗阿先生的草坪，人家常常拿这个地名说双关话[1]。昨天特·乡杜先生说撞见你和特·巴日东太太有事。"

吕西安嚷道："胡说！特·巴日东太太是清白的。"

"我听见一个乡下人讲得很详细，他在小车上全看到了。特·奈葛柏里斯先生清早三点赶到，替特·巴日东先生当助手；他告诉特·乡杜先生，万一他女婿遭了意外，他一定出来报仇。手枪是向骑兵团的一个军官借来的，特·奈葛柏里斯先生试了好几下。杜·夏德莱先生反对试枪，请来当公证人的军官说，事情既不是儿戏，武器应当正式管用。证人规定双方隔开二十五步。特·巴日东先生神气满不在乎，像散步一般，他先开火，一颗子弹打在特·乡杜先生脖子里，特·乡杜先生来不及还枪就倒下了。医院的外科医生刚才宣布，特·乡杜先生的脖子要歪一辈子的了。我来通知你决斗的结果，要你别去看特·巴日东太太，也不要在安古兰末露面，或许特·乡杜先生的朋友们会跟你寻事。"

---

[1] 原文"丢罗阿"和"杀王上"几个字声音相近。

那时,印刷所的学徒带进特·巴日东先生的男当差扬蒂,把路易士的一封信交给吕西安。

朋友,我丈夫同特·乡杜先生决斗的结果,想必你知道了。今天我们不见客。希望你谨慎小心,不要露面;你既然待我好,就该听我的话。今天这个不愉快的日子,你不觉得最好还是来听听你的俾阿特利克斯谈话吗?她为这件事整个生活起了变化,而且有不少话要告诉你。

大卫道:"幸亏我后天结婚,你借此机会也好少看几次特·巴日东太太。"

吕西安回答:"亲爱的大卫,她今天约我,我想应当去,在眼前的情形之下我该怎么办,她比我们懂得多。"

夏同太太问:"难道这儿一切都准备好了?"

大卫道:"去瞧瞧吧。"二楼几间屋子已经装修完毕,样样簇新;大卫很高兴叫人看到这个变化。

屋内有一股温暖的新房气息,好比青年夫妇的家庭保留着新娘的披纱和橘子花的痕迹,每样东西反映出美满的爱情,一切都洁白,干净,花团锦簇。

母亲道:"夏娃住到这儿来还不像个公主吗?不过你钱花得太多了,太奢侈了!"

大卫笑着不回答。他被夏同太太碰到了伤口,可怜的情人正在为此苦恼:工程大大超过预算,他没有力量再盖偏屋上的楼面,岳母还有很长的时期住不到他早先答应的屋子。这一类的许愿可以说是感情方面的虚荣，不能兑现在热情豪爽的人是最痛苦的事。大卫瞒着他的困难，唯恐吕西安发现人家为他做了牺牲，心中不安。

夏同太太道："夏娃和她的朋友们也着实忙了一阵。被褥床单，桌布面巾，都预备好了。那些姑娘真喜欢她，瞒着她用白麻布做垫褥的面子，镶着粉红边，真漂亮！叫人看着也想结婚呢。"

凡是年轻的男人想不到的东西，母女俩拿出所有的积蓄给大卫置办了。知道大卫铺张，还向利摩日定烧一套瓷器，她们更要把嫁妆办得和大卫的东西相称。双方比爱情比阔气，结果弄得夫妇俩刚结婚就手头很紧，虽然表面上生活优裕，在一个像当时的安古兰末那样落后的地方已经近于奢华。卧房糊着蓝白两色的花纸，摆着漂亮的家具。那些东西吕西安早已见过，便趁着母亲和大卫走进卧室的当口，溜往特·巴日东太太家。娜依斯正在和丈夫吃饭，他清早出过门，胃口特别好，对刚才的事毫不在意。威风凛凛的老乡绅，法兰西旧贵族的残余，特·奈葛柏里斯先生，坐在女儿身旁。听见扬蒂报出特·吕庞泼莱先生的名字，白头发的老人急于要看看女儿抬举的是何等人物，眼睛带着察看的意味瞧了瞧吕西安。他看到吕西安相貌出众很惊异，不由得暗暗点头；但他似乎看出女儿只是调情而不是真正的爱，只是一时的冲动而不是持久的痴情。饭快要吃完了，路易士让巴日东陪着父亲，站起来做了一个手势，要吕西安跟着她走。

她声调又凄凉又快乐的说："朋友，我要上巴黎去了，父亲带巴日东去埃斯卡巴；我不在这儿的时期，他住在那边。特·奈葛柏里斯家的大房早已改姓埃斯巴，现在的特·埃斯巴太太是勃拉蒙-旭佛里家的小姐，她仗着她的才干和亲戚关系，在巴黎极有势力。只消她肯和我们认本家，我要好好的结交她，她能替巴日东谋个职位。经过我一番奔走，宫中可能愿意让巴日东做夏朗德州的议员，使他在本州的提名更容易通过。他当了议员，我在巴黎的活动可以方便不少。这样的改变生活，倒是你，亲爱的孩子，倒是你使我想起来的。为了今天早上的决斗，我暂时不能招待宾客，有些人会帮着乡杜跟我们作对。照眼前的形势，尤其在小城市里，必须出门避避风头，让人家的仇恨冷下来。我这次出去，或者成功了，永远不回安古兰末；或者失败了，在巴黎住一个时期，等有一天局势变化以后，我夏季住在乡下，冬天住在巴黎。有身份的女子只能过这样的生活，我已经发动得迟了。一切准备工作今天就好办妥，我明天夜里动身，你陪我去，是不是？你先走一步，我在芒勒和昌番克之间接你上车，咱们很快就到巴黎。亲爱的，优秀的人在巴黎才有生路。我们只有和旗鼓相当的人在一起才畅快，否则就痛苦。何况巴黎是文化界的首都，是你成功的舞台！早去一天好一天！别让你的思想在内地发霉，要赶快去接触一般代表十九世纪的大人物，想法接近宫廷跟政府。有才气的人待在小城市里只会干瘪，名誉和地位不会来光顾他们的。你说，哪几部杰作是在内地写出来的？相反，了不起的可怜的卢梭对巴黎多么向往！因为巴黎好比精神上的太阳，剧烈的竞争能鼓动人心，创造不朽的荣名。每个时代有每个时代的七星诗人，你不是应当赶快去取得你的地位吗？青年才子由上流社会捧出台可以占多少便宜，你才想不到呢！我能叫特·埃斯巴太太接待你；她的客厅很不容易进去，你在那儿可以遇到所有的大人物，部长，大使，国会议员，最有势力的贵族院议员，或是名流,或是富翁。一个又漂亮又年轻的天才,除非手段笨到极点,他们不会不感兴趣。他们才大量大,准会支持你。地位高了,你的作品便身价十倍。艺术家最需要解决的问题是叫人注目。进了上流社会,生财之道可多啦,比如弄一个领干薪的差事啊,得一笔王上的私人津贴啊。波旁家最喜欢提倡文学艺术,所以你的诗既要歌颂宗教,又要拥护王室。那不但本身是件好事,而且能使你飞黄腾达。难道反对派,进步党,会给你官职,报酬,帮助作家发迹不成?因此一定要走正路,走一切天才走的路。我把我的秘密告诉你了,可不能透露一点风声,你准备起来,跟我走。"特·巴日东太太看情人一声不出,觉得奇怪,便追问一句:"难道你不愿意吗?"

吕西安听着这些迷人的话,一眼望到了巴黎,愣住了,仿佛他至此为止心窍只开了一半,现在眼界扩大了几倍,才打开另外一半的心窍。他觉得自己待在安古兰末等于井底之蛙。巴黎,繁华的巴黎,在一切内地人想象中好比一个理想的黄金国,如今披着黄金的袍褂,满头珠翠,向才能出众的人张着臂膀,在吕西安眼前出现了。有名的人物都要来当他兄弟一般拥抱。在巴黎,一切都对天才笑脸相迎。既没有嫉妒的穷贵族拿尖刻的话伤害作家,也没有不关心诗歌的傻瓜。在巴黎,诗人的作品像泉水般涌现,有人表扬,有人给你报酬。书店老板把《查理九世的弓箭手》念上几页,马上打开银箱,问:"你要多少?"吕西安也懂得,特·巴日东太太在这次旅行中一定和他结合,从此整个儿属于他了,他们可以同去了。

吕西安听见她说出"难道你不愿意吗?"不禁冒出一滴眼泪,搂着路易士贴着他的胸口,发疯似的吻她的脖子。然后他忽然停下，好像想起了一桩事情，叫道："哎唷，天哪！我妹妹不是后天结婚吗？"

这声叫喊是高尚纯洁的孩子的最后一声叹息。年轻人对家庭，对生平第一个朋友，对一切早期的感情，总是结合得非常牢固的，现在要被无情的利斧斩断了。

骄傲的路易士·特·奈葛柏里斯叫道："嘿！你妹子出嫁跟我们爱情的进展怎么扯得到一处？难道你非要在布尔乔亚和工人的婚礼中出风头，不能为我牺牲你这些高雅的乐趣吗？哼，了不起的牺牲！"路易士带着一脸轻蔑的神气说。

"今天早上我还打发丈夫为了你去决斗！先生，你去吧，算我看错了人！"

她有气无力的倒在长沙发上。吕西安跟过去讨饶求告，一边诅咒他家里的人，诅咒大卫和妹妹。

她说："以前我多么相信你！特·刚德-克洛阿先生多孝顺他母亲，可是单单为得到我一封信，看到一句：**我满意**，他在炮火中送了性命。而你，临到要和我一同出门，竟舍不得一顿喜酒！"

吕西安恨不得自杀，绝望的心情表现得那么真切，沉痛，总算得到了路易士的原谅，可是她要吕西安明白，这一回的过失将来非要补赎的。

末了她说："好，你去吧，诸事小心，明天半夜在芒勒过去一百多步的地方等我。"

吕西安觉得回去的路程缩短了，他回到大卫家，一路只想着他的希望，像奥兰斯德摆脱不了复仇之神的缠绕[1]；因为他知道困难重重，总括一句是：钱呢？他对着新局面脑子迷迷糊糊，又怕大卫眼光厉害，看出他的心事，只得躲在漂亮的小书房里定一定神。花了偌大代价盖起来的这套房间不能不放弃了，多少的牺牲完全白费了。可是转念一想，母亲可以住过来，省得大卫再花一大笔钱在院子尽头添造楼面。他一走，家里的问题倒解决了。他还想出无数批驳不倒的理由替自己的出走譬解，人的欲望本来最会掩饰。吕西安立刻赶往乌莫去看妹子，预备把他刚才决定的命运告诉她，和她商量。走到卜斯丹铺子前面，他想万一没有办法，不妨向父亲的后任借一笔款子，抵充巴黎的一年用度。

他私忖道："要是和路易士同居，一天有三法郎就绰绰有余了，一年只要一千法郎。况且不出六个月我就好发财！"

吕西安先要夏娃和母亲答应绝不泄漏，才说出他的机密大事。两人听着野心家的话一齐哭了。他问她们为什么伤心，她们说家里的钱统统花完了，买了桌布饭巾，办了夏娃的嫁妆，还有大卫没想到的许许多多东西；她们这样做是很高兴的，因为大卫拨一万法郎作为妻子的财产。吕西安说出借债的主意，夏同太太立即去向卜斯丹商量一千法郎，一年为期。

夏娃一阵心酸，说道："那么，吕西安，难道你不参加我的婚礼了吗？噢！想法回来一次吧。我推迟几天就是了！你陪她到了巴黎，半个月之内她一定肯让你回家一趟。我们替她把你培养长大，七八天的时间总该答应我们吧？你不在场，我们的婚姻恐怕不会吉利……"她忽然改变话题，说道："可是一千法郎够不

---

[1] 希腊神话：迈西尼国王阿迦门农的儿子奥兰斯德，因父亲被母所弑，杀死母亲，为父报仇；事后被地狱中的复仇之神紧追不舍，要加以惩罚。

够呢？你的礼服虽则挺漂亮，不过只有一套！细麻布衬衫只有两件，另外六件是粗布的。麻纱领只有三条，其余三条是极普通的棉布；再说，你的手帕也不好看：巴黎哪里有一个姐妹，在要紧要慢的时候替你把内衣当天洗好呢？你需要大大的添一批。你只有今年新做的一条南京缎裤子，去年的几条嫌小了。你要在巴黎做衣服，巴黎的价钱可不是安古兰末的价钱。还能将就的白背心只有两件，其余的我都补过了。喂！我劝你带两千法郎去。"

那时大卫走进来，不声不响的打量兄妹俩的脸色，似乎最后一句话被他听见了。

他说："有事不要瞒我。"

夏娃叫道："哎！他要跟她走啦。"

夏同太太回进屋子，不曾看见大卫，说道："卜斯丹答应借一千法郎，不过只肯借六个月，本票还要你妹夫作保，他说你一个人签的票据没有保障。"

母亲转身看见女婿，四个人都不出声了。夏同一家都觉得拖累了大卫，心中惭愧。大卫噙着眼泪说道：

"那么你不参加我的婚礼了？不同我们一块儿住下去了？我可是把所有的钱都花掉了！啊！吕西安，我特意来送几件不像样的小首饰给新娘，没想到我要后悔不该买这些东西。"

他说着抹了抹眼泪，从袋里掏出几只摩洛哥皮的小匣子放在桌上，摆在岳母面前。

"为什么你老是想到我呢？"夏娃说着，露出天使般的笑容，表示她的话不是她真正的意思。

大卫道："亲爱的妈妈，请你告诉卜斯丹先生，我愿意作保；因为，吕西安，看你的脸色，我知道你打定主意要走了。"

吕西安无精打采,怏怏不乐的点点头,过了一会说道:"亲爱的天使们,别认为我没有良心。"他把夏娃和大卫拉到身边紧紧拥抱。"等我有了成绩,你们就知道我对你们的情意。社会的成规把无谓的仪式和感情混在一起,可是大卫,我们要不能摆脱这些俗套,光是思想超脱有什么用?尽管在外边,我的心不是照样在这儿吗?彼此的想念不等于我们常在一起吗?我是不是应当趱奔前程?我的《查理九世的弓箭手》和《长生菊》,出版商会到这里来收买吗?早一些也罢,晚一些也罢,我今天这样的行动反正是免不了的。我还能碰到更好的机会吗?在巴黎第一次出台就在特·埃斯巴侯爵夫人的客厅中露面,不是天大的运气吗?"

夏娃对大卫道:"他说的不错。你不是也和我说过,他应当趁早到巴黎去吗?"

大卫挽着夏娃走进她住了七年的小房间,咬着她耳朵说:"亲爱的,你说他需要两千法郎,现在只向卜斯丹借到一千。"

夏娃望着未婚夫,眼神凄惨,表示她不知有多么痛苦。

"告诉你,亲爱的夏娃,咱们一开始就难过日子。我的开支把我的钱都弄光了。此刻只剩两千法郎,其中一半要留下来维持印刷所。再拿一千法郎给你哥哥等于送掉我们的口粮,影响我们的生活。如果我是单身汉,我知道怎么办;如今可是两个人了。你决定吧。"

夏娃非常激动的扑在情人怀里,温柔的吻着他,一边流泪一边凑着他耳朵说:"就算你是单身汉吧。我再去做工,挣回这笔钱来。"

虽然他们的亲吻可以说是未婚夫妇的最热烈的亲吻,夏娃仍不免垂头丧气。大卫走出小房间,对吕西安说:

"不用发愁，你的两千法郎都有了。"

夏同太太说："你们去找卜斯丹，票据上你们俩都要签字。"

两个朋友回到楼上，撞见夏娃和母亲跪在地下祷告。她们尽管知道许多希望将来都能实现，却也感到眼前的离别对她们损失重大。吕西安的出走拆散了家庭，还叫人为他的前途担惊受怕，用这个方式换取未来的幸福，她们觉得代价太高了。

大卫凑着吕西安的耳朵说："一朝你要忘了这个情景，你就算不得人。"

这两句分量很重的话，印刷商认为非说不可；他怕吕西安性格反复无常，走邪路和走正路一样容易，同时也担心特·巴日东太太的影响。吕西安的行装，夏娃很快就收拾好了。这位文坛上的斐尔南·科泰斯[1]带的东西很少。他的最好的外套，最好的背心，两件细麻布衬衫中的一件，都穿在身上了。全部内衣，连同那了不起的礼服，零星衣物和他的手稿，合起来只有一个小包裹；大卫劝他不要让特·巴日东太太看到，宁可托班车捎往巴黎，交给一家和大卫有往来的纸铺，由大卫去信通知，将来吕西安自己去领。

特·巴日东太太出门的事虽然瞒得很紧，还是被杜·夏德莱知道了。他要打听特·巴日东太太是一个人动身还是有吕西安做伴，派手下的当差上吕番克，注意所有在驿站上换马的车辆。

他想："只要她带着她的诗人一起走，就逃不出我的手掌了。"

---

[1] 科泰斯（1485—1547），西班牙的军人，最早侵入墨西哥的冒险家。

吕西安第二天清早出发，大卫雇了一匹马，一辆车送他，只说去看父亲有事商量；这句谎话在当时的情形之下也说得过去。两个朋友赶到玛撒克，白天在老熊家待了一阵，晚上在芒勒镇外等候。特·巴日东太太清早才到。那辆六十多年的旧车平时停在车房里，吕西安不知看过多少回了，那天见了却十分紧张，感到从来未有的激动。他扑在大卫怀里。大卫道："但愿上帝保佑，你这一次去对你有好处！"印刷商踏上他的破车，走了，心里说不出的难受，因为他有种预感，怕吕西安到了巴黎凶多吉少。

第二部　内地大人物在巴黎

01

巴黎的第一批果实

吕西安，特·巴日东太太，男当差扬蒂，女佣人阿倍蒂纳，一个人都没讲过那次路上的情形。可是不难想象，对一个想享受私奔的乐趣的情人，仆役不离左右的旅行是不会痛快的。吕西安还是生平第一回坐包车出门，打算作一年开销的钱在安古兰末到巴黎去的路上差不多全部花光，把吕西安看得呆住了。他可不应该像那种既有才华而又保持童年的妩媚的人一样，见了新鲜事儿大惊小怪，好不天真的表现出来。男人要在女人面前随便流露自己的感触和思想，非先把那女人彻底研究一番不可。唯有温柔同高贵不相上下的情妇才能了解一个男人的孩子气，觉得好玩；万一她有点儿虚荣，尽管是很少的一点，就不能原谅情人的幼稚，虚荣或者庸俗。很多妇女崇拜一个人的时候竭力夸大，要她们的偶像永远像个神道。如果女子爱一个男人是爱对方本人而不是为她自己，她对男人的渺小和伟大会同样喜欢。吕西安还没体会到特·巴日东太太的爱情是和骄傲连在一起的。他一路像小耗子出了洞穴似的活泼样儿非但没有抑制，反而尽情流露，叫路易士抿着嘴唇微笑，吕西安不去推敲那些笑容的意义也是失着。

天没有亮,一行旅客住进梯子街上的迦亚-布阿旅馆。两个情人都十分疲劳,路易士只想睡觉,便睡下了。她要吕西安在她套房的上面一层开一个房间。吕西安一觉睡到下午四点。特·巴日东太太叫人唤他起来吃饭;他一知道钟点,急忙穿好衣服去见路易士。巴黎尽管自命为处处讲究,还没有一家旅馆可以让有钱人像在自己家里一样舒服。路易士住的那种怕人的房间简直是巴黎的耻辱。冷冰冰的屋子不见阳光,挂着褪色的窗帘,上蜡的地砖一派寒酸相,家具破烂,式样恶俗,不是过时的,就是买的旧货。吕西安虽是突然醒来,眼睛还有点迷糊,在那个房里也认不得他的路易士了。的确,有些人一离开他们周围的人物,家具,场所,他们的面相和声价便大不相同。人的外貌自有一种特殊的气氛配合,好比一定要有法兰德斯画派的明暗,艺术家凭着性灵安放在画面上的人物才有生气。内地人差不多全是这样。再说,此刻没有了障碍,圆满的幸福正好开始,特·巴日东太太也不该有这派矜持和担心事的神气。吕西安不便抱怨,扬蒂和阿倍蒂纳正在侍候他们吃饭。饭菜不像内地那么丰盛,实惠。只图赚钱而尽量克扣的菜,由近边的一家饭店供应,东西少得可怜,勉强够吃。对于财力不足,要在小事情上打算的人,巴黎不是一个愉快的地方。吕西安看着路易士的变化莫名其妙,但等吃过饭探问原因。他看得不错。他睡着的时候发生了一桩严重的事,因为人的思考的确是精神生活中的大事。

下午两点光景,西克施德·杜·夏德莱到旅馆来,着人叫醒阿倍蒂纳,说要见她主人。特·巴日东太太才梳洗完毕,他又上门了。阿娜依斯自以为隐藏得很好,没想到杜·夏德莱会撞来,好不诧异,在三点左右接见了他。

他一边行礼一边说:"我不怕上司见怪,跟着你来,因为你的行动,我早料到了。不过就算我丢掉差事,至少保全了你的名声。"

特·巴日东太太嚷道:"这话是什么意思?"

夏德莱用一副自愿退让的温柔的神气说:"我看得很清楚,你爱上了吕西安;不是热烈的爱一个男人,绝不会不假思索,把体统忘得干干净净,而你是多懂得体统的人!亲爱的娜依斯,要是人家发觉你像逃走一般同一个青年离开安古兰末,尤其在特·巴日东先生跟特·乡杜先生决斗以后,你以为特·埃斯巴太太或者巴黎无论哪一家,还会招待你吗?你丈夫住到埃斯卡巴去,很像和你分居。遇到这一类的情形,有身份的男人往往先为妻子决斗,然后让她自由。你爱特·吕庞泼莱先生也好,提拔他也好,喜欢怎么处置他都可以,只是不能和他住在一起!如果这儿有人知道你们一路同车,你想结交的人准会把你挡在门外。娜依斯,你还不能为一个青年做这些牺牲,你还没有拿他同别人做过比较,不曾试过他的心,他可能碰上一个他认为对他的野心更有帮助的巴黎女子,把你忘掉。我不想损害你心爱的人,只请你允许我把你的利益放在他的利益之前,我劝你先研究他一番!要知道你的行动出入重大。万一人家对你闭门不纳,女太太们不招待你,至少你得有把握将来不会懊悔,觉得对方始终值得你做这许多牺牲,而他也体会到你的牺牲。特·埃斯巴太太对人对事非常严格,看重体统,因为她自己就跟丈夫分居,谁也不知道为什么;可是拿伐兰家,勃拉蒙-旭佛里家,勒农古家,所有的亲戚都站在她一边,最古板的妇女也到她家里去,对她恭恭敬敬,仿佛过失是在特·埃斯巴侯爵方面。等你第一次去拜访她,便知道我所见不错。我熟悉巴黎,敢预先说一句:你一进侯爵夫人的大门就要提心吊胆,怕她知道你同一个药房老板的儿子,尽管他自称为特·吕庞泼莱先生,住在迦亚-布阿旅馆。你在这儿要遇到另外一些对手,比阿美莉更刁猾更阴险;她们少不得知道你是谁,住在哪儿,从哪儿来,干些什么。我看出你想瞒着人;可是像你这种人绝不能隐姓埋名。你不是到处能碰到安古兰末的人吗?国会正要开会,夏朗德州的议员在这里出席,将军在这里休假;只消有一个安古兰末人瞧见你,就能使你的前途莫名其妙的搁浅;那时你不过是吕西安的情妇。要是你用得着我,不论什么事,我都帮忙,我住在圣·奥诺雷城关街税务局长家里,同特·埃斯巴太太府上很近。加里里阿诺元帅夫人,特·赛里齐太太,国务总理,我都相熟,可以替你介绍;不过你在特·埃斯巴太太家见到的人多得很,用不着我引进。你不必自己想办法踏进这家那家的客厅,将来所有的人家都巴不得你光临呢。"

杜·夏德莱一口气讲着,特·巴日东太太没有插一句嘴;她觉得这些意见完全准确,心里很震动。安古兰末的王后的确打算不给人知道的。

她道:"亲爱的朋友,你说的很对;那么怎么办呢?"

夏德莱回答说:"让我替你找一个体面的,连家具出租的公寓;开销比旅馆省,而且是独门独户。你要是信托我,今晚就好搬过去。"

她说:"你怎么知道我住在这里?"

"你的车很容易认,而且我特意跟着你。送你来的马夫在赛佛把你的地址告诉我的马夫,你允许我替你当副官吗?等会我叫人送个信来,通知你住哪儿。"

她说："行，就这样吧。"

这句话听来无关紧要，其实意义无穷。杜·夏德莱跟一个交际场中的妇女说的是交际场中的话。他的衣着是极漂亮的巴黎款式，坐着来的是一辆轻便双轮车，套着体面的牲口。特·巴日东太太靠在窗上考虑自己的处境，无意中看到过时的花花公子出门。过了一会，吕西安突然醒来，匆匆穿起衣服，出现了；特·巴日东太太看他穿着隔年的南京缎裤子，紧窄的旧外套，长相固然美，可是打扮得多乡气。贝尔凡但尔的阿波罗或者安蒂奴斯[1]，穿上担水工人的服装，谁还认得出希腊或罗马雕塑家的杰作？我们的眼睛先要做一个比较，来不及让感情来纠正这个匆忙的不由自主的判断。吕西安和杜·夏德莱的对比太强烈了，不能不使路易士感到刺目。六点左右，吃完晚饭，特·巴日东太太坐在一张破旧的长沙发上，面子是红地黄花的印花布；她做个手势要吕西安过去坐在她身边。

她说："我的吕西安，假定我们做了一桩糊涂事儿，使我们俩同归于尽，你不觉得应当想办法挽救吗？亲爱的孩子，我们在巴黎不能住在一起，也不能让人疑心我们一路同来。你的前程多半依靠我的地位，而我无论如何不应当破坏自己的地位。所以我今晚就要搬出去，离这儿很近。你照旧住这个旅馆。那我们尽可以天天见面，没有人好议论了。"

路易士向吕西安解释上流社会的规矩，吕西安听着，眼睛睁得很大。他不知道女人做了傻事后悔，便是爱情起了变化；他只懂得他已经不是安古兰末的吕西安了。路易士口口声声只

---

[1] 阿波罗是希腊后期的作品，安蒂奴斯是罗马时期的作品，都是最著名的雕像。

讲她自己，她的利益，她的声名，还讲到上流社会；她要遮盖她的自私，竭力叫吕西安相信一切是为了他。吕西安对路易士谈不上任何权利，而路易士已经一下子恢复了特·巴日东太太的身份；更糟的是吕西安绝对做不了主。他不禁含着两颗眼泪在眼眶里打转。

吕西安说："在你眼中，我是你的光荣；可是对我来说，你更重要得多，你是我唯一的希望，是我整个的前途。我本以为你既然分享我的成功，一定也分担我的不幸；谁知我们现在就分手了。"

她说："你批评我的行为，可见你并不爱我。"她发现吕西安望着她的神气非常痛苦，便改口说："亲爱的孩子，你要愿意，我就留在这儿，就让我们无依无靠，一同倒霉吧。不过将来我们俩一齐落难，到处碰壁的时候，等到一事无成——我们样样都要预料到——逼得我们退往埃斯卡巴去的时候，亲爱的人儿，你别忘了那结果是我早料到的，我也向你提议过按照上流社会的规矩，服从那些规矩来实现我们的目的。"

他拥抱着路易士回答说："你考虑得这样周到，我看着害怕。别忘了我是个小孩儿，完全听从你的意志。我自己准备尽我的力量奋斗，出人头地。假如靠着你的帮助，比我单枪匹马成功更快，将来我的功名利禄都出于你的赏赐，那我再高兴没有。请你原谅！我一切都交给你了，不能不处处操心。我觉得分离是遗弃的先兆；而我受到遗弃是活不成的。"

她说："可是，亲爱的孩子，社会并没要你做多大牺牲。你不过睡在这儿，可以整天待在我家里，没有人好批评。"

吕西安受了一番温存，平静下来。一小时以后，扬蒂送上夏德莱的一张字条，告诉特·巴日东太太在卢森堡新街找到一个公寓。她问了问街道的位置，原来离梯子街不十分远，便对吕西安说："咱们是邻居呢。"过了两小时，特·巴日东太太坐上杜·夏德莱派来的车，往新屋去了。公寓华丽而并不舒服；家具商布置这一类的屋子，专门租给在巴黎短期做客的议员或大人物。十一点左右，吕西安回到他的小旅馆，对于巴黎只看到卢森堡新街和梯子街中间的一段圣·奥诺雷街。他在简陋的小房间里睡下，不免把自己的卧室跟路易士的漂亮公寓做了一番比较。吕西安离开特·巴日东太太的当口，夏德莱男爵来了，他刚从外交部长府上出来，穿着一身光彩夺目的跳舞衣衫。他来报告代特·巴日东太太订的各项条件。路易士暗暗发慌，眼前这个阔绰的排场使她害怕。她受着内地生活的影响，用钱谨慎，很有条理，她的作风在巴黎简直近乎吝啬了。她带着税务局的一张汇票，将近两万法郎，打算贴补四年的额外开销；此刻她已经担心资金不足，要欠债了。夏德莱告诉她公寓只花她六百法郎一月。

杜·夏德莱看见娜依斯浑身一震，便说："呃，小意思。——你还有一辆包车，每月五百法郎，连房租统共是五十路易[1]。除此以外，你只消管衣着了。要同阔人来往的妇女只能这样。如果你有心替特·巴日东先生谋一个税务局长或者宫廷的职位，万万不能露出寒酸样儿。在这里，好处只给有钱的人。你有扬蒂做跟班，有阿倍蒂纳服侍，已经很运气了，巴黎的仆役是个大漏洞。至于伙食，像你这样不久就要走红的人是难得在家吃饭的。"

特·巴日东太太和男爵两人谈着巴黎，杜·夏德莱报告当天

---

[1] 一个路易值二十四或二十法郎，按时代而异。

的新闻,许许多多的无聊事儿,你不知道就不成其为巴黎人。他又告诉娜依斯买东西应该上哪些铺子:头巾是埃尔布做的好,帽子和睡帽要向于里埃德买;又给她一个女裁缝的地址,代替维多莉纳;总之他让特·巴日东太太明白,安古兰末的乡气必须去掉。临走他又想出一个好主意。

"明儿我可以在戏院里弄到一个包厢。"他很随便的说,"我来接你和特·吕庞泼莱先生同去。让我在巴黎替你们当个向导。"

特·巴日东太太看他邀请吕西安,私忖道:"他有这点儿气量,我倒没想到。"

六月里,部长们的包厢无处安排:政府党的议员和他们的后台老板收割葡萄或者监督收成去了,平日请托最多的熟人不是下乡就是出门旅行;那时巴黎各戏院最好的包厢便出现一批古怪的客人,只露一次面,给人的印象赛过一张旧地毯。杜·夏德莱有心利用机会,不用破费什么,请请娜依斯,那些娱乐也最配内地人的胃口。第二天,吕西安第一次上门,没有遇到路易士。特·巴日东太太在外面买几样必需品。她听着夏德莱的指点,同那些大名鼎鼎,神气俨然的时装专家商量去了。她已经写信给特·埃斯巴侯爵夫人,报告她到了巴黎。尽管在内地当过长时期的领袖,自信很强,这时照样提心吊胆,怕自己乡气。她相当聪明,知道女人之间的交际全靠第一面的印象;虽然她自以为很快就能和特·埃斯巴太太那样高级的妇女并驾齐驱,觉得开头还是需要人家包涵,讨人喜欢的因素一个都不能放过。因此她很感激夏德莱给她门道,让她能够配合巴黎的时髦社会。碰巧当时侯爵夫人的处境使她很乐意帮助丈夫的亲属。特·埃斯巴侯爵不知为什么过着隐居生活,对产业,政治,家属,妻子,不闻不问。侯爵夫人在可以自由行动的情形之下,需要舆论支持;有机会代替侯爵照顾他的家属,再高兴没有。她有心把这件事做得人人知道,格外显出丈夫的不是。她当天回了一封亲热的信给**特·奈葛柏里斯家的小姐,特·巴日东太太**。信里的话说得非常好听,你只要在社会上混了相当时间才会发觉内容空虚。

> 久闻大名,不胜仰慕;有机会同家属相聚,更其高兴。巴黎的友谊并不可靠,所以很想在世界上多一个知己;否则长此与外人往还,未免过于虚妄。大姑倘有差遣,无不效劳。实因小恙,不能趋前拜访。辱承垂念,先布谢忱。

吕西安第一次在几条大街跟和平大街之间溜达,像初到巴黎的人一样只顾看景致,来不及注意人物。在巴黎,首先引起注意的是规模宏大:铺子的华丽,房屋的高度,车马的拥挤,随处可见的极度奢华与极度贫穷的对比,先就使你吃惊。富于想象的吕西安想不到有这些同他不相干的群众,觉得自己大大的缩小了。在内地有些名气,无论到哪儿都感到自己重要的人,突然之间变得毫无身价是很不习惯的。在本乡是个角色,在巴黎谁也不拿你当人,这两个身份需要有一段过渡才行;太剧烈的转变会使你失魂落魄。青年诗人平素有什么感情,思想,总有人和他交流,听他倾诉,便是极小的感触也能找到共鸣的心灵;这样的人势必觉得巴黎一片荒凉,可怕得很。吕西安漂亮的蓝色礼服还不曾拿来,身上穿的即使不算破烂,至少很寒酸,因此他等特·巴日东太太回家的当口再去的时候,不免感到拘束。杜·夏德莱男爵比他先到，随即带他们到仙岩饭店吃饭。吕西安被巴黎天旋地转的速度搅昏了，对路易士又不能说什么话，车上有第三者在场；他只能捏捏路易士的手，路易士态度和蔼，表示了解他的意思。吃过晚饭，夏德莱带两个客人上杂剧院。吕西安见到夏德莱便心中不快，恨天下竟有这种巧事，他也会到巴黎来。税务稽核所所长说他此番出门是为了施展抱负：希望进随便哪个衙门当个秘书长，在参事院兼一个评议官；他特意来要求人家履行诺言，像他这样的人才总不能老是做稽核所所长；他宁可闲着，不是当国会议员便是再进外交界。说话之间，他身价越来越高了。吕西安隐隐然承认，过时的花花公子的确熟悉巴黎，是一个高明的交际家；更难堪的是吕西安吃饭看戏都沾了他的光。凡是诗人慌张失措的场合，前任的首席秘书都如鱼得水。吕西安的迟疑，惊奇，问话，未经世面而闹的笑柄，叫他的情敌杜·夏德莱看着微笑，好比老水手笑新水手立脚不稳。吕西安第一次在巴黎看戏，很有兴趣，心慌意乱的不愉快总算有所补偿。那个晚上很值得纪念，因为他对内地生活的观念不知不觉去掉了一大半。眼界扩大了，社会的规模不同了。邻座几个漂亮的巴黎女人打扮得多时髦，多娇嫩，吕西安觉得相形之下，特·巴日东太太虽然穿得还讲究，到底陈旧了：料子，式样，颜色，没有一样不过时。头发的款式，吕西安早先在安古兰末赞叹不置，此刻同那些妇女的细巧的花样一比，简直恶俗。他心上想："是不是她就这样保持下去呢？"不知道特·巴日东太太白天就在做脱胎换骨的准备。内地没有选择，没有比较；天天看惯的面孔自有一种大家公认的美。在内地被认为好看的女子，一到巴黎便没人注意，原来她的美只像老话说的：**独眼龙在瞎子国里称王**。吕西安拿戏院里的女人同特·巴日东太太做了一个比较,也就是前一天晚上特·巴日东太太把他和杜·夏德莱做的比较。在特·巴日东太太方面,她对情人也有许多异样的感想。虽然长相极美,可怜的诗人一点风度都没有。袖子太短的外套,内地的蹩脚手套,紧窄的背心,和花楼上的青年比起来,可笑得不像话;特·巴日东太太只觉得他一副可怜样儿。夏德莱却是很知趣的照顾她,无微不至的关切显得他情意深厚;穿扮大方,举止潇洒,好比一个演员回到了他原来的舞台;他六个月中失去的阵地两天工夫都收复了。俗人不相信感情会突然变化,事实上两个情人的分离往往比订交更快。吕西安和特·巴日东太太相互之间的迷梦正在逐渐消失,而这是巴黎促成的。在诗人眼中,人生扩大了;在路易士眼中,社会有了新的面目。只要出一桩事故,双方都会斩断联系。这个对吕西安极可怕的打击不久就要来到。特·巴日东太太先送诗人回旅馆,然后由杜·夏德莱陪着回家,可怜的情人看了大不高兴。

他上楼回到凄凉的卧室,一边想:"不知他们俩议论我什么。"

车门关上了,杜·夏德莱微笑着说:"这可怜的青年乏味透了。"

"凡是胸中和脑子里有一个幻想世界的人都是这样。他们长时期酝酿一些美丽的作品,有许许多多思想要表达;他们不大重视谈话,因为聪明才智做了零星交易,会降低价值的。"高傲的奈葛柏里斯这么说着,还算有勇气替吕西安辩护,但多半是为她自己而不是为吕西安。

男爵道:"我承认你说得有理,可是我们是跟人过生活,不是跟书本过生活。亲爱的娜依斯,我看出你们之间还没有什么,我很高兴。就算你因为以前生活缺少兴趣，有心找点儿补偿，可千万别把这个自封的才子作对象。你要是看错了人怎么办呢？万一几天之内，亲爱的美人儿，你遇到一般真有才具，真正杰出的人物，跟他一比较，发觉你驮在凝脂般的肩头上捧出山的，并非有什么生花妙笔的诗人，而是一个小猢狲，没有风度，没有见识，愚蠢，狂妄，在乌莫或许还算得上聪明，在巴黎只是一个平凡之极的青年，那你岂不糟糕？这儿每星期都有诗集出版，便是最不行的也比夏同先生写的高明。我劝你等一等，比较一下！"夏德莱看见车子拐进卢森堡新街，又说："明天是星期五，歌剧院有演出；特·埃斯巴太太可以占用内廷总管的包厢，准会带你同去。我到特·赛里齐太太的包厢去瞻仰你的风采。明儿演的是《达娜依特》。"

她说："好吧，再见了。"

第二天，特·巴日东太太想凑起一套像样的晨装去见她远房的弟媳妇，特·埃斯巴太太。天气稍微凉一些，她在安古兰末的旧衣服里找来找去，勉强挑出一件绿丝绒袍子，绲边相当火气。在吕西安方面，他觉得应当把那件贵重的蓝色礼服拿回来，他也讨厌身上穿的单薄的外套，又想到说不定会碰上特·埃斯巴太太，或者出其不意的到她家里去，不能不经常衣冠楚楚。他急于取回包裹，跳上一辆出租马车，不出两小时花了三四个法郎，使他对巴黎的开支大有感触。他穿上他最讲究的服装，走往卢森堡新街，在门口遇到扬蒂从屋内出来，陪着一个跟班小厮，小厮帽子上插着鲜艳的羽毛。

扬蒂说："先生，我正要上你那儿去，太太叫我送个字条给你。"扬蒂在内地随便惯了，不懂巴黎的规矩和客套。

小厮只道诗人是个当差。吕西安拆开信来看了：特·巴日东太太整天都在侯爵夫人家，夜晚到歌剧院去，约吕西安在那儿相会；她弟媳妇很乐意请青年诗人看戏，在包厢中给他一个位置。

吕西安私下想："她是爱我的！我提心吊胆根本是荒唐。今天晚上她就介绍我去见她弟媳妇了。"

他心花怒放，直跳起来。那时离开快乐的夜晚还有一段时间，他想痛痛快快的消磨，便直奔蒂勒黎公园，打算散步到傍晚，再上万利酒家吃一顿。他蹦蹦跳跳，快乐得飘飘然，跨上修院平台，一边走一边打量游人，但见俊俏的妇女由她们的爱人和漂亮哥儿陪着，成双作对，手挽着手，跟熟人眉来眼去的打招呼。这个平台和菩里欧大不相同！蹲在这华丽的架子上的鸟儿比安古兰末的不知好看多少！这里的是五色斑斓的印度鸟，美洲鸟，安古兰末的只是灰溜溜的欧洲鸟。吕西安在蒂勒黎待了两小时，简直是受罪。他把自己严格检查了一下，批判了一下。先是那些漂亮哥儿没有一个穿礼服的。偶尔看到一个穿礼服的人，只是没人理会的老头儿，穷苦的可怜虫，或是住在玛莱区靠利息过活的人，或是机关里的当差。容易激动，目光尖锐的诗人，发现除了晚上的装束还有白天的装束，便觉得自己的旧衣衫丑陋不堪：礼服的式样早已过时，蓝也蓝得不登大雅，领子特别难看，前面的衣摆因为穿久了，老是挤在中央；纽扣发红；有折痕的地方褪了颜色；总而言之毛病百出，十分可笑。背心太短了，内地的裁剪更是不堪入目，吕西安急忙扣上礼服的钮子，遮住背心。最后他发觉只有普通人才穿南京缎裤子，有身份的人穿的不是上等花色细呢，便是一尘不染的雪白的料子。并且裤脚管都有带子扣在鞋底上；吕西安的裤脚偏偏和靴跟不合作，往上翻卷，似乎对靴子大有反感。他戴着角上绣花的白领带，当初妹子看见杜·奥多阿先生和特·乡杜先生系着这种领带，赶紧替哥哥照样做了几条。可是巴黎人白天不用白领带，除非是老古板，上了年纪的金融家，或是一本正经的官吏。不但如此，可怜的吕西安从公园的铁栅望出去，看见李伏里街的人行道上走过一个杂货店的伙计，头上顶着一只篮，领带两头有他心爱的女工绣的花！那时仿佛一棍打着吕西安的胸口，这是我们感觉的中心，说不出是哪个器官的部位；人类自从有了感情以后，遇到强烈的快乐或痛苦，总要拿手去按那个地方的。读者认为以上的叙述幼稚可笑吗？有钱的人从来没尝到这一类的痛苦，当然觉得我说的情形恶俗，荒唐。可是不见得只有幸运儿和有权有势的人遭到困难，生活大起变化，才值得注意，可怜虫的苦恼就不值得注意。小百姓受的痛苦不是和大人物一样多吗？痛苦能使一切变得伟大。如果改动一下名词，谈的不是服装的美丑，而是什么勋章，荣誉，头衔，这些看上去很小的事情，不是也叫功业彪炳的生涯大起风波吗？况且对一般想冒充阔佬的人，服装问题的确关系重大；因为往往先要摆了空场面，以后才能撑起真场面。特·埃斯巴侯爵夫人是内廷总管的亲戚；各方面的名流，经过特别挑选的闻人，都在她府上出入；吕西安想起晚上要穿着这套衣服在她面前出现，不禁冷汗直流。

　　他看见圣·日耳曼区的青年子弟个个风流，漂亮，搔首弄姿，便恨恨的想道："我可真像药房老板的儿子，铺子里的小伙计！"那些哥儿们自有一种风度：清秀的外貌，高贵的气派，脸上的神态，显得他们彼此相像；可是又有各个不同的格局，显出每个人的特色。他们像台上的演员，会烘托自己的长处，这是巴黎的男人和女人同样精通的诀窍。吕西安沾着母亲的光，长得非常体面，这一点能给他多少便宜，他已经看清楚了；可惜他这块金子只是一块原料，不曾经过琢磨。他的头发剪得很难看。脖子里没有柔软的鲸鱼骨使他能高高的扬着脸，他觉得自己的尊容陷在衬衫的蹩脚领子里头；软绵绵的领带毫无支撑的力量，只得可怜巴巴的耷拉着脑袋。从安古兰末带来的靴子奇丑无比，哪个女人想得到里面的一双脚多么有样呢？他的所谓礼服只能算一个蓝布套，把他苗条的身段改了样，哪个青年会羡慕他呢？人家雪白的衬衫上纽扣多漂亮，哪像他的纽扣黄里泛红！所有时髦贵族的手套都极其讲究，吕西安的手套却和警察戴的一样！有的拿着精工镶嵌的手杖挥舞，有的衬衫装着硬套袖，配着小巧玲珑的金纽扣。一个男的一边和女人谈天，一边扭着手里的马鞭子，穿着细腰身的外套，钉绦边的裤脚管上溅着几点泥浆，踢马刺在地下叮叮当当，表示他快要上马，一个拳头大的小厮牵着两头牲口在一边等着呢。另外一个男人从背心袋里掏出一只表，像五法郎的银圆一样薄，看钟点的神气仿佛到这儿来赴约早了一步，或者迟了一步。吕西安从来没想到这些美丽的小玩意儿，只要看见了才知道有这么一大堆必不可少的无用之物，才明白没有大笔资金休想当一个漂亮哥儿！想到这里他直打寒噤。他越欣赏那般得意而潇洒的青年，越感到自己怪模怪样，走在街上不知前面通到什么地方，到了王宫市场还不晓得王宫市场在哪儿，向人打听卢浮宫，人家回答说："就是这里。"吕西安发现自己和眼前的世界隔着一条鸿沟，不知怎么跳过去，心里只想变得和苗条文雅的巴黎青年一样。所有的贵公子遇到打扮和相貌都像天仙似的妇女，没有一个不打招呼；如果这些女子肯给他一个亲吻，便是像高尼斯玛克伯爵夫人[1]的侍从一般头颅落地，吕西安也心甘情愿。同这般王后相比，路易士在他模糊的记忆中只能算一个老婆子。他遇到好几个妇女，后来全是十九世纪的历史人物，以才情，美貌，爱情而论，名气不会在前朝的后妃之下。吕西安看见一个才华绝世的姑娘，杰出的女作家台·都希小姐，她的笔名加米叶·莫班没有一个人不知道，她不但容貌出众，思想也高人一等；公园里男女游客都轻轻的提着她的名字。

吕西安心上想："啊！多有诗意！"

那个天使浑身都是青春和希望的光彩，前程远大，堆着温柔的笑容，漆黑的眼睛像天空一般广阔，像太阳一般热烈；相形之下，特·巴日东太太算得了什么呢！台·都希小姐和斐尔弥阿尼太太有说有笑；斐尔弥阿尼太太也是巴黎最有风趣的一个女人。吕西安明明听见有个声音说："聪明才智是拨动社会的杠杆。"另外一个声音接着说："聪明才智要靠金钱做支点。"他眼看自己在公园里当场出丑，打了败仗，不愿意待下去了。他对本区的地形还没弄清，便问了路由，向王宫市场出发。他走进万利酒家点了几样菜，尝尝巴黎的乐趣，同时排遣他的苦闷。一瓶波尔多红酒，一盘奥斯当特牡蛎，一盘鱼，一盘鹧鸪，一盘意大利面条，几样水果，便是他最大的欲望。他一边享受这顿小规模的酒席，一边打算晚上在特·埃斯巴太太面前卖弄才情，拿丰富的学识来补救他不伦不类的猥琐的装束。饭店开出账单，总数是五十法郎，把他的梦惊醒了。他本以为五十法郎在巴黎可以过不少日

---

[1] 高尼斯玛克伯爵夫人（1668—1728），波兰王奥古斯德二世的情妇，有一个贵族为了爱她而送命。

子,谁知一顿晚饭就花掉他安古兰末一个月的用度。他走出豪华的饭店,恭恭敬敬带上门,决意从此不来了。

他穿过石廊回旅馆去拿钱,心上想:"夏娃说的不错,巴黎的物价不是安古兰末的物价。"

他一路走一路欣赏时装铺子,想着白天看见的装束。"我这副不三不四的打扮绝不能去见特·埃斯巴太太。"他想罢,一阵风似的赶回迦亚－布阿旅馆,奔进房间,拿了三百法郎回王宫市场,预备从头到脚置办新装。他刚才看到有专门做靴子的,做内衣的,做背心的,理发的;体面的衣着穿戴,在王宫市场分散在十来家铺子里。他随便闯进一家时装店,老板拿出大批礼服,让他尽量试穿,保证每件都是最新的式样。等他走出铺子,已经买下一件绿色的礼服,一条白裤子,一件花色背心,总共花掉两百法郎。一会儿又觅到一双非常漂亮而合脚的靴子。各式各样的必需品买齐了,他叫一个理发师到旅馆去;各家铺子的东西也陆续送到。晚上七点,他跳上一辆出租马车赶往歌剧院,头发烫得像迎神赛会中的圣·约翰,背心,领带,无一不好看,只是第一次穿在身上,赛过背了一个硬壳,有点发僵。他按照特·巴日东太太的嘱咐,说要进内廷总管的包厢。检票员看他的漂亮衣衫好像借来的,神气活脱是个男傧相,便问他要票子。

"我没有票子。"

"那就不能进去。"检票员冷冷的回答。

吕西安说:"我是特·埃斯巴太太的客人。"

"这个用不着告诉我们。"检票员说着,和同事们不动声色的笑了笑。

那时门口回廊下面来了一辆轿车。跟班的小厮,吕西安已经认不得了，放下踏板，车上走出两个盛装的女人。吕西安唯恐检票员出言不逊叫他让路，自动闪在一旁。

检票员带着挖苦的口气对吕西安道："先生，你说你认识特·埃斯巴侯爵夫人，她不是来了吗？"

吕西安狼狈得很，尤其换了新装，特·巴日东太太似乎认不得他了；直到吕西安走近去，她才微笑着说："你这打扮妙极了，来吧！"

检票处的职员又变得正经起来。吕西安跟在特·巴日东太太后面。她一边走上歌剧院的大楼梯，一边把吕西安介绍给弟媳妇。内廷总管的包厢在正厅和侧厅的拐角儿上，望得见全场；全场也望得见这个包厢。吕西安坐在特·巴日东太太的弟媳妇背后，很高兴躲在黑影里。

侯爵夫人口气怪亲热的说："特·吕庞泼莱先生，你第一回上歌剧院，还是坐到前面这个位置上来，看得清楚些，不要客气。"

吕西安只得从命。歌剧第一幕快完了。

路易士看到吕西安改了样子，诧异之下凑着他耳朵说："你很会利用时间。"

路易士还是原来的路易士。不幸她和一个时髦女子，特·埃斯巴侯爵夫人，巴黎的特·巴日东太太坐在一起，大大的吃了亏。光芒四射的巴黎女子使内地妇女的缺点格外显著。吕西安见识了这个豪华戏院中的风流人物，又看到身边这位大家闺秀，眼界大开，认清了可怜的阿娜依斯·特·奈葛柏里斯的真面目，同巴黎人眼中看出来的一模一样，只觉得她高大，干瘪，憔悴，皮肤长着红斑，头发也红得厉害，脸上到处是骨头，拿腔作势，自命不凡，说话酸溜溜的，土气十足，装束尤其难看！巴黎人的旧衣衫连褶裥都还有个款式，说得出名目，看得出原来的样子；内地人的旧衣衫却不知所云，只能叫人发笑。特·巴日东太太的相貌和衣服既不高雅，也不新鲜，丝绒和皮色同样斑驳。吕西安因为爱过这副乌贼鱼骨，暗暗惭愧，他想只要路易士再装出贞节的样子来，就跟她分手。吕西安眼力挺好，发现所有的手眼镜都向他这个标准贵族的包厢瞄准。一般最时髦的妇女边说边笑，准是在打量特·巴日东太太。看着人家的笑容和手势，特·埃斯巴太太知道她们为什么嘲笑，可是她满不在乎。第一，谁都看得出她的女客是内地来的穷亲戚，这是巴黎无论哪一家都有的。其次，大姑曾经提到自己的装束，表示担心：她安慰大姑，认为阿娜依斯打扮好了，巴黎人的举动态度很快就能学会。特·巴日东太太即使不懂交际场中的习惯，天生有种贵妇人的高傲，一股形容不出的气息，可以说是种族的标记。下星期一她就能扬眉吐气了。况且侯爵夫人很有把握，只要大家知道这女的是她的大姑，就会把冷嘲热讽暂且收起，等重新考察过后再下断语。吕西安万万想不到，脖子里裹上一条围巾，穿上一件美丽的衣衫，戴上一顶时行的帽子，再加特·埃斯巴太太的指导，路易士会有怎样的变化。刚才侯爵夫人已经在楼梯上嘱咐大姑别扬着手帕走路。雅俗之分就在这一类数不清的小地方，聪明的女子一来就懂，某些女人永远不能领会。特·巴日东太太一心向上，绝顶机灵，完全知道自己的毛病出在哪里。特·埃斯巴太太深信收下这个徒弟准有面子，也就乐于栽培。总之，两人之间有了联盟，彼此的关心使联盟更加巩固。特·巴日东太太忽然对当令的偶像崇拜得五体投地，被她的风度，才情，周围的人物，诱惑了，迷住了，为之神魂颠倒。特·埃斯巴太太有的是野心勃勃的贵妇人的神通,特·巴日东太太看出这一点,决意做她的卫星,利用她达到自己的目的,所以她毫不含糊的佩服弟媳妇。侯爵夫人看见有人一片天真的归附,当然高兴,觉得大姑无财无势,应当关切;并且她已经安排妥当,尽可以收个门徒,自成一派,巴不得叫特·巴日东太太做一个亲随,做一个奴隶,死心塌地的歌颂她;在巴黎妇女界中要觅这种角色,比在文坛上找一个始终回护你的批评家还要不容易。可是大众的好奇心表现得太明显了,初次露面的太太也不能不发觉;特·埃斯巴太太免得大姑难堪,故意把众人骚动的原因扯开去。

她说:"只要有客人来,就好知道我们为什么引起那些太太们的注意……"

特·巴日东太太笑道:"我疑心巴黎的女太太们是笑我的旧丝绒衫和我的安古兰末脸孔。"

"不,不是你;事情有点蹊跷,我弄不明白。"特·埃斯巴太太说着,望了望诗人。她这是第一次瞧吕西安,觉得他衣服穿得古怪。

返老还童的老风流走进特·赛里齐太太的包厢,吕西安伸出手来指着说:"那不是杜·夏德莱先生吗?"

吕西安一做这个手势,特·巴日东太太便恨恨的咬咬嘴唇;因为侯爵夫人诧异的瞪了一眼,微微一笑,仿佛很轻蔑的说:"这年轻人这样不懂规矩!"特·巴日东太太感到自己的爱情受了屈辱,对一个法国女人来说,这是最难堪的刺激,她不能原谅情人丢她的脸。在那个社会里,小事情都变成大事情,一个手势,一句话,可以断送一个初出道的角色。上流人物的文雅的举动,谈吐，主要的优点是构成一个和谐的整体，样样都很融洽，没有一点棱角。即使为了无知或者思想一时冲动，不遵守这门学问的规律的人，也懂得社交和音乐一样，一个不协和音就能毁掉整个艺术，不在细节方面履行所有的条件，艺术根本不能成立。

侯爵夫人指着夏德莱问："那一位是谁？难道你们已经认识特·赛里齐太太了？"

"哦！原来她就是大名鼎鼎的特·赛里齐太太？事情闹了一大堆，还是到处有人招待！"

侯爵夫人回答说："这种情形从来没听见过，我看不是没有原因，只是没人肯说！最有势力的男人都是她的朋友，为什么？谁也不敢追根究底。——那位先生难道是安古兰末的时髦人物吗？"

"杜·夏德莱男爵是大家谈论最多的人物。"阿娜依斯过去不承认崇拜她的人的爵位，到了巴黎，为着争自己的面子又承认了。

"他曾经和特·蒙脱里伏将军出过远门。"

侯爵夫人道："我每次听见蒙脱里伏的名字，都要想到特·朗日公爵夫人，可怜她像流星一般消灭了。"她又朝着一个包厢说："那是特·拉斯蒂涅先生和纽沁根太太。她丈夫是个生意人，又开银行，又办企业，大规模的买进卖出，仗着财力挨进巴黎社会，听说纽沁根只要能扩充家业，不大考虑手段。他千方百计表示对波旁家忠心。他想到我家里来，已经试探过了。他的女人只道继承了特·朗日太太的包厢，就能继承特·朗日太太的风度，才情，声望！还不是喜鹊戴孔雀毛的老笑话！"

拉斯蒂涅在衣着上显出的高雅和奢华，叫吕西安看着奇怪，对特·巴日东太太说:"我们都知道,特·拉斯蒂涅老夫妇的收入不到三千法郎一年,怎么能供给儿子在巴黎的花费呢?"

侯爵夫人拿着手眼镜眺望,含讥带讽的说道:"听你的话就知道你是从安古兰末来的。"

吕西安没有听懂,只顾聚精会神望着几个包厢,料定对特·巴日东太太的评论和对他的注意都是从那里来的。另一方面,路易士因为侯爵夫人不把吕西安的相貌放在眼里,心中懊恼,私下想:"我本来以为他很美,原来也不见得!"一发觉他不怎么美,再进一步就会嫌他并不怎么风雅。台上刚好演完第一幕。杜·夏德莱过来问候特·加里里阿诺公爵夫人,她的包厢就在特·埃斯巴太太的隔壁;夏德莱向特·巴日东太太行礼,她也点头还礼。上流社会的妇女对什么都看得清清楚楚,侯爵夫人觉得杜·夏德莱落落大方。那时她包厢里陆续进来四个客人——四个巴黎的名流。

第一个是特·玛赛先生,出名的会颠倒女性,长得像少女一般,是一种柔媚的,女性的美;可是目光炯炯,沉着,严厉,带点儿杀气,像老虎眼睛,叫人对他又爱又怕。吕西安也很美,但眼神那么温柔,蓝眼睛那么明净;一望而知不可能有女性所喜爱的那种力量和气魄。况且我们的诗人还没有显出他的长处;不像特·玛赛才气横溢,信心十足,不怕没人喜欢,衣着打扮和他的身材面貌非常合适,把周围的对手都比下去了。你们不难想象,在特·玛赛旁边,那矜持,拘束,窘相毕露,像身上的衣服一样新簇簇硬绷绷的吕西安,还成什么模样!特·玛赛说话尽可肆无忌惮,因为他口角俏皮,而说话的态度又妩媚动人。特·巴日东太太看侯爵夫人接待他的神气,便知道这个人势力不小。第二个是王特奈斯两兄弟中的一个，达德利爵士夫人曾经被他弄得声名狼藉。这青年性情和顺，风雅，谦虚，他的特点跟特·玛赛引以自豪的那一套恰好相反；当初他是侯爵夫人的表姐特·莫苏太太热烈介绍的。第三个，蒙脱里伏将军，便是断送特·朗日公爵夫人的人物。第四个是特·卡那利斯先生，当时最有名的诗人之一，年纪很轻，才开始走红；他对自己的贵族身份比对自己的才气更得意，故意向特·埃斯巴太太献殷勤，遮盖他对特·旭里欧公爵夫人的痴情。他尽管装腔作势，做得温文尔雅，照样看得出他热衷得厉害，后来果然卷入几次政治上的风暴。近于甜俗的漂亮，一味讨好的笑容，并不能掩饰他极端的自私和一刻不停的心计，因为他那时前途还有问题，不过从他看中四十开外的特·旭里欧太太以后，居然得到宫廷的宠幸和圣·日耳曼区的捧场，同时招来进步党的侮辱，被称为御用诗人。

特·巴日东太太见了这四个特别出众的人物，才明白为什么侯爵夫人不把吕西安放在眼里。听他们的谈话，每个人的思想都那么微妙，细腻，警句妙语比阿娜依斯在内地一个月中听到的内容更丰富，意义更深刻；大诗人还说了一句动人的话提到当时的科学成就，说的富有诗意；路易士这才懂得杜·夏德莱上一天说过的话，吕西安变得一文不值了。个个人望着可怜的生客不理不睬，冷淡得可怕；他坐在那里像一个不通言语的外国人，侯爵夫人也看着过意不去了。

她对卡那利斯说："先生，允许我替你介绍特·吕庞泼莱先生。你在文坛上太有地位了，不会不照顾一个初出道的人。特·吕庞泼莱先生才从安古兰末来，需要你在那些表扬天才的人面前多多吹嘘。他还没有敌人攻击，没法借此成名。你们靠人家的仇恨得到的东西,他要靠友谊来得到,这不是很别致的事,值得一试吗?"

侯爵夫人说话的时候,四个客人才正眼望着吕西安。明明近在咫尺,特·玛赛却拿起手眼镜来瞧他;眼睛在吕西安和特·巴日东太太之间来回打转,神气很刻薄,特意把他们俩放在一起,使两人又羞又恨。特·玛赛打量他们像打量两个古怪的动物,脸上堆着笑容。这笑容等于把内地的大人物刺了一刀。法列克斯·特·王特奈斯带着怜悯的神气。蒙脱里伏瞪着吕西安,想看出他的底细。

特·卡那利斯先生弯了弯腰,说道:"太太,我一定遵命,虽然我们为了个人的利益素来不帮助同行;可是您即使要求奇迹,也不难实现。"

"好吧,那就请你赏光,下星期一到我家里去和特·吕庞泼莱先生一同吃饭,你们可以谈谈文学,比这里谈得痛快一些。我再邀几个文坛上的霸主,提倡风雅的名流,把《乌里卡》的作者[1]和一般思想正确的青年诗人一齐请来。"

特·玛赛道:"侯爵夫人是推崇先生的才气,我倒看中他的相貌,愿意做他的参谋,使他成为巴黎最得意的漂亮哥儿。那个时候再做诗人还来得及。"

特·巴日东太太向弟媳妇望了一眼,表示感激。

蒙脱里伏和特·玛赛说:"没想到你还妒忌才子。有了幸福,诗人可完啦。"

"难道就为这个缘故,阁下想结婚吗?"特·玛赛问卡那利

---

[1] 即特·丢拉斯公爵夫人(1777—1828),她的小说《乌里卡》写一个黑人女子乌里卡,也就是女主人翁的名字。

斯，借此试试特·埃斯巴太太听了是否动心。

卡那利斯耸耸肩膀；特·埃斯巴太太是特·旭里欧太太的朋友，听着笑了。

吕西安穿着新装觉得自己像放在匣子里的埃及雕像，又因为一句话都说不出，暗暗惭愧。终于他用柔和的声调对侯爵夫人说："太太这样抬举我，那我非成功不可了。"

那时杜·夏德莱走进包厢。他急于抓住机会，要巴黎最得势的一个人，蒙脱里伏，在侯爵夫人面前撑他的腰。他向特·巴日东太太行了礼，请特·埃斯巴太太原谅他冒昧，说他和旅行的同伴分别太久了；蒙脱里伏和他在沙漠中分手以后，今天还是初次见到。

吕西安道："啊，在沙漠中分别，在歌剧院相会！"

卡那利斯道："真是戏剧式的团圆！"

蒙脱里伏把杜·夏德莱男爵介绍给侯爵夫人，侯爵夫人看见前任帝国公主的秘书在三个包厢中受到招待，便对他特别客气：特·赛里齐太太一向只接待有地位的人，何况杜·夏德莱还是蒙脱里伏的同伴。这个资格的确大有作用，特·巴日东太太发觉四个客人的语气，眼神，态度，把杜·夏德莱毫不考虑的当作自己人。他为什么在内地摆出那副不可一世的功架，娜依斯忽然弄明白了。最后杜·夏德莱看到了吕西安，冷冷的点点头。那种招呼的方式往往用来压低对方的身份，借此告诉上流人物他是个地位低微的家伙。夏德莱还露出冷笑的神气，仿佛说："他怎么会在这里？"这个意思立刻有人领会了；特·玛赛凑着蒙脱里伏的耳朵说："你问问他这个古怪的青年是谁，穿得像时装店门口的木头模型。"说话的声音有心要夏德莱听见。

杜·夏德莱在蒙脱里伏耳边说了一会话，仿佛在那里叙旧，其实是把他的情敌攻击得体无完肤。吕西安想不到那些人才思想敏捷，对答中肯，他佩服他们的警句，妙语，而对于谈吐的诙谐，态度的自然，尤其感到惊异。白天他看到衣着的豪华大吃一惊，此刻又见识到思想的光彩。那些针锋相对的谈话，辛辣的议论，吕西安要思索半天才想得出来，不懂他们有什么诀窍能脱口而出。五位交际家不仅言辞从容，穿着礼服也潇洒自如，衣服无所谓新，无所谓旧。身上没有一点儿耀眼的东西，可是样样引人注目。豪华的装束是今天的款式，也是昨天的、明天的款式。吕西安心下明白，自己的神气好像生平第一次穿礼服。

特·玛赛和法列克斯·特·王特奈斯说："朋友，你瞧，小家伙拉斯蒂涅扶摇直上，像风筝一般！现在进了特·李斯多曼侯爵夫人的包厢，越爬越高了。噢！他架着手眼镜瞧我们来着！"然后时髦哥儿眼睛望着别处，对吕西安道："他大概认得阁下吧？"

特·巴日东太太道："他不会不知道特·吕庞泼莱先生的名字，我们都为了这样一个大人物感到骄傲；最近他给我们念几首极精彩的诗，特·拉斯蒂涅先生的妹子也在场。"

法列克斯·特·王特奈斯和特·玛赛向侯爵夫人告辞，到王特奈斯的姐姐，特·李斯多曼太太的包厢去了。第二幕正开始，包厢中只剩下特·埃斯巴太太，她的大姑和吕西安，客人都走了。有的去把特·巴日东太太的来历告诉一般妇女，她们正在为着她大惊小怪；有的去报告说来了一个诗人，嘲笑他的装束。卡那利斯回到特·旭里欧公爵夫人身边，不再来了。吕西安看着台上赏心悦目的表演很快活。特·巴日东太太为吕西安担的心事越发沉重，看出弟媳妇对吕西安的客气有上下之分，对待杜·夏德莱男爵的殷勤，性质完全两样。台上演第二幕的时候，特·李斯多曼太太的包厢始终挤满着人，似乎为了议论特·巴日东太太和吕西安，兴奋得很。年轻的拉斯蒂涅明明在那里逗笑，叫人开心。巴黎的风气每天都需要新鲜的材料取乐，急于把眼前的题目谈个痛快，一下子谈到腻烦为止。特·埃斯巴太太心绪不宁，料定说长道短的话很快会传到她得罪过的人耳里。她只等休息时间来到。像吕西安和特·巴日东太太那样对自己的感情开始反省，一下子就有意想不到的情形发生：内心的突变是按照一套后果迅速的规律进行的。杜·夏德莱从杂剧院回去，批评吕西安的那番又世故又巧妙的话，路易士始终记着。他的话句句是预言，而吕西安还竭力证实每一句话。先是吕西安对特·巴日东太太的幻想，跟特·巴日东太太对吕西安的幻想同样破灭了；其次，可怜的青年命运有点像约翰－雅各·卢梭，并且学卢梭的样，迷上特·埃斯巴太太，对她一见生情。凡是青年人或者能回想到自己青春时期的成年人，都不难理解这一类的痴情是完全可能的，自然的。那身段苗条的女子，多么气概，多么有地位，人人艳羡，像王后一般，小动作十分可爱，吐属高雅，声音又那么细气，在诗人心目中等于在安古兰末见到的特·巴日东太太。吕西安逗着反复无常的性子，马上想投靠这个有权有势的后台，觉得最好是占有她，那么功名富贵，样样到手了！在安古兰末做不到的事为什么在巴黎就做不到呢？尽管歌剧院中的幻景对他非常新鲜，他的眼睛却受着雍容华贵的赛里曼纳[1]吸引，老是情不自禁的望她那边溜过去，而且越看越想看！特·巴日东太太撞见吕西安的火刺

---

1 莫里哀喜剧《厌世者》中的人物，已成为弄情卖俏的女人典型。

刺的眼风，便暗暗留神，发觉他对台上远不如对侯爵夫人关切。吕西安若是为了达诺斯的五十个女儿[1]变心，她倒还能忍受；可是有一回吕西安的目光特别放肆，特别热烈，意义特别明显，让特·巴日东太太看破了心事，她可不能不嫉妒了，虽然她的嫉妒不是为了将来，而是为了过去。她心上想："他从来没有这样瞧过我。天哪！夏德莱说的不错！"于是她承认自己爱错了人。女人一朝后悔她不该心肠太软，就好比手里拿着海绵，非要把印在心上的痕迹一齐抹掉不可。吕西安瞧一眼侯爵夫人，特·巴日东太太便多一番气恼，可是面上仍旧若无其事。

休息时间，特·玛赛又来了，还带着特·李斯多曼先生。老成持重的人物和自命不凡的公子哥儿，不一会都告诉骄傲的侯爵夫人，说她不幸得很，带在包厢里的那个穿着新衣服像傧相一般的家伙，根本不叫什么特·吕庞泼莱先生，正如犹太人根本没有受洗的名字。吕西安是个药房老板的儿子，姓夏同。特·拉斯蒂涅先生熟悉安古兰末的情形，嘲笑侯爵夫人称为大姑的那个木乃伊式的女人，说她大概要经常吃药才能维持她虚假的生命，所以很小心，随身带着药剂师。两个包厢的人听着乐死了。巴黎人为了一时痛快说的许多事过即忘的刻薄话，特·玛赛也搬了几句给侯爵夫人听；其实那些说话背后躲着一个夏德莱，出卖朋友的勾当就是他干的。

特·埃斯巴太太用扇子遮着脸对特·巴日东太太说："亲爱的，请你告诉我，你提拔的那个青年是不是真的叫作特·吕庞泼莱？"

---

[1] 当晚演的歌剧《达娜依特》，原是古希腊神话中达诺斯的女儿，共有五十个。

阿娜依斯不好意思的回答说:"他是用他母亲的姓。"

"他父亲姓什么呢?"

"夏同。"

"夏同是干什么的?"

"是个药剂师。"

"好朋友,我早知道,你是我正式承认的亲属,巴黎没有人能开你玩笑。我可不愿意同一个药房老板的儿子在一起,让那些轻薄的家伙跑来看着开心。你要是相信我的话,咱们俩一块儿走吧,马上就走。"

特·埃斯巴太太忽然神态傲慢,吕西安猜不透自己在哪一点上使她变了脸色。他只道他的背心花色恶俗,那倒是事实;又道是礼服的式样过火,那也是事实。他暗暗懊恼,认为他的服装非另请高明不可,决意明天去找一个最出名的裁缝,下星期一才能在侯爵夫人家跟碰到的男人见个高下。他虽然想得出神,眼睛可始终盯在台上,留心第三幕。他一边看着华丽无比的场面,一边想入非非,在特·埃斯巴太太身上打主意。他正热乎乎的想着新生的爱情,明知困难极大也不放在心上,以为必定能克服;不料对方突然冷淡,大大挫伤了他的锐气,他定了定神,想再瞧瞧他崇拜的新人;不料回过头去,一个人都没有了。他刚才听见一些轻微的响动,原来是关包厢的门;特·埃斯巴太太带着她的大姑走了。吕西安被她们突然之间丢下,诧异得了不得;可是因为无法解释,也就不去多想。

两个女人上了车,在黎希留街上往圣·奥诺雷城关进发,侯爵夫人发起话来,隐隐然带着怒意。她说:"亲爱的朋友,你打的什么主意?要关切一个药房老板的儿子,也得等他真正出了名。

特·旭里欧公爵夫人至今没有承认卡那利斯是她的知心朋友,而卡那利斯已经赫赫有名,还是个世家子弟。这个青年既不是你的儿子,也不是你的情人,是不是?"那骄傲的女子说着,明亮的眼睛把大姑追根究底的瞧了一眼。

特·巴日东太太心上想:"还算运气,不曾让那小子过分接近,什么也没有给他。"

侯爵夫人认为大姑的眼神等于回答了她的话,便接着说:"那么,好,我劝你就此放手吧。哼!冒用一个旧家的姓?……这样胆大妄为的举动,社会绝不轻易饶恕。我相信那的确是他母亲的姓;不过,亲爱的,你该想到只有王上有权下一道上谕,把吕庞泼莱的姓赐给他们族里的外孙。倘若那小姐嫁的是个身份低微的丈夫,王上的特许便是极大的恩典,要有巨万的家私,不小的功劳,还得大人物保举。他的打扮完全像小商人穿了新衣衫,可见他没有钱,也不是绅士;长相固然好看,可是傻得厉害,既没有风度,也没有口才,总之是没有教养,你怎么会提拔他的?"

特·巴日东太太已经不认吕西安,正如吕西安暗暗否认她一样,她心惊胆战,唯恐弟媳妇知道她旅行的真相。

"唉,亲爱的弟媳妇,我连累了你,真过意不去。"

"我不会受连累。"特·埃斯巴太太微笑道,"我是为你着想。"

"可是你约他星期一吃饭呢。"侯爵夫人气冲冲的回答,"到时我推说不舒服就完了。你不妨通知他一声。我会吩咐当差,不管他报出哪一个姓来,一律挡驾。"

吕西安在戏院里看大家在休息时间上大客厅散步,也想去走走。先头来过特·埃斯巴太太包厢的人没有一个跟他打招呼,好像根本没看见他，叫内地诗人大为奇怪。接着，他想接近杜·夏德莱，杜·夏德莱却冷眼觑着他，老是回避。最后吕西安看着在休息室中踱来踱去的人物，觉得自己的装束太可笑了，便回去躲在包厢的一角，不再露面。下半场他一会儿聚精会神，欣赏第五幕中场面伟大的芭蕾舞，其中"地狱"一场尤其出名；一会儿专心望着池子，把一个一个包厢瞧过去；再不然对着巴黎的上流社会沉思默想。

他对自己说："这就是我的天下！就是要我去征服的社会！"

他走回旅馆，一路想着那些跑来奉承特·埃斯巴太太的人说的话；他们的态度，举动，进来出去的功架，都回到他脑子里来，印象非常清楚。第二天中午，他第一桩正经事儿是去找当年最出名的裁缝斯多勃。一半靠央求，一半靠现钱，讲妥衣服下星期一交货。斯多勃居然答应做一件绝顶漂亮的外套，一件背心，一条长裤，赶上他那个重要的日子。吕西安在专做内衣的铺子里定了衬衫，手帕，小小的一套行头；叫一个有名的鞋匠量了脚寸做鞋子靴子，向凡尼埃买了一根精致的手杖，向伊朗特太太买了手套，衬衫上的纽扣。总之，他要和花花公子装扮得一模一样。等到一心想望的东西备齐了，他就上卢森堡新街，可是路易士出去了。

阿倍蒂纳说："她在特·埃斯巴太太家吃饭，要很晚才回来。"

吕西安在王宫市场一家小饭店里吃了两法郎一顿的晚饭，很早睡了。星期日上午十一点，他去看路易士，路易士还没起床。下午二点，他又去了。

阿倍蒂纳和他说："太太还不见客呢，不过她有个字条儿给你。"

"她还不见客呢。"吕西安重复了一句,"我可不是外人……"

"那我不知道。"阿倍蒂纳说话的态度很不客气。

吕西安觉得诧异的还不是阿倍蒂纳的回答,而是特·巴日东太太有信给他。他接过来在街上念了,没想到是一封使他绝望的短信:

> 特·埃斯巴太太身体违和,星期一不能招待你了。我也不大舒服,可是还得换了衣衫,到她府上去陪她。我为这个小小的波折很抱歉;但是想到你的才具,我很放心,你将来一定能凭着真才实学在社会上成名。

"连签名都没有!"吕西安这么说着,到了蒂勒黎,根本不觉得自己在走路。有才能的人都有预感,吕西安疑心这封冷淡的信是大祸临头的预兆。他神思恍惚,只管向前走着,望着路易十五广场上的纪念像。那日天气很好。漂亮的车子络绎不绝,往天野大道进发。吕西安跟在大批散步的人后面,只见那一带和每个晴朗的星期日一样,挤满了三四千辆车,好比龙乡赛马场。马匹,服装,号衣,一派奢华的场面看得吕西安头晕眼花;他一路行来,到了正在动工的凯旋门前面。回来的时候,迎面瞥见特·埃斯巴太太和特·巴日东太太坐着一辆敞篷车,套着精壮的牲口,车后站着跟班的小厮,小厮头上羽毛招展,吕西安还认得他金线绦边的绿号衣。他愣了一愣。前面交通阻塞,车辆一齐停下。吕西安这才发觉路易士改头换面,认不得了：衣衫的颜色正好衬托她的皮肤；袍子美极了；头发梳得挺有样子，完全配合她的脸蛋；大方的帽子便是在时装领袖特·埃斯巴太太的帽子旁边也还显得别致。戴帽子本来有一种说不出的诀窍：过分往后显得放肆，过分往前近乎阴险，偏在一旁又透着轻佻；可是大家闺秀随心所欲的戴上去就很得体。这个难题，特·巴日东太太一下子就解决了。美丽的腰带勾勒出她苗条的身段。她学会了弟媳妇的举动，功架；坐也坐得跟她一样，右手的手指上绕着一根绝细的链子，系着一个玲珑可爱的小香炉，捏着玩儿，借此露出她细气的手和讲究的手套，而不像故意卖弄。总之，她一举一动都和特·埃斯巴太太差不多，而不是依样画葫芦的模仿，她不愧为侯爵夫人的大姑，侯爵夫人对她的学生也很得意。在人行道上散步的男男女女都注意这辆华丽的车子，背对背竖的两块盾牌画着特·埃斯巴和勃拉蒙－旭佛里两家的纹章。吕西安看见招呼姑嫂俩的人那么多，好不诧异；他想不到巴黎二十来个沙龙组成的上流社会，都已知道特·巴日东太太和特·埃斯巴太太的亲属关系。骑在马上兜风的青年过来簇拥着车子，陪姑嫂俩向蒲洛涅森林进发，吕西安认出特·玛赛和拉斯蒂涅也在其内。看他们的手势，不难猜想两个臭得意的哥儿正在恭维特·巴日东太太的变化。特·埃斯巴太太风度十足，精神饱满；可见她的不舒服是假的，不愿招待吕西安是真的，因为她并不另约一个日子请他吃饭。诗人又气又恨，慢慢地朝着车子走过去，等两个女人瞧见他了，向她们行了一个礼，特·巴日东太太只作看不见，侯爵夫人拿手眼镜把他照了一下，根本不睬。巴黎贵族糟蹋人的方式，和安古兰末的贵族不一样：乡下绅士伤害吕西安，至少还承认他的力量，把他当作一个人；在特·埃斯巴太太眼中，他压根儿不存在。这不是宣判，干脆是不受理。特·玛赛架起手眼镜打量他的时候，可怜的诗人身子凉了半截；时髦哥儿放下手眼镜的姿势古怪透了，给吕西安的感觉仿佛断头台上的铡刀直砍下来。车子过去了。诗人遭了轻蔑，怒不可遏，心里只想报仇：要是他能抓住特·巴日东太太，准会把她当场勒死；他恨不得变作夫几埃－丹维尔[1]，把特·埃斯巴太太送上断头台；还要叫特·玛赛尝尝野蛮人想出来的稀奇古怪的毒刑。他瞧见卡那利斯骑着马走过，风流潇洒，俨然是个最会趋奉的诗人，一路上向最漂亮的妇女打招呼。

吕西安心里想："天哪！无论如何要有钱！这个社会只有见了黄金才下跪。"接着又听见良心的呼声对他嚷着："不！还是成名要紧，要成名就得用功。对，用功！大卫说的就是这句话。天哪！为什么我要到这里来？可是我一定成功！一定能坐着敞篷车，带着跟班，在这条林荫道上兜风！一定能把特·埃斯巴侯爵夫人一流的妇女弄到手！"

吕西安说着这些气话，在于朋饭店吃了一顿两法郎的晚饭。第二天早上九点，他上路易士家，打算去埋怨她不该那么冷酷，谁知非但特·巴日东太太不接见，门房还不准他上楼。他在街上张望，一直守到中午。中午，杜·夏德莱从特·巴日东太太家出来，眼梢里瞥见吕西安，立刻躲开。吕西安气坏了，紧紧跟着他的情敌。杜·夏德莱眼看他快追上了，只得掉过身来点点头，想打了招呼溜之大吉。

---

[1] 夫几埃－丹维尔（1746—1795），法国大革命时代控诉贵族的检察长。

吕西安道："对不起，先生，请你慢走一步，让我说几句话。你一向待我很好，希望看在过去的友谊份上，帮我一点小小的忙。你从特·巴日东太太家出来，请你告诉我为什么她和特·埃斯巴太太忽然对我冷淡。"

杜·夏德莱装着忠厚的样子回答说："夏同先生，两位太太把你丢在歌剧院，你知道为什么？"

"不知道。"可怜的诗人说。

"告诉你，你一开始就吃了特·拉斯蒂涅先生的亏。人家向他打听你的来历，他老老实实说你姓夏同，不是姓吕庞泼莱；说你母亲服侍产妇；你父亲生前在安古兰末的乌莫镇上开药房；你妹子是个挺可爱的姑娘，衬衫烫得再好没有，快要嫁给安古兰末的印刷商赛夏。上流社会就是这样。你想出头吗？他们要查究你的出身。特·玛赛先生在特·埃斯巴太太面前把你挖苦了一阵；两位太太生怕在你旁边受累，赶紧溜了。你不用想再上她们家去。特·巴日东太太如果再和你来往，她的弟媳妇便不理她了。你有的是天才，想法报复吧。社会瞧不起你，你也瞧不起社会就是了。躲到阁楼上去，写出伟大的作品来，想办法培养一种势力，大家便对你俯首贴耳；那时你受的羞辱可以照样回敬。特·巴日东太太以前对你越好，以后越要躲开你。这是女人的心理。目前问题不在于争回阿娜依斯的友谊，倒是别让她变作你的敌人，我告诉你一个方法。她给你写的信，你统统还给她，这种君子作风她一定领情；以后你要是用得着她，她不至于和你作对。至于我，我相信你前程远大，到处替你辩护；便是现在，只要有什么地方能替你效劳，我没有不乐意的。"

过时的美男子在巴黎的气氛中返老还童了，他向吕西安冷冷的客客气气的告别；吕西安垂头丧气，脸色那么苍白，精神那么涣散，竟顾不得还礼。他回到旅馆，看见斯多勃等着。裁缝亲自上门，与其说替他试新装——事实上也替他试了，不如说向迦亚-布阿旅馆的老板娘打听陌生主顾的经济情形。吕西安来的时候坐着包车，上星期四特·巴日东太太用马车把他从杂剧院送回旅馆。斯多勃觉得情形不坏，称吕西安为伯爵，又夸耀自己的手艺，说是把吕西安的漂亮身段完全显出来了。

他说："年轻人穿了这样的衣衫，尽可上蒂勒黎散步，要不了半个月，准会娶到一个有钱的英国小姐。"

德国裁缝[1]的笑话，高雅大方的衣服，细洁的料子，在镜子里看到自己的风度，这许多小事情减少了一些吕西安的愁闷。他隐隐约约觉得巴黎有的是机会，相信自己不难碰到。他不是有一部诗稿，一部精彩的小说——《查理九世的弓箭手》吗？前途大有希望。斯多勃答应第二天送外套和别的衣衫来。

第二天，做靴子的，做内衣的，做礼服的，一齐带着发票来了。吕西安既不知道怎样打发他们，也没有忘掉内地的习惯，统统付了现款。付清了账，带来的两千法郎只剩三百六了，而他还不过来了一星期！可是他照样穿起衣衫，到修院平台去走了一转。他出了一口气。他穿得那么体面，那么漂亮，那么风流，好些妇女望着他，有两三个受着他美丽的相貌吸引，还回过头来瞧他。吕西安揣摩青年们走路的姿势，动作，一边想着他的三百六十法郎，一边学那些高雅的姿态。

晚上他独自待在房内，想把住在迦亚-布阿旅馆的生活问题

---

[1] 德国人斯多勃当时是巴黎最有名的裁缝，一八二一年时铺子开在黎希留街。

弄弄清楚。平日他自以为省钱，在旅馆里吃最简单的早饭。他仿佛要搬走的样子，叫旅馆开账，发现他欠了上百法郎。下一天，想起大卫说过拉丁区物价便宜，就赶往那儿，找了半天，终于在格吕尼街，靠近索蓬纳[1]，找到一家破烂的旅馆，租下一个房间，租金正合乎他预定的数目。他马上付清迦亚-布阿旅馆的账，当天搬往格吕尼街。除了雇一辆街车，没有花别的搬家费。

吕西安在他寒碜的房间里安顿定当，把特·巴日东太太的信集中一处，包起来放在桌上；没有动笔之前，先对这一个倒霉的星期思索了一番。他不承认，在没有想到路易士在巴黎会发生变化的时候，自己先糊里糊涂的变了心；他看不见自己的过失，只看见眼前的处境；责备特·巴日东太太非但不指引他，反而断送他。他愤恨交加，傲气十足，逗着一腔怒火写了一封信。

> 太太，有这么一个女人，不知你对她怎么看法：她看中一个可怜的胆怯的孩子，这孩子抱着许多高尚的，后来被人叫作幻想的信念；那女人卖弄风情，拿她的聪明机智和假装的母爱，引诱孩子走上歧路。甜言蜜语的许愿，叫孩子听得出神的空中楼阁，在她嘴里都不算一回事。她抓住孩子，带在身边，一会儿埋怨他信心不足，一会儿把他奉承夸奖。等到孩子抛弃了家族，闭着眼睛跟那女人走了，那女人却带他到汪洋大海边上，笑盈盈的叫他登上一条单薄的小艇，逼他孤苦伶仃，无依无靠的在暴风雨中漂出去；她站在岩石上笑着，祝他一

---

[1] 巴黎大学文科理科的校址，十三世纪时路易九世的忏悔师索蓬在此创办神学院，至今沿用其名，称为索蓬纳。

路顺风。那女人就是你,那孩子就是我。孩子手中有一样纪念品,可能暴露你施舍的罪过和遗弃的恩典。一旦你碰见孩子在波涛中苦苦挣扎,而如果你想到你曾经把他抱在怀中的话,恐怕你也免不了脸红。可是你看到这封信的时候,那纪念品已经在你手上了。你尽可忘掉一切。当初你指着天上,叫我看着美丽的希望,如今我在巴黎的泥淖中只看见悲惨的现实。将来你在显赫的社会里光芒四射,受人敬爱;而我,被你带到了那个社会的门口,又被你丢在破烂的阁楼上直打哆嗦。你在欢乐场中说不定会受到良心责备,想到被你投入深渊的孩子。可是,太太,你不必内疚。那孩子尽管穷愁潦倒,还愿意把他仅有的一样东西奉送,就是在最后瞧你一眼的时候宽恕你。是的,太太,为着你,我弄得一无所有了。可是世界不就是无中生有造出来的吗?天才应当效法上帝,我学了他的宽容,不知是否能具备他的力量。只要我不走上邪路,你无须担心;万一我堕落,你可逃不了责任。我要用工作去猎取荣名,可惜那荣名绝对没有你的份了。

这封浮夸的信充满着沉痛的傲气,那是二十一岁的艺术家往往表现得过分的。吕西安写完了信,一颗心飞回老家,看到大卫牺牲了一部分积蓄替他装修的美丽的房间;他曾经体味过的安静,朴素,小康的乐趣,历历如在目前;周围全是母亲,妹子,大卫的形象;他们临别的哭声又听见了,他自己也不由得哭了,因为他一个人在巴黎,没有朋友,没有依傍。

过了几天，吕西安写信给妹妹。

亲爱的夏娃，做姐妹的特别不幸，只要听到献身于艺术的弟兄报告生活，心里总是苦多乐少，现在我就怕加重你的心事。你们不是都为我做了牺牲吗？我不是把你们每个人都拖累了吗？我想着过去的日子，家庭中的快乐，才能忍受眼前的孤独。在巴黎尝到了初步的苦难和初步的幻灭以后，我怎么能不超越我们之间的距离，像老鹰一般快快的飞回老巢，到真正爱我的环境中来呢？你们的灯光有没有闪动？灶肚里的木柴有没有滚下来？耳朵里有没有嗡嗡的响声？母亲可曾说：——吕西安想念我们？大卫可曾回答：——他在人海中挣扎？亲爱的夏娃，这封信我只写给你一个人。将来我遇到的善恶祸福也只敢告诉你一个人。说到善恶也真可叹：世界上应当善多恶少，而这里偏偏相反。你只要听我几句话就能知道许多事情：特·巴日东太太觉得我丢了她的脸，到这儿第九天就翻脸不认人，把我打发了，赶走了。她见了我掉过头去；而我因为她要捧我出台，因为要跟着她踏进上流社会，在安古兰末好不容易张罗的两千法郎已经花了一千七百六。你不是要问怎么花的吗？唉！可怜的妹妹，巴黎真是一个怪地方：十八个铜子可以吃顿饭，上等酒家最普通的一餐要五十法郎；有四法郎的背心，有两法郎的裤子，时髦裁缝少了一百法郎不给你做，雨天街上积水，过街要付一个铜子。不管路程多近，雇一辆车至少一法郎六十生丁。我住过了繁华地段，如今搬在格吕尼街，巴黎最破落最黑的一条小街，挤在三座教堂和索蓬纳的古老建筑之间。我在格吕尼旅馆住着五层楼上的一个房间，空无所有，脏得厉害，房租还得十五法郎一月。中午吃一块两个铜子[1]的小面包，一个铜子牛奶；晚饭在弗利谷多饭店吃，二十二个铜子一顿，吃得挺好，铺子就在索蓬纳广场，到冬天为止，每月开销不至于超过六十法郎，至少我这么希望。开头四个月，我的二百四十法郎可以对付了。四个月内，《查理九世的弓箭手》和《长生菊》大概能卖出去。因此你绝对不用为我担忧。目前固然冷冰冰的，又清苦又寒碜，前途却是美妙的，富裕的，灿烂的。最近的变故使我受了伤害，可没有把我压倒。多数大人物全受过这一类的挫折。伟大的喜剧诗人普劳德做过磨坊伙计。马基雅弗利的《论霸主》是夜晚写的，白天还不是和工人们在一起？了不起的塞万提斯在来邦德战役出过力，丢了一条胳膊，被当时一般不入流的文人叫作下贱的独臂老头；不朽的《堂·吉诃德》写了第一部，隔了十年才完成第二部，因为没有人肯印。现在的局面不至于到这一步。只有怀才不遇的人才苦闷潦倒；作家出了名就有钱，将来我一定有钱。我此刻完全靠思想过日子，大半天的时间在圣·日内维埃佛图书馆补足我缺少的学识，不下这番苦功绝不能有大发展。所以我差不多快乐了。

仅仅几天工夫，我已经高高兴兴地适应我的处境。天一

---

[1] 一法郎合二十铜子，也等于一百生丁。

亮我就做我喜欢做的工作，不用担心生活；我想得很多，我研究学问。退出了上流社会，虚荣心不再时时刻刻受委屈以后，还有什么能伤害我呢？一个时代的伟人应该离群索居。他们不是森林中的鸟儿吗？只管歌唱，让自然界听着出神，不叫一个人看见。我预备这样做，只要能实现我宏伟的计划。我失去特·巴日东太太毫不惋惜。这种作风的女人根本不值得想念。我也不懊悔离开安古兰末。那女的把我扔在巴黎独自打天下，倒是对的。巴黎是作家，思想家，诗人的乡土。唯有这儿能培养一个人的声名；而声名所产生的美丽的果实，我已经看到了。唯有这儿，在博物馆中和私人的收藏中，作家能看到以往的天才的不朽的作品，使我们的想象受到鼓舞和刺激。唯有这儿，在规模宏大，终年开放的图书馆中，能找到知识和精神食粮。总之，巴黎的空气和一切极细微的事情都有一种精神，文艺作品受到感染而反映出来的也就是这种精神。在咖啡馆或者戏院里谈半小时话，比在内地住上十年学到更多的东西。的确，这儿样样值得你观看，比较，样样能提供你知识。物价贵到极点，也便宜到极点，这就是巴黎。每只蜜蜂能在这里找到它的蜂房，每颗心灵都有适合它的养料可以吸收。即使眼前苦一些，我并不后悔。美丽的远景摆在面前，我的心虽然痛苦了一个时候，看到前途也快慰了，再见了，亲爱的妹妹，别希望我经常写信，巴黎有一个特点，就是你不知道时间是怎么过的。生活的速度快得惊人。我热烈拥抱母亲，大卫和你。

02

弗利谷多

许多人都记得弗利谷多的名字,他的铺子可以说是解决饥饿,救济贫穷的庙堂。王政复辟最初十二年间住过拉丁区的大学生,很少不是弗利谷多的老主顾。晚饭一共三道菜,加上一壶葡萄酒或者一瓶啤酒,定价十八铜子,多付四个铜子就能有整瓶的酒。同行的招贴上印着"面包尽量"几个大字,就是说不怕客人"过量";这种营业方针使那位照顾青年的老板不曾发大财。好些显赫的要人都经过弗利谷多哺育。在索蓬纳广场和黎希留新街的拐角儿上,不少名流一看见装着小格子的玻璃门面,心中便浮起许许多多无法形容的回忆,觉得意味深长。七月革命[1]以前,弗利谷多的儿子孙子从来没改动门面,玻璃老是那暗黄的色调,一派古老稳重的气息表示他们不喜欢招揽顾客的外表。现在的饭店老板几乎都拿中看不中吃的玩意儿做广告,橱窗里陈列的有扎成标本一般,根本不预备烧烤的野味;有稀奇古怪的鱼,正如唱滑稽的说的"我瞧见一条出色的鲤鱼,要买也不妨等上十天八

---

[1] 指一八三〇年七月推翻王政复辟的法国资产阶级革命。

天"；还有名为时鲜而早已落市的蔬果，摆得五花八门，给士兵和他们的乡亲看着取乐。老实的弗利谷多不来这一套，只用一再修补的生菜盆装满煮熟的李子，叫顾客看了眼睛舒服，知道别家饭店在招贴上大吹特吹的"饭后点心"，在这儿不是一句空话。六斤重的面包切成四段，保证"面包尽量"的诺言。这就算铺子的排场了。主人的姓大有文章可做[1]，如果早生两百年，莫里哀准会替他扬名。弗利谷多饭店至今犹存，只要大学生想活下去，那铺子一定能开下去。大家在那儿照常吃饭，东西既不多，也不少；吃的时候也像工作的时候一样，心情或者阴沉，或者开朗，看各人的性格和情形而定。那有名的铺子当时有两间又长，又窄，又矮的餐厅，凑成一个直角，一间面对索蓬纳广场，一间面对黎希留新街。桌子特别长，颇有修道院风味，不知从哪个修院饭厅搬来的，刀叉旁边的饭巾套着湛亮的白铁箍，刻着号码。在老弗利谷多手里，桌布每逢星期日更换一次，据说后来弗利谷多的儿子改作一星期换两次，因为同行竞争，老店受到威胁。这铺子好比一个工具齐备的工场，而不是豪华富丽，大开筵席的礼厅，客人吃完就走。店里忙得很，侍应的人来来去去，从来不闲着，大伙儿都在干活，没有一个多余的人。菜的品种不多。马铃薯终年不断，爱尔兰一个马铃薯没有了，到处绝迹了，弗利谷多照样供应：三十年来始终煎得黄黄的，像铁相[2]喜欢用的那个色调，上面散着细末子的菜叶，面目不变，叫唯恐衰老的妇女看了眼红，一八一四年看到的马铃薯，你到一八四〇年再去看，保证

---

1 与弗利谷多读音相近的一个字，叫作弗利谷端，意思是好吃的人，或是专图非法利益的人，正好和开饭店的弗利谷多性格相反。
2 铁相（1477—1576），意大利文艺复兴时期威尼斯派大画家。

没有分别。店里的羊排和里脊牛排，相当于万利酒家的松鸡和鲟鱼片，算是了不起的名菜，需要早上预定。母牛肉不少，小牛肉很多，做成各种新鲜花样。大批的鳕鱼和青花鱼在大西洋沿岸一出现，弗利谷多铺子就大批涌到。一切都跟蔬菜的交替和法国时令的变化息息相关，你在那里知道的事都是有钱的，有闲的，不关心自然界顺序的人从来想不到的。拉丁区的大学生在弗利谷多饭店里知道的季节最正确：他知道什么时候大豆和豌豆丰收，什么时候白菜在中央菜场泛滥，哪种生菜货源充足，萝卜是不是歉收。民间向来有种无稽之谈，说牛排的供应和马的死亡率有关[1]；吕西安住进拉丁区的时节又在流行这样的话。像弗利谷多铺子里那种动人的景象，巴黎很少饭店看得见。那儿有的是青年人的朝气，信心，不怕穷苦的自得其乐的精神；当然，表情激烈，严肃，又阴沉又骚动的脸不是没有。大家穿著很随便。熟客一朝衣冠端整的上门，立刻有人注意。谁都知道那不是去会情人，便是上戏院或者到上流社会去交际。据说后来成为名流的几个大学生，当初就在那饭店里订交的，你们看下文就知道。除了一般为着同乡关系，在桌子尽头坐在一处的青年之外，吃饭的人大都一本正经，难得眉开眼笑，或许因为喝的是淡酒，兴致不高。弗利谷多的老主顾可能还记得某些神态抑郁，莫测高深的人，身上仿佛裹着贫穷的冷雾，吃了两年饭，忽然像幽灵似的不见了，便是最爱管闲事的熟客也摸不清他们的底细。至于在弗利谷多铺子交了朋友的人，往往到邻近的咖啡馆去喝一杯又浓又甜的杂合酒，或者来一盅掺烈酒的咖啡，借着暖烘烘的酒意巩固他们的友谊。

---

[1] 法国肉类中以马肉价为最贱，故常有人疑心某些牛肉是马肉冒充的。

吕西安搬进格吕尼旅馆的初期，像进教不久的人一样，行动拘谨，很有规律。他对高雅的生活有过惨痛的经验，把活命之本送掉以后，拼命用起功来。可是这股第一阵的劲道很快要被巴黎的艰难困苦和繁华的诱惑打消的，不论过的是最奢侈的还是最清苦的生活；除非你真有才能而拿得出顽强的毅力，或者为了雄心壮志下着破釜沉舟的决心。吕西安下午四点半就上弗利谷多铺子，他发觉早去有好处，饭店里花色比较多，爱吃的菜还能叫到。他像一切富于想象的人一样，特别喜欢某一个位置，他挑的座儿证明他眼光不错。吕西安第一天走进饭店，从座客的相貌和偶尔听到的谈话上面，发现靠近账台的一张桌子坐的是文艺界朋友。其次，他自然而然感觉到坐在账台附近可以同饭店主人攀谈，日久相熟了，手头不宽的时候也许能通融欠账。因此他拣了账台旁边的一张小方桌，桌上只放两份刀叉，两条白饭巾不用箍儿，大概是招待随来随去的客人的。同桌的是个又瘦又苍白的青年。似乎跟吕西安一样穷，清秀的脸已经有些憔悴，破灭的希望使他脑门显得疲倦，在他心上留下许多沟槽，而播的种子没有长出芽来。由于这些残余的诗意，无法抑制的同情，吕西安很想接近那个陌生人。

他姓罗斯多，名叫埃蒂安纳。安古兰末诗人花了一星期工夫，殷勤凑趣，跟他攀谈，交换一些感想，把他当作第一个谈话的对手。两年以前，埃蒂安纳像吕西安一样离开本乡，贝里地区的一个城市。他的指手划脚的动作，明亮的眼睛，有时很简短的说话，流露出他对文艺生涯有些辛酸的经验。他从桑赛尔来的时候，带着他的一部悲剧，和吕西安同样受着光荣，权势，金钱的吸引。这年轻人先是接连几日在弗利谷多铺子吃饭，过后却难得露面。吕西安隔了五六日重新见到他的诗人,希望他下一天再来,不料第二天他的位置上换了一个新人。在青年人中间,第一天见过面,谈话的兴致第二天还接得上;有了间断,吕西安只能每次想法打破沉默,而且最初几星期两人的关系没有多大发展,所以更不容易亲密。吕西安打听管账的女太太,知道他那未来的朋友在一家小报馆当编辑,写新书评论,报道滑稽剧场,快乐剧场,全景剧场的戏。吕西安立刻觉得那青年是个人物,有心同他谈得亲切一些,不惜做些牺牲去换取一个初出道的人最需要的友谊。记者半个月不来吃饭。吕西安不知道埃蒂安纳只在没有钱的时候才上弗利谷多饭店,因此老是沉着脸,没精打采;吕西安看他冷淡,便竭力陪笑,拣好话来说。其实应不应该交这个朋友还值得郑重考虑;看来那无名的记者过着挥霍的生活:既要烧酒,又要咖啡,又要杂合酒,还得看戏,吃宵夜。而吕西安住进拉丁区的初期,行事像一个可怜的孩子,被第一次巴黎生活的经验吓坏了。他研究一下饮料的价钱,摸摸钱袋,不敢学埃蒂安纳的样;他还在后悔过去的荒唐,唯恐再出乱子。他还没摆脱内地教育的影响,一有邪念,他的两个护身神,夏娃和大卫,立刻出现,使他想起大家对他的期望:他不但要使老母幸福,也不能辜负自己的天才。白天他在圣·日内维埃佛图书馆钻研历史。经过初步研究,发觉他的小说《查理九世的弓箭手》有些荒谬的错误。图书馆关了门,他回到又冷又潮湿的房间把他的作品修改,整理,重写,整章的删掉。在弗利谷多铺子吃过晚饭,他往下走到商业巷,在布洛斯办的文艺阅览室中读当代的文学作品,日报,期刊,诗集,了解流行的思潮;半夜前后回到破烂的旅馆,灯火和取暖的木柴都省掉了。那些读物大大改变了他的观念,他重新校阅歌咏花卉的十四行诗集，他一向看重的《长生菊》，大改特改，保留的原诗不满一百行。可见吕西安最初过的是一般内地穷小子的生活，纯洁，无邪，觉得弗利谷多的饭菜比起老家的伙食已经是奢侈的享受了；所谓消遣只是在卢森堡公园的走道上慢悠悠的散步，心里热乎乎的，斜着眼睛望望漂亮女人；从来不走出本区，只管想着前途，一本正经的用功。无奈吕西安天生是个诗人，欲望极大，看到戏院的招贴心痒难熬，忍耐不住。他买楼下的后座，在法兰西剧院，杂剧院，大千剧院，喜歌剧院，花了五六十法郎。看塔尔玛演他最出名的几个角色，这样的乐趣哪个大学生肯放弃呢？富于诗意的人一开始就爱戏剧，吕西安被戏剧迷上了。他觉得男女演员全是重要人物，不可能跨过脚灯去对他们随便张望。在吕西安心目中，那些使他快乐的名角儿简直像神仙一般，报纸上提到他们，口气不亚于谈论国家大事。他渴望做一个戏剧作家，编出戏来叫人上演！有些大胆的人，例如卡西米·特拉维涅，居然实现了这样的美梦！吕西安转着这些创作的念头，忽而信心十足，忽而悲观绝望，精神上骚动不已，可是他继续过着用功和俭省的日子，不管有多少顽强的欲望在暗中激荡。他甚至过分谨慎，不敢走进王宫市场那样的销金窟，他不是一天之内在万利酒家花掉五十法郎，做衣服花掉将近五百吗？即使打熬不住，要去看福洛利，塔尔玛，米旭，或者巴蒂斯德弟兄[1]演出，他也只敢买楼上黑洞洞的散座，五点半就去排队，迟到的人只好花十个铜子买一个靠近售票房的地盘。不少大学生往往等了两小时，最后听见一声票子完啦！大失所望。散了戏，吕西安

---

[1] 福洛利和塔尔玛都是有名的悲剧演员。米旭和巴蒂斯德弟兄是喜剧演员。

低着头走回去,不敢望街上的神女。或许他有过几回极简单的艳遇,在他年轻胆小的想象中显得重要无比。有一天吕西安把钱数了一下,发觉所剩无几,大吃一惊;而想到要去找一个出版商,弄些工作来糊口,他又冷汗直流。他一厢情愿当作朋友的那个青年记者,不再上弗利谷多饭店。吕西安等着机会,机会始终不来。巴黎只有交游广阔的人才能碰到巧事;熟人越多,各式各样成功的可能性越多,所谓幸运本来是趋炎附势的东西。吕西安还保持内地人未雨绸缪的脾气,不愿意等到只剩几个法郎的时候,他决意大着胆子去找书店老板。

03

两种不同的书店老板

九月里有一天上午,天气相当冷,吕西安挟着两部手稿,从竖琴街往下走到奥古斯丁河滨道,沿着人行道踱过去,瞧瞧塞纳河,瞧瞧书店,仿佛有个好心的神通在劝告他,与其投入文坛,还不如投河。从玻璃窗或店门口望到的脸相各各不等,有的和善,有的好玩,有的快活,有的抑郁。吕西安先是迟疑不决,苦恼得厉害,把那些脸孔仔细打量了一番。最后发现一家铺子,好些伙计在门口忙着打包,准备发货;墙上全是招贴,写着:本店发售——**特·阿兰戈子爵著**:《孤独者》,第三版;——**维克多·丢冈日著**:《雷奥尼特》,全五卷,上等纸精印,十二开本,定价十二法郎;——**盖拉德里著**:《道德综论》。

"这些人可运气啊!"吕西安叫道。

招贴是有名的拉伏卡法国十九世纪初期的出版商。夏多布里昂及浪漫派作家的作品大多由他高价收买。想出来的新花样,那时初次在墙上大批出现。不久群起效尤,巴黎城内花花绿绿贴满了这种广告,国家也增加了一项税源。在安古兰末那么威风,在巴黎那么渺小的吕西安,心里又激动又慌张,沿着屋子溜过去,鼓足勇气踏进那书店，里头挤满着伙计，顾客和书店老板——"说不定还有作家在内。"吕西安私下想。

他对一个伙计说："我要见维大先生或者包熏先生。"

他看见招牌上写着几个大字：**维大－包熏合营书店，专营国内外图书发行及经销业务。**

忙碌的伙计回答："他们两位都有事。"

"我等着就是了。"

诗人在铺子里待了两小时，打量整包整捆的图书，看看题目，打开书来东翻几页，西翻几页。最后他肩膀靠着一个用玻璃榀子围起来的小房间，挂着绿色的短窗帘；吕西安疑心维大或者包熏就在小房间内，他听见谈话的声音。

"你要愿意批五百部，就算五法郎一部，每十二部奉送两部。"

"那么每部实价多少呢？"

"照原价减去八十生丁。"

"那就是四法郎二十生丁。"说话的大概是维大或者包熏，对方是来兜销书的。

"对。"兜销的人回答。

"是不是记账呢？"进货的人问。

"好家伙！难道你打算十八个月结账，付我一年的期票不成？"

"不，马上结清。"不知是维大还是包熏回答。

"什么期头？九个月吗？"说话的不是来兜销的出版商便是作者。

"不，朋友，一年。"两个经销人中的一个回答。

双方不出声了。一会儿，陌生人叫道："你太辣手了。"

"怎么，我们一年销得掉五百部《雷奥尼特》吗？"经销人对丢冈日的出版商说。

"销路要能按照出版商的心思，我们都是百万富翁了，亲爱的先生！无奈销路操在大众手里。沃尔特·司各特的小说只卖九十生丁一卷，三法郎六十生丁一部；你想叫我把你的书卖得更贵吗？要我帮你推广这部小说，得给我好处才行。——维大！"

一个胖子耳朵上夹着一支笔，离开账台走过来。

包熏问："你上回出门，发了多少丢冈日的作品？"

"《加莱的小老头儿》销去两百部，为此不能不把两部回扣小一些的书跌价，现在都变了**夜莺**。"

吕西安后来才知道，凡是搁在货栈的架子上，冷清清无人过问的作品，书业中称为**夜莺**。

维大接着说："而且你知道，比卡[1]正在写小说；他的出版商向我们兜生意，为了要畅销，答应比一般的批价多给两成回佣。"

丢冈日的出版商听着维大告诉包熏的内幕消息，着了慌，可怜巴巴的回答说："那么，一年就一年吧。"

包熏毫不含糊的追问一句："这话算数吗？"

"算数。"

出版商走了。吕西安听见包熏对维大说："客户已经定下三百部；咱们给他远期票子，把《雷奥尼特》五法郎一部卖出去，要人家付我们六个月的期票，那……"

"那就净赚一千五。"维大说。

1　比卡（1769—1828）原是演员，戏剧作家，当过歌剧院经理，从一八二一年起正式写小说。

"嘿！我看出他手头很紧。"

"他糟糕得很！印两千部，给了丢冈日四千法郎。"

吕西安走到小房间门口，打断了维大的话。

他对两个合伙人说："对不起，打搅你们……"

两个老板对他似理非理。

"我写了一部法国的历史小说，近于沃尔特·司各特一路，题目叫《查理九世的弓箭手》，我想请你们收买。"

包熏把手里的笔放在桌上，朝吕西安冷冷的瞅了一眼。维大虎着脸瞧着作者，回答说："先生，我们不出版，只经销。我们自己出书的话，做的是**知名作家**的生意；并且只收买正经书，像历史和什么概论之类。"

"我的书非常正经，目的是把拥护专制政体的天主教徒和想建立共和政体的新教徒的斗争，写出一个真面目来。"

一个伙计在外面叫："维大先生！"

维大走出去了。

包熏不客气的挥了挥手，说道："我不说你的小说不是杰作，可是我们只销现成的书。你去找买稿子的人吧，比如卢浮宫附近公鸡街上的道格罗老头，便是出版小说的。你要是早一些开口，刚才就好见到包莱，他跟道格罗和一些木廊书店是同行。"

"先生，我还有一部诗集……"

"包熏先生！"外面有人叫。

"诗集？"包熏气冲冲的嚷道。

"你当我什么人。"他朝吕西安冷笑一声，往铺子的后间去了。

吕西安穿过新桥，想着许许多多念头。刚才那些生意上的行话，他听懂了一些，知道在书店老板的眼里，书不过是低价收进，高价售出的商品，同头巾店老板看待头巾一样。

他想："我找错了门路。"可是发觉文学有这样一副恶俗的生意面孔，暗暗吃惊。

他在公鸡街上找到一家外表挺老实的铺子，原来是刚才走过的，绿色的店面漆着几个黄字：**道格罗书店**。他记得在布洛斯阅览室中念过的小说，好几部的封面插图底下有这个名字。吕西安忐忑不安的走进铺子，富于幻想的人遇到斗争总是这样。他看见一个很特别的老头儿，帝政时代出版界中的一个怪物。道格罗穿着古老款式的黑礼服，前面是大方摆，后面是鳖鱼尾。背心的料子很普通，织成颜色不同的方格，口袋外面吊着一根链子，一把铜钥匙，在宽大的黑扎脚裤上晃来晃去。表的厚薄大概同玉葱差不多。底下是深灰的羊毛袜和银搭扣的皮鞋。他光着头，花白的头发乱七八糟，颇有诗意。包熏称为道格罗老头的家伙，从他的礼服，扎脚裤和鞋子来看，像文学教授；看他的背心，表和袜子，又是个做买卖的。他的相貌也有这股奇怪的混合味儿：威严而霸道的神气，凹下去的脸孔，俨然是个修辞学教师；尖利的眼睛，多疑的嘴巴，心绪不宁的表情，明明是个书店老板。

吕西安问道："这位可是道格罗先生？"

"是的，先生……"

吕西安道："我写了一部小说。"

出版商道："你年轻得很啊。"

"先生，我的年纪跟写作无关。"

"对。"老出版商说着，接过稿子。

"啊！《查理九世的弓箭手》，题目不坏。好吧，先生，你把内容简单的说一说。"

"先生,这是一部沃尔特·司各特式的历史小说。我把新教徒和天主教徒斗争的性质,写成两种政体的斗争,王权在斗争中受到严重的威胁。我是赞成天主教徒的。"

"嗯,嗯,倒是异想天开。好吧,我可以念一念你的作品,我答应你。我更喜欢拉德克利夫太太[1]一路的小说,不过你倘若工作认真,稍微有些风格,意境,思想,安排情节的能力,我很乐意帮忙。我们要求什么?……不是优秀的稿子吗?"

"什么时候听回音?"

"我今晚下乡,后天回来,那时作品可以看完了,我要认为合式的话,后天就好谈判。"

吕西安看他这样和气,转错了念头,掏出《长生菊》来。

"先生,我还有一部诗集……"

"哦!你是诗人,那我不要你的小说了。"老人把稿子还给吕西安,"起码诗人写散文总是不行的。散文不能拿废话充数,一定要说出些东西来。"

"可是沃尔特·司各特也写诗啊……"

"不错。"道格罗又变得软和了。他看出这个青年很穷,便留下稿子,说道:"你住哪儿?我过一天去看你。"

吕西安写了地址,没想到老人别有用心,也不知道他是老派的出版商,恨不得把饿肚子的伏尔泰和孟德斯鸠锁在顶楼上。

出版商看了地址,说道:"我才从拉丁区回来。"

吕西安告别的时候心上想:"这个人真好!对年轻人多热心,

---

[1] 拉德克利夫(1764—1823),英国女作家,专写神怪和恐怖小说,十九世纪初期在法国很受欢迎。

而且是个识货的行家。不是吗？我早就告诉大卫：只要有本领，在巴黎是容易出头的。"

吕西安又快活又轻松的回去，做着功成名就的好梦。他忘了在维大和包熏的账桌上听到的可怕的话，只道至少有一千二百法郎到手。一千二百法郎能在巴黎住一年，让他准备新作品。他从这个希望出发，定下不知多少计划！发愤用功的生活引起他不知多少甜蜜的幻想！他把屋子安排了一下，整理了一下，差点儿没置办东西。他在布洛斯阅览室成天看书，耐着性子等回音。过了两天，道格罗对于吕西安在第一部作品中表现的风格感到惊异，赏识他的人物写得夸张，那在故事发生的时代也说得过去；也注意到他的想象力非常奔放，青年作家勾勒近景的时候往往有这种气魄；道格罗居然不拿架子，亲自上旅馆访问他未来的沃尔特·司各特。他决意花一千法郎买下《查理九世的弓箭手》的版权，另外订一份合同要吕西安再写几部。一看见旅馆，老狐狸马上改变主意。——"住这种地方的青年欲望不大，一定是个用功的读书人；给他八百法郎就行了。"旅馆的老板娘听道格罗问到吕西安·特·吕庞泼莱，回答说："五楼！"道格罗仰起头来，看见五楼以上就是天空，心上想："这个年轻人长得漂亮，简直是个美男子，钱太多了会心猿意马，不用功的，为了咱们的共同利益，给他六百法郎吧，不过是现金，不是期票。"他爬上楼去，在吕西安的房门上敲了三下，吕西安开了门。屋子里空无所有。桌上摆着一碗牛奶，一小块两个铜子的面包。天才的穷苦使道格罗老头看了心中一动。

他私忖道："这种朴素的习惯，菲薄的饮食，简单的欲望，但愿他保持下去。"随即对吕西安说："看到你我很高兴。先生，你同约翰-雅各[1]有好几点相像,他便是过的这样的生活。天才在这等地方爆出火花,写出好作品来。文人的生活正该如此,万万不能在进咖啡馆,上饭店,大吃大喝,糟蹋他们的光阴和才具,浪费我们的金钱。"说着他坐下了,"小朋友,你的小说不坏。我当过修辞学教师,熟悉法国史;你的作品颇有些出色的地方。你是有前途的。"

"啊!先生。"

"是的,你是有前途的。咱们可以合作。我愿意收买你的小说……"

吕西安心花怒放,高兴得胸坎里扑通扑通直跳,他要登上文坛了,终究能出书了。

"我给你四百法郎。"道格罗说话的声音特别甜,望着吕西安的神气仿佛他是大发慈悲。

"四百法郎买这部稿子?"吕西安问。

"对,买这部小说。"道格罗看着吕西安诧异并不奇怪,接着说,"可是付你现款。你还得答应六年中间每年写两部。如果第一部在六个月之内销完,以后我给你六百法郎一部。一年两部,每月一百法郎收入,你生活有了保障,应该快活了。有些作家的小说,我每部只给三百法郎。英国小说的译本,我只出两百。这个价钱在从前是惊人的了。"

吕西安浑身冰冷,说道:"先生,我们谈不成了,请你把稿子还我。"

出版商回答说:"稿子在这里。先生,你不懂生意经。出版一

---

[1] 指卢梭。

个作家的第一部小说,要担一千六百法郎印刷费和纸张费的风险。写一部小说比张罗这样一笔款子容易得多。我店里存着一百部稿子,可拿不出十六万法郎。唉!我开了二十年书店,还没赚到这个数目呢。可见出版小说发不了财。维大和包熏经销的条件一天比一天苛刻。你大不了白费时间,我却要掏出两千法郎。**书的命运个个不同**[1],我要是眼光看得不准,就得赔两千法郎;至于你,你只消写一首诗骂一通愚蠢的群众。你把我的话细细想过以后,会再来找我的。"吕西安不胜轻蔑的挥了挥手,道格罗正色重复了一句:"是的,你会再来找我的。你瞧着吧,不但没有一个出版家肯为一个无名的青年人担两千法郎风险,也没有一个书店伙计肯看你乱七八糟的稿子。我倒是看完的,能指出好几处文字的错误。应该说提醒的地方,你写着提到,**尽管**后面应当用直接被动词,你却加了一个介词。"两句话说得吕西安好不惭愧。道格罗又道:"你下次再来看我,可要损失一百法郎,我只给三百了。"他说罢起身告辞,走到房门口又道:"你要没有才能,没有前途,我要不关心用功的年轻人,我也不会给你这样好的条件。每月一百法郎!你考虑考虑吧。一部小说丢在抽斗里,当然不比一匹马关在马房里,不用吃饭;可是老实说,也不会给你饭吃!"

吕西安抓起稿子扔在地下,嚷道:"我宁可烧掉的,先生!"

"你真是诗人脾气。"老头儿说。

吕西安吞下面包,喝完牛奶,走下楼去。房间太小了,不出去的话,他只能团团打转,像关在植物园铁笼里的狮子[2]。

---

1 这是引的一句拉丁诗,原作者是公元一世纪时文法学家丹朗蒂阿奴斯·莫吕斯。
2 巴黎的动物园设在植物园内。

04

第一个朋友

  吕西安准备上圣·日内维埃佛图书馆。平时他在那儿看见一个二十五岁左右的年轻人,每次坐着老位置,埋头工作,从来不分心,不怕扰乱,一望而知是真正好学的人。他大概在图书馆出入久了,从馆员到馆长都对他很客气;馆长让他带书回去,吕西安看着用功的陌生人第二天把书送回。诗人认为他也是在穷苦和希望中挣扎的弟兄。身材矮小,瘦弱,没有血色,英气勃勃的额角盖着又黑又浓而不大梳理的头发,一双手长得很美,使人注目的是他相貌有点像翻刻劳贝·勒番佛原作的拿破仑像。那幅版画把抑郁的热情,抑制的野心,内在的活动,表现得极有诗意。你细看之下,准会发觉画上的人物天分极高而谨慎无比,心思很深而又气概不凡。眼睛像女人的一样机灵。目光好像只嫌视野不够,竭力想找困难来克服。就算版画下面不写明波那帕脱,你也会望上半天。那青年好比画像的化身,平日穿着长裤,厚底皮鞋,料子很普通的外套,有白点子的灰呢背心,钮子一直扣到上面,打着黑领结,戴一顶廉价的帽子。他显然不喜欢多余的装饰。神秘的陌生人额上印着天才的标记。吕西安发觉他是弗利谷多铺子最有规律的常客，不喝酒，吃饭只为充饥，不在乎吃什么，店里的菜他似乎都熟悉。大概他是有意识的关心一些伟大的事业，所以不论在饭店或者图书馆，处处表现出一种尊严，叫人不敢接近。目光带着深思的意味。长相高贵而俊美的脑门，显得他经常在静观默想。炯炯有神的黑眼睛看起东西来又深刻又迅速，表示他对事物有追根究底的习惯。他动作简单，态度庄重。吕西安不由自主的对他有种敬意。两人在图书馆和饭店进进出出，彼此瞧过好几回，好像预备说话，可是谁都不敢开口。沉默的青年坐在餐厅的尽头，靠索蓬纳广场的一面。因此吕西安没法和他结交，虽然对这个用功朋友很向往，觉得他有些说不出的高人一等的迹象。后来两人都承认，他们生来淳朴，胆小，动不动害怕，而孤独的人还喜欢这种羞怯的情绪。要不是吕西安碰了钉子忽然和他相遇，或许两人永远不会发生关系。吕西安走进砂石街，看见那青年从圣·日内维埃佛回来。

他说："先生，图书馆没有开门，不知道为什么。"

吕西安那时含着眼泪，他对陌生人做了一个手势表示感谢；那种手势比说话更有力量，能沟通青年人的心。两人从砂石街一同走向竖琴街。

吕西安道："那我就上卢森堡公园去散步。已经出了门，不大能够再回去用功。"

那青年接口道："是啊，思想给打断了。先生，你好像心里不快活。"

吕西安道："我才碰到一桩古怪事儿。"

他说出怎样到河滨道，怎样去见道格罗老头，刚才听到怎样的条件；又报出自己的姓名，大致讲了讲处境。他一个月来吃饭花掉六十法郎，旅馆三十法郎，看戏二十法郎，阅览室十法郎，总共一百二；此刻只剩一百二了。

陌生人回答："先生，你的经历就是我的经历，也是一般年轻人的经历；他们每年从内地到巴黎来，数目有一千到一千二。咱们还不算最苦的呢。这所戏院，你瞧见没有？"他指着奥台翁[1]的屋顶说，"有一天，广场上一所屋子里住进一个人，很有才气，穷得不堪设想，结了婚，这一桩额外的苦难还没临到你我身上；他和老婆感情很好，有两个孩子——是祸是福，我也说不上来；他背了一身债，可是对写作颇有信心。他把一部五幕喜剧送往奥台翁，人家不但接受了，还另眼相看，演员开始排练，经理热心督促。这五项运气等于五出戏，比写五幕喜剧更不容易。可怜的作者住在一个阁楼上，你从这儿望得见；他在排戏的时期想尽方法活下去，老婆的衣服全进了当铺，一家人光吃面包过日子。上演前夜，彩排那天，夫妻俩欠着面包店，牛奶房，门房五十法郎。作家只留着必不可少的衣着：一件礼服，一件衬衫，一件背心，一双靴子。他只道成功在望，拥抱着妻子，告诉她苦难快完了，说道：现在再没有什么事跟我们捣乱了！老婆说：还有火呢，你瞧，奥台翁起火啦！——先生，奥台翁起火啦。因此你别抱怨。你还有衣服，没有妻儿子女，袋里还剩一百二十法郎，一个钱都不欠人家。后来那出戏在卢伏阿剧院演到一百五十场。王上给了作者一笔年俸。蒲丰说的好：所谓天才就是耐性。的确，人的耐性同自然界化育万物的办法最相近。我问你，先生，什么叫作艺术？还不是经过凝炼的自然！"

---

[1] 法国四大国家剧院之一，建于一七八二年，一七九九，一八一八年，两次毁于火。一八一八年毁后，临时迁往卢伏阿剧院。

两个青年在卢森堡公园大踏步走着。陌生人竭力安慰吕西安。吕西安不久就知道他姓大丹士，名叫大尼埃，后来声名显赫，成为当代最杰出的作家之一，而且也是个少有的人物，因为在他身上，借用某诗人的一句精彩的话来说："卓越的才能和卓越的性格完全一致。"

大尼埃声音柔和的对吕西安说："一个人要伟大，不能不付代价。天才的作品是用眼泪灌溉的。才具是有生命的东西，同一切生物一样有它多灾多病的童年。社会排斥残缺不全的才具，正如自然界淘汰衰弱或畸形的生物。要出人头地，必须准备斗争，遇到任何困难绝不退缩。一个伟大的作家是个殉道者，只是不死罢了。你脑门上印着天才的标记。"大丹士对吕西安一览无余的瞧了一眼，"要是你没有天才的意志，没有那种超人的耐性，在命运的播弄使你同目的隔着一段距离的时候，你不能继续向无限的前程趱奔，像乌龟不论在什么地方都爬向海洋一样，那就不如趁早放弃。"

"难道你准备受尽折磨吗？"吕西安问。

"准备受各式各样的考验：同道的毁谤，出卖，褊枉不公；生意场中的无耻，奸诈，残酷。"大尼埃用逆来顺受的口气回答，"只要你作品写得好，第一次碰个钉子有什么关系……"

吕西安道："你愿意念一念我的作品，审定一下吗？"

大丹士回答："行。我住在四府街。我的屋子里住过一个非常有名的人物，当代最了不起的一个天才，科学界的巨人，最伟大的外科医生，台北兰。他最初就在那儿受难，跟艰苦的巴黎生活和荣名做挣扎。我每天晚上想着他，第二天就有了勇气。在我那个房间里，他常常只吃面包和樱桃过日子，像卢梭一样，可是没有丹兰士[1]。你过一小时去，我等你就是。"

两个诗人握了握手走开了，心里都有种说不出的伤感和同情。吕西安回去拿稿子。因为天冷，大尼埃·大丹士把表送往当铺，买了两捆木柴，在房里生起火来招待新朋友。吕西安准时前往，发觉大尼埃的屋子比他的旅馆更糟，走完一条黑洞洞的小弄才是不见天日的楼梯。大尼埃的房间在六层楼上，两个破落的窗洞之间有一个颜色发黑的木书架，插着贴满标签的文件夹。房间尽头摆一张油漆的小木床，像中学生睡的；床几是买的旧货，还有两把马鬃垫子的靠椅。方格的糊壁纸年深月久受着烟熏，像涂了一层油。一个窗洞和壁炉架之间，放一张堆满纸张的长桌。壁炉架对面，有一口桃花心木的蹩脚五斗柜。一条旧地毯把地砖全部铺满，有了这样奢侈品，屋内可以不用生火。桌子前面摆一张普通的写字椅，红羊皮面子用久了，颜色已经泛白；另外还有六把旧椅子。吕西安看见壁炉架上有一个带罩子的旧烛台，插着四支蜡烛，跟别的东西的寒碜大不相称，他问了一下，原来大丹士受不了油烛[2]的气味。可见他知觉特别灵，是个极敏感的人。

吕西安的小说念了七小时才完毕。大尼埃诚心诚意的听着，一声不出，不插一句嘴；这样的体贴在作家中是极少有的。

吕西安在壁炉架上放下稿子，问大尼埃："怎么样？"

大尼埃郑重其事的回答："你走的是正路，是大路，不过作品需要修改。你要不想照抄沃尔特·司各特，就得另外创造一种手法；现在你是模仿他。你和他一样开场用长篇的谈话引进人物，谈话完了才有描写和情节。这两个对立的因素，一切激动人心的

---

1 卢梭的情妇，到晚年才和她正式结婚。
2 油烛是用牛羊油做的，比蜡烛便宜得多。

作品都少不了，你偏偏放在最后。为什么不颠倒一下呢？散漫的对话在沃尔特•司各特笔下非常精彩，你却写得黯淡无光，我看还是干脆不用，拿描写来代替，我们的语言本来最宜于描写。但愿你的对话是读者预期的后果，替你的上文做总结。最好先写情节。或者从侧面对付你的题材，或者从结尾入手；各个场面要有变化，避免千篇一律。就算拿苏格兰作家对话式的戏剧应用到法国历史上来，你仍旧可以显得新颖。沃尔特•司各特笔下没有情欲，他缺少这样东西，或许是他国内伪善的风俗不允许他提到。在他心目中，女人总是恪守妇道的。除了极少数的例外，他的一些女主人翁简直一模一样，照画家的说法，用的是一个粉本；个个都是从克拉立萨•哈罗脱胎的。他把所有的女人都归结到一个观念，你只拿同一个模子来翻印，不过着色浓淡有些参差罢了。可是女人就因为有了情欲才扰乱社会。情欲变化无穷。你一描写情欲，办法就多了；伟大的司各特因为要古板的英国家家户户看他的小说，不能不放弃这些手法。在法国，在我们历史上情绪最骚动的时代，天主教的风流的罪过，豪华的风气，同加尔文教的阴沉严厉的人物相比，正好是个极端。从查理曼起，每个名副其实的朝代至少需要一部作品来描写，有的还需要四五部，例如路易十四，亨利四世，法朗梭阿一世。你可以写出一部生动的法国史，描写各个时期的服装，家具，屋子，室内景象，私人生活，同时刻画出时代的精神，而不必吃力不讨好，讲一些人尽皆知的事实。我们多数的国王在民间被歪曲了，你正好纠正这种错误，成为你的特色。在你第一部作品中，应当大胆把凯塞琳那样一个了不起的人物还她一个本来面目；一般人至今对她存着偏见，而你现在是迁就他们，牺牲了凯塞琳。至于查理九世，也该如实描写，不能同新教作家一鼻孔出气。你只要坚持十年，不难名利双收。"

时间已经到九点。吕西安并不知道新朋友为着他在房内生火，却是无意中学他的样，请他上埃同饭店吃饭，花了十二法郎。大尼埃在饭桌上说出他的希望和做的学问。大丹士认为不精通形而上学，一个人不可能出类拔萃。那时他正在挖掘古往今来的哲学宝藏，预备吸收融化，他要像莫里哀那样，先成为深刻的哲学家，再写喜剧。思想和事实，书本上的世界和活生生的世界，他都研究。交的朋友有自然科学家，有青年医生，有政论家，艺术家，全是好学，严肃，有前途的人。他的糊口之计是替人名辞典，百科辞典，自然科学辞典，写些认真而报酬微薄的稿子。他写的不多不少，仅仅为满足生活和发展思想的需要。大丹士也在写一部小说，专为研究语言的变化；这部还没有完成的书时断时续，完全趁他高兴，主要是在情绪低落的时候动笔；他用小说的形式研究心理，内容很有分量。虽然大丹士谈到自己很谦虚，吕西安已经觉得他近乎巨人了。十一点钟走出饭店的时候，吕西安对这个朴实的君子，超群绝伦而并不以此自居的人物，十分钦慕。他听着大尼埃的劝告毫无异议，全盘接受。大尼埃的优秀才具已经成熟，一方面靠他的思想，一方面靠他在孤独生活中养成的批评精神；而那些从未发表的批评只供他自己思考，不是说给别人听的。他替吕西安突然打开了一个美丽的幻想的宫殿。内地人好像被炭火烫了舌头，大吃一惊；巴黎的用功朋友说的话，在安古兰末诗人的头脑中碰到一块早已垦熟的土地。吕西安开始把作品彻底修改。

05

小团体

在举目无亲的巴黎，内地大人物遇到一个和他感情同样热烈的人，太高兴了，就跟缺少温暖的青年一样，盯着大丹士寸步不离：他接大丹士一同上图书馆，晴天陪他在卢森堡散步，每天晚上和他在弗利谷多饭店同桌吃饭，吃过饭送他回那个寒碜的房间，总而言之，吕西安仿佛一个小兵在俄罗斯冰天雪地的平原上紧挨着身边的弟兄。他结识大尼埃的初期，注意到大尼埃的一般亲密的朋友碰在一起，见了他都有点拘束，不免心中怏怏。大丹士和吕西安提到那般杰出的人，口气之间隐隐然有一股热情；他们的谈话却有所保留，同他们明明很强烈的友谊不大相称。吕西安觉得这些陌生人（因为他们彼此都用名字相称）很奇怪，受到他们排斥又感到苦闷，只得悄悄的走开。他们和大丹士一样脑门上有个标识，可以看出各有各的天才。直到经过大尼埃私下劝说，众人的异议平息之后，吕西安才被认为有资格加入这个优秀人物的集团。从那时起，吕西安才认识他们。浓厚的感情和严肃的精神生活把他们结合在一起，几乎每天晚上在大丹士家聚会。他们有种预感，认为大丹士是个伟大的作家，奉他为领袖。在他以前的第一个领袖是当代最了不起的一个思想家,神秘气息极浓的天才,那时回了本乡,原因不必在此多叙;吕西安听见他们常常提到他,名字叫路易。后来他们之中有几个半途夭折,另外一些和大丹士一样声誉卓著。单看成功的几个,就不难了解为什么那些人会引起诗人的兴趣和注意。

至今在世的人中有荷拉斯·皮安训,那时在市立医院当住院医生,后来是巴黎医学院的名教授,早已大众皆知,不必再描写他的为人,说明他的性格和思想的性质了。其次是雷翁·奚罗,是个深刻的哲学家,大胆的理论家;所有的学说他都要探讨,检定,发挥,阐明,最后奉献给他崇拜的偶像——人类。他始终伟大,便是犯的错误也因为动机纯正而显得高尚。这位态度认真,孜孜不倦的学者,如今是某个伦理和政治学派的领袖,学派的价值只有让时间来判断。他的信念使他和小团体的同伴分道扬镳,在另一方面活动,但仍然是他们忠实的朋友。在团体中代表艺术的是青年画派中最优秀的一个画家,叫作约瑟·勃里杜,他兼有罗马派的素描和威尼斯派的色彩,要不是过于敏感,无形中吃了亏,可能成为意大利画派的继承人——当然,他还没有停止发展。爱情是他的致命伤,不仅影响他的心情,也影响他的头脑,扰乱他的生活,使他走着意想不到的弯路。如果约瑟为着短时期的情妇太快乐了或者太苦恼了,送去展览的作品就失败,不是颜色厚重,掩没素描,只能算稿本,便是在假想的痛苦中完成的图画,只注重素描而看不见他擅长的色彩。一般的观众,包括他的朋友在内,对他经常失望。霍夫曼[1]准会喜欢他的任性,他的离

---

[1] 霍夫曼(1776—1822),德国浪漫派作家兼音乐家,富于奇思幻想,观察细致,写的神怪故事尤其著名。

奇的幻想，艺术上大胆的创新。他的完美的作品的确令人钦佩，他受到钦佩也很高兴；可是一朝作品失败，他在自己的想象中看到的特色，在群众眼里并不存在，因而得不到赞美的时候，他就不胜骇怪。脾气怪到极点，朋友们有一天眼看他毁掉一件完成的作品，认为画得过头了，他说："工夫太到家，太像小学生的作业了。"他性格与众不同，有时竟崇高之极；凡是神经质的人的长处短处，他无不具备；而十足地道的神经质往往近于病态。他的头脑和斯忒恩[1]相似，而不像斯忒恩对文学下过工夫。他的谈吐，他的思想的闪光，隽永无比。口齿伶俐，待人体贴，可是变化无常，在感情方面和绘画制作方面同样任性。俗人可能指摘他的一些缺点，正是使他在小团体中受到喜爱的原因。还有一个叫作费尔扬斯·里达，在当代作家中最富于诙谐滑稽的想象。他不在乎名气，只拿极通俗的作品交给戏院，最精彩的戏剧都藏在脑子里留给自己和朋友取乐。他但求温饱，有了生活费就不愿再写作。生性懒惰，提起笔来却洋洋洒洒，像洛西尼；对任何事情都从正反两面考虑，这一点像所有伟大的喜剧诗人，例如莫里哀和拉伯雷；他是怀疑派，觉得样样可笑，事实上他就是嘲笑一切。费尔扬斯·里达精通人生哲学，世故极深，有观察的天赋，瞧不起他认为虚空的荣誉；他的心可并没因之冷下来。他对自己的益利满不在乎，对人却非常热心，要有什么活动，总是为了朋友，他外表像拉伯雷，也不讨厌好酒好菜[2]，可绝不追求。他心情又忧

---

[1] 英国小说家斯忒恩（1713—1768）在作品中常有尖锐的批评，辛辣的讽刺，细腻的感情。
[2] 拉伯雷便是讲究饮食的人。

郁又快活。朋友们叫他**联队里的看家狗**,这个绰号[1]形容他的为人再恰当没有。其余三个,至少和以上侧面介绍的四个朋友同样卓越,不幸陆续夭折。第一是梅罗。居维埃和姚弗洛阿·圣·伊兰尔那场有名的论战,便是他在去世之前引起的[2]。居维埃提倡一种狭义的着重分析的科学,至今在世而在德国受到尊重[3]的姚弗洛阿·圣·伊兰尔却是泛神主义者;事实上两人都是了不起的天才。他们所争论的大问题,在居维埃过世前几个月[4]使科学界分成两派。梅罗是路易的朋友,而路易不久就被死神从知识界中带走。这两个短命的人虽然学识和天才浩瀚无涯,今日都无人知道。此外还得加上一个雄才大略的共和党人,米希尔·克雷斯蒂安,抱着欧罗巴联邦的梦想,为一八三〇年代的圣·西门运动出过不少力。政治才具不亚于圣·于斯德和丹东,为人像少女一般和顺,朴实;富于热情和幻想;优美的声音可能使莫扎特,韦白,洛西尼倾倒;唱起贝朗瑞的某些歌曲来能唤起人的诗意,爱情或者希望。米希尔·克雷斯蒂安穷得像吕西安,像大尼埃,像他所有的朋友,对于谋生之道看得和代俄哲尼斯[5]一样旷达。他替大部头的著作编目,代出版商写说明书,绝口不提自己的主张,

---

1 这句俗语原是指军队中的班长或排长。
2 梅罗在历史上实有其人,名叫梅朗。他是医生,卒于一八三二年六月,四十二岁。一八三〇年二月,法国著名生物学家姚弗洛阿·圣·伊兰尔(1772—1844)在法兰西科学院对梅朗与洛朗赛合写的《论软体动物的组织》一文做了报告,加以肯定,著名的动物学家居维埃(1769—1832)表示异议,在报刊上展开一场剧烈的论战。
3 歌德于一八三二年三月逝世前写的最后一篇文字,赞成姚弗洛阿·圣·伊兰尔的主张,所以巴尔扎克说圣·伊兰尔在德国受到尊重。
4 论战始于一八三〇年,居维埃卒于一八三二年,巴尔扎克所谓过世前几个月,实际是过世前两年。
5 公元前四世纪希腊哲学家,厌恶财富,轻视享受,无家无室经常睡于空桶内。

正如坟墓绝不泄漏死后的秘密。这个快活而落拓的知识分子，或许还是一个会改变世界面目的大政治家，后来像小兵一般死在圣·曼里修院[1]。不知哪个商人的子弹打中了法兰西最高尚的一个人物。并且米希尔·克雷斯蒂安的性命不是为他自己的主张牺牲的。他的欧罗巴联邦其实比共和党的宣传对欧洲的贵族威胁更大。一般疯狂的青年自命为国民议会的继承人，提倡那种观念模糊的要不得的自由；克雷斯蒂安的理想可不像他们的荒唐，要合理得多。认识他的人莫不惋惜这个高贵的平民，时常想起这个无名的大政治家。

这九个人组成一个小团体，相互的尊重和友情使他们各走极端的思想和主义从来不起冲突。大尼埃·大丹士是比卡提的乡绅人家出身，对君主政体的信念同米希尔·克雷斯蒂安对欧罗巴联邦的信念一样坚定。费尔扬斯·里达嘲笑雷翁·奚罗的哲学思想，奚罗向大丹士预言基督教和家庭组织必然要消灭。米希尔·克雷斯蒂安笃信基督教，认为基督是平等的奠基人；他在皮安训的解剖刀前面坚持灵魂不死，而皮安训是最会分析的学者。大家辩论而不争吵；除了几个自己人没有别的听众，所以不计较面子。他们彼此说出工作的成绩，以青年人的可爱的坦白征求意见。遇到重大事故，思想对立的人会放弃自己的主张，拥护朋友的见解；凡是涉及本人思想以外的问题或作品，他们都大公无私，所以更乐于帮助朋友。几乎每个人都秉性温和，能够容忍，

---

[1] 一八三二年六月四日，共和党人不满路易-菲利普的立宪政治，掀起群众性的事变，在巴黎发生巷战；六月六日被政府军队镇压平息。圣·曼里修院街是群众牺牲最惨的地方。当时拥护政府的以资产阶级及中产阶级为主，镇压群众的民团即以中小商人组成，故下文提到商人的子弹。

这两个优点说明他们高人一等。我们的破灭的希望，流产的才能，失败的事业，受了挫折的雄心，往往积聚起来变为嫉妒；他们却不知嫉妒为何物。并且他们走的是不同的道路。因此凡是像吕西安那样被他们接受的人，都觉得和他们相处很舒泰。真有才能的人总是善良的，坦白的，爽直的，绝不矜持；他们的讥讽只是一种精神游戏，并不针对别人的自尊心。最初你因为佩服他们而不免心情激动，过了这个阶段就觉得处在这批优秀的青年中间不知有多少乐趣。他们尽管彼此很亲热，仍旧感到各有各的价值，非常尊重朋友；每个人都觉得可以与，可以受，坦然不以为意。谈话极有风趣，毫不勉强，题材无所不包。用的字像箭一般轻灵，不仅脱口而出，而且一针见血。物质方面的极端穷苦和精神方面的巨大财富成为奇怪的对比。他们想到现实生活，只作为朋友之间戏谑的资料。有一天，天气早寒，大丹士家来了五个朋友，不约而同在大衣底下挟着木柴，仿佛举行野餐的时候，每个客人带一样菜，结果全带了肉饼。他们都有一种内心的美反映在他们的外表上面，跟用功和熬夜一样使年轻的脸上发出黄澄澄的奇妙的光彩；某些骚动的线条被纯洁的生活和思想的火焰净化了，变得端正了。脑门像诗人的一样宽广。眼睛又亮又精神，证明他们生活毫无污点。逢到特别艰苦的时候，大家还是快快活活的忍受，兴致不减，脸上照旧清明恬静。年轻人要有这种气色，必须没有犯过重大的过失，不曾为了打熬不住穷苦，只想不择手段的成功，像一般文人那样对叛变的行为肯宽恕或纵容，因而自暴自弃，干出下流的勾当。他们的友谊所以牢不可破，格外动人，是由于彼此深信不疑，这一点是爱情所没有的。那些青年完全信得过自己：一个人的仇敌便是众人的公敌，为了休戚相关的义气，不惜损害自己最迫切的利益。没有一个人胆怯畏缩，谁要受到指控，个个人敢出来替朋友否认，信心十足的为朋友辩护。心胸同样高尚，感情同样强烈，他们在学术和知识的园地中能够自由思索，互相倾诉，所以他们的关系才那么纯洁，谈话那么畅快。因为相信对方必定了解，各人的脑子才能够称心惬意的活动；他们相互之间绝对不用客套，他们会说出自己的痛苦和快乐，思想也罢，烦恼也罢，都可以尽情流露。**一般心胸伟大的人重视两个朋友的寓言**[1]，就是为了那种无微不至的体贴，而这体贴在他们中间是常事。怪不得他们对新加入的人挑选极严。他们深深体会到自己的伟大和幸福，不愿意让陌生人闯进来扰乱。

这个以感情和兴趣结合的同盟持续了二十年，没有冲突，没有误会。只有死神才能削减这个"七星"社[2]的成员，带走了路易·朗倍，梅罗和米希尔·克雷斯蒂安。一八三二年米希尔·克雷斯蒂安殒命的时候，荷拉斯·皮安训，大尼埃·大丹士，雷翁·奚罗，约瑟·勃里杜，费尔扬斯·里达，冒着危险到圣·曼里去收尸，不怕政治上的暴力，尽他们最后一些义务。他们在夜里把心爱的朋友送往拉希士公墓。皮安训为这件事不避艰险，克服所有的困难，告诉部长们他和过世的联盟论者友谊深厚，要求他们帮助。替五位名人出过力的几个朋友，看着他们的行事大为感动，始终忘记不了。你在那幽雅的坟场中散步的时候，可以看到有一块永久墓地，铺着草皮，立着一个黑木的十字架，刻着一行红字：米希尔·克雷斯蒂安。这种格式的墓碑只此一个。五位

1　拉封丹纳寓言第八卷第一一则，描写两个知己，便是梦中也互相关切。
2　公元前三世纪时的希腊，十五及十七世纪时的法国，都有一批著名的诗人称为七星诗人。

朋友觉得这个朴素的人应当用朴素的形式纪念。

　　可见那寒冷的阁楼上就有最理想的友谊。弟兄们在不同的学科中有同样卓越的成就，诚诚恳恳的互相指点，无所不谈，便是不正当的念头也直言不讳。没有一个不是学识渊博，没有一个不经过贫穷的考验。吕西安被这些优秀人物接受而且平等相待之后，在他们中间代表诗歌，代表美。他念他的十四行诗，很受欣赏。人家有时要他朗诵一首诗，正如他要求米希尔·克雷斯蒂安唱一支歌。在荒凉的巴黎，吕西安终于在四府街上遇到了一片水草。

06

贫穷的花朵

十月初，吕西安正在鼓足精神修改作品，把剩下的钱买了一些木柴，生活成了问题。大尼埃·大丹士只烧泥炭，不屈不挠的熬着穷苦，没有一句怨言，他像老处女一般安分，像守财奴一般有规律。这股勇气鼓舞着吕西安，他在小团体中是新人，极不愿意提到自己的窘迫。有一天他往公鸡街想卖掉《查理九世的弓箭手》，没有遇到道格罗。吕西安还不知道头脑出众的人多么宽容。他的朋友们都体会到诗人特别有些弱点，为了要表达外界而静观默想，精神过分紧张以后，往往会意志消沉。自己不怕吃苦的人对于吕西安的痛苦却心肠很软。他们猜到他没有钱了。所以小团体的成员除了交换深刻的感想，丰富的诗意，知心的谈话，大家在知识领域中，各个民族的远景中，上下古今，自由翱翔，度过愉快的黄昏之外，还做出一桩事来，说明吕西安太不了解他的一般新朋友。

大尼埃道："吕西安，昨天你没有在弗利谷多铺子吃饭，我们知道为什么。"

吕西安忍不住冒出两颗眼泪，沿着腮帮淌下来。

米希尔·克雷斯蒂安道："你不信任我们；我看你还是老毛病……"

皮安训道："我们都弄到了一些额外的工作：我替台北兰看护一个有钱的病人；大丹士给《百科杂志》写了一篇文章；克雷斯蒂安本想晚上拿着一块手帕，四支油烛，到天野大道上去卖唱，后来他接到一笔生意，替一个想当政客的人写一本小册子，指点他成功的秘诀，好到手六百法郎；雷翁·奚罗向他的出版商借了五十法郎，约瑟·勃里杜卖出几幅速写；费尔扬斯的戏星期日上演，卖了满座。"

大尼埃道："这儿是两百法郎，你拿去，不用还。"

克雷斯蒂安道："哎唷，他要来拥抱我们，仿佛我们做了什么了不起的事了！"

那些心地纯洁，头脑像百科全书一般，各人在专业中养成一些特色的青年，吕西安和他们相处有多么快乐，可以从他第二天接到的两封信中看出来。他给家里写过一封动人的信，充满感情，意志，被苦难逼出来的惨痛的呼号；随后来了回信。

大卫·赛夏致吕西安

亲爱的吕西安，兹附上三个月期的本票一纸，票面两百法郎，你可以向塞邦德街上的纸商梅蒂维埃先生兑现，他和我们有买卖来往。亲爱的吕西安，我们实在一无所有了。夏娃管着印刷所，她的热诚，耐性，勤谨，我看了只有感谢上天给我这样一个天使做妻子。她也觉得没法帮你的忙。可是朋友，你跟那样高尚伟大的人在一起，我相信你走的路太好了。既有大尼埃·大丹士,米希尔·克雷斯蒂安,雷翁·奚罗几位先生的卓越的才智帮助你,又有梅罗,皮安训,里达几位先生指导——你的朋友,我从你来信中都认识了——你绝不会耽误你美好的前程。所以我瞒着夏娃签了这张期票,到时我一定设法付款。千万别离开你眼前的道路,那当然很艰苦,将来可是光荣的。我宁可受尽苦楚,不愿意你掉入巴黎的泥淖,这些陷坑我见得多了。但望你有勇气,像现在一样继续避开下流场所,避开小人,糊涂虫,以及某些文人;他们的底细我从前在巴黎看得很透。总之,希望你力求上进,不要辜负那些高尚的朋友。你已经使我对他们不胜敬爱了。你的行为很快会得到酬报的。再见了,亲爱的兄弟,我真高兴,我想不到你会这样勇敢。

大卫

夏娃·赛夏致吕西安

哥哥,我们读了你的信都哭了。你靠善神指点,居然交上了那些高尚的人物;请你告诉他们:一个母亲和一个可怜的少妇将要为他们早晚祈祷,如果热烈的祷告能上达天听,将来对你们必有些好处。真的,哥哥,他们的名字刻在我心上了。有一天我准会见到他们。他们对你的友爱仿佛替我的伤口涂了油膏,为了这一点,哪怕要走到巴黎,我也会去向他们道谢。我们在家像可怜的工人一样做活。我时时刻刻发现大卫的新的品德,愈来愈爱这个无名英雄了。他放下了印刷所,原因我知道:你的穷,我们的穷,母亲的穷,使他难过到极点。咱们的大卫受着苦恼侵蚀,好比被老鹰啄食的普罗米修斯。这个了不起的人把自己完全忘了,他认为有希望挣一笔家业,每天都在试验造纸,要我照顾买卖,他一有空闲就来帮助我。不幸我怀了身孕。明明是一桩极快活的事,在眼前的情形之下只能使我发愁。可怜的母亲返老还童了,居然还有精力服侍病人,干那种辛苦的工作。要不是为家业操心,我们可以算幸福了。赛夏老人一个小钱都不肯给儿子。大卫看着你的信急得没有办法,去向他借钱,预备接济你。老人说:我知道吕西安的脾气,他会糊涂的,会荒唐的。——我老实不客气把他顶回去,回答说:怎么!难道我哥哥会做出不光彩的事来吗?……吕西安知道那要使我痛苦死的。——母亲和我瞒着大卫,典押了一些东西,等母亲一有钱就赎回。我们凑起一百法郎,托驿车公司带给你。我没有复你第一封信,请你不要见怪。我们忙得连晚上都不得休息,我干的活儿抵得上一个男人,唉!想不到我有这样的精力。特·巴日东太太没有灵魂,没有心肝;她既然从我们手中把你抢走,送进巴黎那样险恶的海洋,就算她不再爱你,也该支持你帮助你才对。幸亏吉人天相,在茫茫人海和利欲熏心的浪潮中,你遇到一般真正的朋友。她不值得惋惜。我只盼望你身边有个忠心耿耿的女子做我的替身;不过知道你那些朋友像我们一样爱你,我也放心了。亲爱的哥哥,把你美妙的天才施展出来吧。现在我们的爱都在你身上,将来我们的光荣也在你身上。

夏娃

亲爱的孩子,你妹妹把话说完了;我只有祝福你,并且告诉你:我的祈祷,我的心思,都被你一个人占去了,来不及再顾到我身边的人。在某些人心中,不在眼前的人总占着第一位。在我心里就是这样。

你的　母亲

因此,朋友们多么体贴的借给吕西安的钱,过了两天就还掉了。也许在他看来,人生从来没有这样美好;可是他的自尊心的波动逃不过朋友们尖锐的目光和灵敏的感觉。

费尔扬斯道:"仿佛你只怕欠我们情分。"

米希尔·克雷斯蒂安道:"噢!他这种得意的表示,我认为很严重;本来我觉得吕西安虚荣,现在证实了。"

大丹士道:"他是诗人啊。"

吕西安道:"我这种心情自然得很,难道你们为此责备我吗?"

雷翁·奚罗道:"他不瞒我们还是可取的,他还坦白;可是我担心他将来会提防我们。"

"为什么?"吕西安问。

"因为我们看到你的心。"约瑟·勃里杜回答。

米希尔·克雷斯蒂安道:"有些事你明知道和我们的原则抵触,可是你心中有个鬼,会替你把那些事说作正当的。你将来并非在思想上强词夺理，而是在行动上以曲为直。"

大丹士道："啊！吕西安，我就怕这一点。你思考问题的时候冠冕堂皇，表现你很高尚，做出事来偏偏不大正当……你永远不能跟你自己一致。"

吕西安道："你们的责难有什么根据呢？"

费尔扬斯道："亲爱的诗人，你爱面子的心难道那么强，便是在朋友之间也摆脱不了吗？这一类的虚荣说明一个人自私得可怕，而自私就会毒害友谊。"

"噢！天哪。"吕西安叫道，"我多么爱你们，难道你们不知道吗？"

"如果你的爱和我们之间的相爱一样，你会把我们多么乐意给你的东西，这样急不可待，这样郑重其事的还我们吗？"

"我们这儿绝对不借贷，只有互相赠送。"约瑟·勃里杜不客气的说。

"亲爱的朋友，"米希尔·克雷斯蒂安说，"我们不是对你严厉，而是为了预防，怕你有一天贪图痛快，宁可来一下小小的报复，不珍重我们纯洁的友谊。我劝你念一念歌德的《塔索》，了不起的天才写的最伟大的作品；塔索喜欢华丽的衣着，盛大的宴会，爱声名，爱炫耀。唉！但愿你成为塔索而不像他那样放荡。万一受到世俗的繁华诱惑，希望你不要动摇，仍旧留在这里……你对虚荣的要求，不如转移到思想方面。就算荒唐，宁可思想荒唐，行为还是要正派；千万别像大丹士说的，想的是好主意，做的是坏事情。"

吕西安低下头去：朋友们说的不错。

他眼神挺妩媚的望着大家，说道："我承认不及你们刚强，我的筋骨受不住巴黎的压力，没有勇气奋斗。各人的气质，能力，生来就有参差，而善和恶的另外一面，你们比谁都清楚。老实说，我已经很累了。"

大丹士说："我们会支持你的，这种地方正用得着忠实的朋友。"

"我最近得到的接济只能应付一时，咱们彼此都一样的穷，我不久又要遭到困难的。克雷斯蒂安全靠临时的主顾，在出版界中一点办法都没有。皮安训不在这个圈子里。大丹士只认识发行科学书和专门著作的书商，他们对专印新文艺的出版家毫无力量。荷拉斯，费尔扬斯·里达，勃里杜，在另一方面工作，同出版社隔着十万八千里。我非挑一条路走不可。"

皮安训说："还是走我们的路吧，不要怕吃苦！拿出勇气来，相信你的工作！"

吕西安很激动的回答："在你们不过是吃苦，在我是死亡。"

雷翁·奚罗微笑着说："鸡还没啼到三遍[1]，这个人就要背弃工作，向懒惰和巴黎的糜烂生活投降。"

吕西安笑着问："你们这样用功又有什么出路呢？"

约瑟·勃里杜说："从巴黎出发到意大利，绝不能在半路上见到罗马。在你心目中，小豌豆长出来就该拌着牛油，现成炒好才行。"

米希尔·克雷斯蒂安说："这种小豌豆只是替贵族院议员的长子预备的。我们可是自己种，自己浇水，味道反而更好。"

大家说着笑话，扯到别的题目上去了。这些目光犀利而心思

---

[1] 耶稣被捕前夕，告诉他的门徒彼得，说第二日鸡鸣以前，彼得要三次否认他。

细密的人,有意让吕西安忘掉那场小小的争执。从此以后,吕西安知道要蒙蔽他们极不容易。不久他又悲观绝望了,只是竭力隐藏,不给朋友们发觉,认为他们是绝不妥协的导师。他的南方人脾气最容易在感情方面忽上忽下的波动,打的主意自相矛盾。

他好几次说要投入新闻界,朋友们始终警告他:"万万使不得!"

大丹士说:"我们所认识的,喜爱的,又美又文雅的吕西安,进了那个地方就完啦。"

"新闻记者的生活,作乐和用功经常冲突,你决计抵抗不了,而抵抗是德行的根本。能够运用自己的势力,操着作品的生杀之权,会使你欣喜欲狂,不消两个月就变为一个十足地道的记者。当上记者好比在文艺界中当上执政。什么都说得出的人,结果什么都做得出!这句名言是拿破仑说的,而且不难理解。"

吕西安道:"不是有你们在我身边吗?"

费尔扬斯道:"那时可不在你身边了。一朝当了记者,你怎么还会想到我们?歌剧院的红角儿,受人崇拜,坐着绸里子的车厢,还会想到她的村子,母牛,木屐吗?记者的思想要有光彩,念头要转得快,这些长处你只多不少。你想到一句俏皮话就觉得非说不可,便是叫你的朋友伤心也顾不得。我在戏院后台碰到一般记者,只觉得恶心。报界是一个地狱,干的全是不正当的,骗人的,诈欺的勾当,除非像但丁那样有维琪尔保护[1],你闯了进去休想清清白白的走出来。"

小团体中的朋友愈阻止吕西安走这条路,吕西安愈想去冒

---

[1] 但丁在《神曲》中说他游历地狱是由拉丁诗人维琪尔指引的。

险，尝尝危险的味道。他心中盘算：毫不反抗而再受一次贫穷的袭击，不是荒唐吗？第一部小说卖不出去，吕西安没有兴致再写第二部。况且写作的时候靠什么过活呢？他那点儿耐性已经被一个月艰苦的生活消磨完了。一般记者人格扫地，昧尽天良干的事，难道他不能正正当当的干吗？朋友们的戒心明明是小看他，他偏要向朋友们证明他坚强。或许有一天还能帮助他们，替他们的荣名当宣传员呢！

一天晚上他和雷翁·奚罗送米希尔·克雷斯蒂安回家，对克雷斯蒂安说："不敢和你一同犯罪的人算得上朋友吗？"

米希尔·克雷斯蒂安回答："我们什么都不怕。你要一时糊涂，杀了情妇，我会帮你隐瞒，对你照样敬重；不过你要是做了奸细，我就痛心疾首，跟你断绝，因为那种卑鄙无耻是有计划的。新闻事业就是这么回事。为了感情犯的错误，不假思索的冲动，做朋友的可以原谅；可是有心拿灵魂，才气，思想做交易，我们绝对不能容忍。"

"我不是可以当了记者，把我的诗集和小说卖掉以后，立刻脱离报纸吗？"

雷翁·奚罗道："马基雅弗利做得到，吕西安·特·吕庞泼莱做不到。"

吕西安道："好吧，让我来证明我比得上马基雅弗利。"

米希尔一边跟雷翁握手一边说："啊！你这句话害了他了。"又对吕西安道："你此刻有三百法郎，可以舒舒服服过三个月；还是用起功来，再写一部小说吧；大丹士和费尔扬斯帮你计划，你会慢慢成熟，做一个小说家。让我去踏进那些贩卖思想的妓院，当三个月记者，攻击某个书商的出版物，替你卖掉稿子，我再写文章宣传，叫别人也写，想办法捧你出台；这样你可以成名而始终是我们的吕西安。"

吕西安道："原来你这样瞧不起我，认为在那个圈子里你能够脱险，而我非送命不可！"

米希尔·克雷斯蒂安叫道："噢！天哪，原谅他吧，他真是个孩子！"

07

报馆的外表

吕西安除了晚上在大丹士家谈天，活动活动思想以外，也把小报上的文章和笑料做了一番研究，相信自己的笔墨至少抵得上最俏皮的记者，偷偷的试了几回那一类的文字游戏。一天早上他兴冲冲的出门，决意去找新闻界的轻装部队的将领，申请入伍。他穿着最入时的装束过桥[1]，以为作家，记者，所有未来的同道，一定比给他碰过钉子的两种书店老板心肠软一些，不至于那样利欲熏心。他会遇到同情，善意，殷勤，和四府街上小团体中的情形差不多。他一路对自己的预感忽而深信，忽而否定，心情很紧张，富于幻想的人往往如此。他到了蒙玛脱大街附近的圣·菲阿克街，找到那小报馆的屋子，一看就心儿直跳，好比年轻人踏进下流场所。他走进中层楼[2]上的办公室：第一间屋子用板壁一分为二，大小相等，下半截是木板，上面一直到天花板全是木栅。吕西安看见一个独臂的残废军人，头上顶着好几令纸，用他独一无二的手扶着，嘴里衔着一本缴纳印花税用的小册子。可怜的家伙

---

1 指从塞纳河左岸（拉丁区所在地）到右岸（蒙玛脱区所在地）。
2 巴黎的旧式房屋在底层与二楼之间往往另有一层，比较低矮，但仍是正式房屋。

脸色蜡黄，长着红红的肉疱，因此外号叫**苦葫芦**；他向吕西安指了指柜台。柜台后面站着报馆的**门神**，一个戴勋章的老军官，花白的胡子盖住鼻尖，头上戴一顶黑绸小帽，身上裹一件宽大的蓝外套，赛过乌龟背着硬壳。

"先生订报从哪一天开始？"帝政时代的老军官问。

"我不是来订报的。"吕西安回答，望了望和他进来的门相对的一扇门，看见有块牌子写着：**编辑部**，底下还有一行：**闲人莫入**。

拿破仑手下的老兵接着说："那么是来评理了。啊！不错：我们对玛丽埃德不大客气。那有什么办法？我也不知道为什么。不过你要是来抗议，我随时奉陪。"说着向屋角瞟了一眼，那儿有手枪，有技击用的棍棒，交叉着挂在一起。

"更其不是了，先生。我是来拜访你们总编辑的。"

"四点以前，这儿从来没有人。"

"一点不错，奚罗多，我数过了，一共十一栏，每栏五法郎，应该是五十五法郎；我只收到四十，你还欠我十五法郎，就像我刚才说的……"

说话的是个瘦瘦的年轻人，被退伍军人的厚敦敦的身体遮掉了；他长得小头小脸，神气狡猾，皮色像没有煮熟的蛋白；一双浅蓝眼睛阴险可怕；声音像猫叫，又像害气喘病的斑条狗，喉咙嘶嗄，叫吕西安听着毛骨悚然。

退伍军官回答说："不错，老弟；你连小标题和空白一齐算进了；斐诺却要我把行数加起来，用每栏规定的行数去除。我这样一开刀，你那篇文章就少了三栏。"

"他扣除空白，犹太！他跟合伙老板算账，稿费明明是按整版算的。我去找埃蒂安纳·罗斯多,凡尔奴……"

军官道:"老弟,我不能违反命令。怎么,你写文章跟我抽一支雪茄一样容易,难道为了十五法郎跟你奶奶吵架不成?少请朋友们喝一杯杂合酒,或者在弹子台上赢一局,不就得了吗?"

"好,斐诺刮皮,要不因小失大才怪!"作者说着,站起身来走了。

"他这副气派倒像伏尔泰跟卢梭!"出纳员眼睛望着内地诗人,自言自语。

吕西安说:"先生,我四点钟再来。"

吕西安趁两人办交涉的时候看了看壁上贴的人像,有朋雅明·公斯当,有福阿将军,还有十七位出名的进步党议员,另外还有些攻击政府的漫画。他特别望了一下编辑室的门,在他心目中,编辑室简直是一座圣殿:诙谐滑稽,给他每天取乐的小报,有权嘲笑帝皇,拿最正经的事打哈哈,一句俏皮话把什么都翻案的刊物,准是在那屋内编的。接着吕西安到大街上去闲荡,逛马路对他也是一种新鲜的消遣,而且吸引力挺大,钟表店钟上的针指着四点,他还不发觉没有吃过中饭。诗人急忙回到圣·菲阿克街,爬上楼梯,推门进去。老军人不见了,只有那残废的汉子坐在盖过印花税章的纸上啃一段面包,死心塌地守着岗位。他替报馆当差,像过去在军队里做勤务一样;以前不懂拿破仑急行军的命令,现在也不知道报纸是怎么回事。吕西安要骗过严厉的职员,想出一个大胆的办法,不脱帽子,过去推开圣殿的门,仿佛他是报馆内部的人。他的馋痨的眼睛只看见编辑室里摆着一张铺绿呢的圆桌,六把樱桃木椅子,草编的坐垫还新簇簇的。上过颜色的小方砖没有擦过,倒也干净,可见很少人出入。壁炉架上挂一面镜子,恶俗的座钟积满灰尘,一对烛台横七竖八插着两支油烛,旁边扔着一些名片。桌上有个墨水缸,墨水干了,像漆,笔尖弯成月牙形,周围堆着愁眉苦脸的旧报纸。写在蹩脚纸上的文稿没法辨认,近乎象形文字,被排字工人撕掉一角,表示稿子已经排过了。桌上东一张西一张的灰色纸,画着有趣的漫画,大概客人在此枯坐,一双手闲得发慌,不能不糟蹋一些东西,消磨时间;吕西安把漫画欣赏了一会。浅蓝的糊壁纸上用别针扣着九幅钢笔画,都是攻击《孤独者》[1]的;那部书当时轰动欧洲,惹得新闻记者厌烦透了。每幅画都标着题目:

——《孤独者》,出现在内地,感到惊奇,女人们。——在古堡中,《孤独者》,有人看。——《孤独者》的作用,对家畜。——在野蛮人中,《孤独者》,经过解释,极大的成功获得。——《孤独者》译成中文,介绍由原作者,在北京,向皇帝。——被野山,埃洛蒂强奸。[2] 吕西安觉得这幅漫画非常猥亵,可是也忍不住发笑。

——被报馆,《孤独者》放在华盖之下游行。——《孤独者》压坏了印刷机,大熊们[3]伤了。——《孤独者》,倒读之下大感惊异,一般学士院会员认为妙不可言。

吕西安还看见从报上撕下的一片纸条,画一个编辑拿着帽子伸出手,底下批了一句:**斐诺,我的一百法郎呢?** 署名的人后来居然有了名气,可不是大名家。壁炉架和窗洞之间有一张斜面的

---

[1] 这是特·阿兰戈子爵写的一部历史小说,内容荒谬,文体可笑,几乎全用倒装句。当时为进步党报纸和一部分保王党报纸剧烈抨击。
[2] 全部题目都是仿《孤独者》原文体裁,用倒装句。
[3] 印刷业中称掌车工人为大熊。

书桌，一把桃花心木靠椅，一个字纸篓，地下铺一条长方地毯，俗话叫**炉前毯**。到处都是灰土，窗上只挂小窗帘。书桌上堆着一二十本当天送到的书，画片，乐谱，盖子上刻着宪章的烟草匣[1]，《孤独者》第九版的样书——当时大家取笑的对象，还有十来封未拆的信。吕西安把这些古怪的家具一样一样看过来，胡思乱想了一阵，已经敲五点了。他走出去想盘问残废军人。苦葫芦面包吃完了，像门岗一般耐着性子等那戴勋章的军官回来，军官也许正在大街上散步。那时楼梯上传来一阵衣衫悉索的声音和轻巧的脚声，一听就知道是个女的。果然，一个女人在门口出现了，长得还好看。

"先生，"她对吕西安说，"我知道为什么你们称赞维奚尼小姐的帽子。现在我先来订一年报，请你告诉我，她跟你们有什么条件……"

"太太，我不是报馆里的。"

"啊！"

"从十月份开始吗？"残废军人问。

老军人忽然出现了，说道："太太要什么？"

老军官和漂亮的帽子店老板娘开始谈判。过了一会，吕西安等得不耐烦，又走到前间来，听见最后几句："好啊，先生，欢迎得很。佛洛朗蒂纳小姐尽管请过来，爱什么挑什么。缎带我们有的是。那么事情讲定了：你们再也别提维奚尼，她只会粗制滥造，又翻不出花样，我可是有新发明！"

吕西安听见柜子里掉进几块钱。随后老军人结算当天的账。

---

1 当时有种廉价的烟草匣，盖上用极小的字刻着路易十八颁发的宪章。

诗人神气很不高兴的说:"先生,我等了一个钟点了。"

"他们没有来。"老军人装作懊恼的样子敷衍吕西安,"那也不稀奇。我几天没看到他们了。你知道,现在是月中。他们要拿钱才来,不是二十九,便是三十。"

吕西安记得经理的名字,问道:"那么斐诺先生呢?"

"他在番杜街,在他家里。——苦葫芦,你送纸到印刷所去的时候,顺便把今天收到的东西一齐带给他。"

吕西安自言自语的说:"那么报纸在哪儿编的呢?"

苦葫芦把印花税的余款交还出纳员,出纳员一边收钱一边说:"报纸吗?……勃罗!勃罗[1]——喂,苦葫芦,别忘了,明儿六点上印刷所帮着发报。——编报纸吗,先生,街上也行,作者家里也行,印刷所也行,在十一点和半夜之间。当初皇帝在的时候,没有这种专门糟蹋纸张的铺子。他只要派一个班长带四个弟兄来就解决了,他才不让这般人胡说八道跟他捣乱呢。得啦,废话少说。只要我外甥有利可图,只要大家写文章是为那个人的儿子[2]——勃罗!勃罗!——老实讲,那也不坏。哎,哎!看样子今天没有大队人马来订报;我要下班了。"

"先生,你好像对编辑的事很熟悉。"

"我只知道有关经济的部分,勃罗!勃罗!"军人说着,打扫喉咙里的痰,"三法郎或五法郎一栏稿费,看你的本领;每栏五十行,每行四十字,空白不算。说到编辑,那些家伙可古怪呢,年纪轻轻的小子,做我勤务兵都不配,自以为能够在白纸上拉苍蝇屎,胆敢瞧不起帝国禁卫军的骑兵老上尉,退伍的营长,

---

[1] 酒徒喉头多痰的声音。
[2] 王政复辟时期,拿破仑旧部用此隐语指拿破仑的未成年的儿子。

跟着拿破仑欧洲每个京城都到过……"

拿破仑的旧部刷着身上的蓝外套，预备走了，把吕西安推往门口；吕西安鼓着勇气拦住去路，说道：

"我是想来当记者的。我向你担保，我最敬重帝国禁卫军的上尉，钢筋铁骨的好汉……"

"说得好，老乡。"军官拍拍吕西安的肚子，"可是你打算做哪一等记者呢？"酒鬼反问了一句，绕过吕西安走下楼梯，在看门的屋子里停下来点雪茄，说道："旭莱妈妈，有人来订报，你招呼一下，把姓名地址记下来。"又回头告诉跟在背后的吕西安："订户订户，我只晓得订户。斐诺是我外甥，家属里头只有他一个人照顾我的生活。所以谁要跟斐诺过不去，我奚罗多上尉立刻出场，我先是桑勃-牟士部队的骑兵，后来在意大利方面军第一骑兵师做过五年剑术教官。谁要找上门来，我一、二，马上叫他一命归阴！"奚罗多说着，摆了一个击剑的架式，"不错，老弟，我们的记者有好几种：有写稿子拿钱的，有一个钱不拿，白写的，我们叫作志愿军；有的一字不写，那才是聪明人：第一不会写出不通的文章，照样装着作家的幌子，算是报馆的人，请我们吃饭，在各处戏院闲逛，养着女戏子，好不快活。你打算做哪一种呢？"

"当然是认真写稿，拿足稿费喽。"

"你像所有的新兵，一开场就想当法兰西元帅！我奚罗多劝你一句话，还是向左转，快步走，像那个好汉一样到阳沟里去捡烂钉子吧，你看他样子就知道是当过兵的。唉，在炮口底下拼过上千回性命的老兵，只落得在巴黎街上捡钉子，你说惨不惨！我的天哪，这个化子难道当年没替皇帝出过力吗？再说，老弟，今天早上你见到的那个家伙,只挣四十法郎一月。你能挣得更多吗?斐诺还说是他手下文笔最俏皮的记者呢。"

"你从前到桑勃-牟士去投军,不是也有人说你冒险吗?"

"当然!"

"那么?"

"那么你去找我的外甥斐诺,只要你有本事找得到,因为他游来游去,像条鱼。他是个好小子,你再也碰不到像他这样有义气的人。干他那一行不在于自己动笔,而是要叫别人动笔。看样子,大家宁可跟女戏子寻欢作乐,不愿意糟蹋稿纸。噢!他们真是怪东西,再见。"

出纳员走开了,一路挥着装铅的手杖——替《日尔玛尼古斯》[1]保过驾的武器,让吕西安独自在大街上发愣。他看了编辑部的景象,和他在维大-包熏店里看见文学变成商品的情形,同样诧异。吕西安上番杜街拜访报馆经理安杜希·斐诺,去了十来次都没有碰到。一清早,斐诺没回家。中午,斐诺上街了,据说在某某咖啡馆吃饭。吕西安赶到咖啡馆,忍着许多说不尽的难堪打听老板娘,说是斐诺才走。最后,吕西安灰心了,觉得斐诺竟是一个莫须有的,虚构的人物,还不如在弗利谷多铺子等埃蒂安纳·罗斯多来得简单。青年记者是那个报馆里的人,准会把内部的秘密说给他听。

---

[1] 戏剧家阿尔诺(1766—1834)的悲剧《日尔玛尼古斯》于一八一七年三月在巴黎上演,引起保王党和进步党剧烈冲突。

08

十四行诗

吕西安自从交了好运,和大尼埃·大丹士订交的那一天起,在弗利谷多铺子换了座儿;两个朋友并排儿坐在一起吃饭,低声谈着文学,写作的题材,讨论如何处理,如何开场,如何结束。那时大尼埃·大丹士正在替吕西安修改《查理九世的弓箭手》,某几章重新写过,加入一些美妙的段落,写了一篇出色的序,把新兴文学说得非常透彻,差不多成为全书的重点。有一天,大尼埃在饭店里等着,吕西安随后赶到,握着朋友的手正要坐下,忽然瞧见埃蒂安纳·罗斯多抓着门上的拉手走进铺子,便立刻放下大尼埃的手,告诉茶房,他要搬到账台前面的老位置上吃饭。大尼埃挺温柔的向吕西安瞟了一眼,埋怨中带着原谅的意味,诗人看了心中一动,又拿起大尼埃的手握着,说道:

"我有要紧事儿,等会告诉你。"

罗斯多才坐下,吕西安也到了老位置上。他先招呼罗斯多,谈起话来,两人谈得非常有劲,吕西安趁罗斯多饭没有吃完,赶去拿《长生菊》的诗稿。那记者答应看看他的十四行诗,给它一个评价。吕西安看罗斯多表面上很殷勤,想托他介绍一个出版商或者引进报馆。他回到饭店,发觉大尼埃闷闷不乐坐在一边,肘子靠在桌上,神态忧郁的望着吕西安。吕西安受着贫穷的煎熬和野心的煽动,只做没看见小团体里的弟兄,跟着罗斯多走了。太阳还没下山,新闻记者和新学生一同到卢森堡公园的树荫下坐定,地段在天文台街和西街之间。那条西街当时等于一条狭长的泥坑,旁边全是菜园,只要靠近伏奚拉街才有住家。公园中那个区域游人稀少,大家吃晚饭的时间,两个情人尽管在此吵架,讲和,不怕被人撞见。唯一可能的打扰是在西街小铁门口站岗的老兵,可敬的军人来回踱步说不定有些变化,多走一段路。埃蒂安纳就在这走道旁边,两株菩提树中间的凳上坐下,让吕西安从《长生菊》中挑出几首十四行诗,作为样品念给他听。埃蒂安纳·罗斯多实习过两年,已经闯进新闻界,和当时的几个名流有些交情,在吕西安眼里俨然是个要人了。因此内地诗人翻开诗稿的时候,认为需要来几句开场白。

"先生,十四行诗是诗歌中最难的一种体裁。这个短诗的形式,大家已经放弃了。法国没有一个诗人比得上彼特拉克,因为意大利文比法文伸缩性大得多,允许思想纵横驰骋,不受我们的实证主义束缚(原谅我用这个名词)。因此我觉得用一部十四行诗集做处女作,比较别致。维克多·雨果采用颂歌,卡那利斯擅长短诗,贝朗瑞独霸歌谣,卡西米·特拉维涅专写悲剧,拉马丁专做**默想**[1]。"

"你是古典派还是浪漫派?"罗斯多问。

吕西安一脸惊愕的神气说明他完全不知道文坛的情形,罗斯

---

[1] 拉马丁有两部诗集都以《诗的默想》为书题。

多认为不能不指点他一番。

"朋友，文坛上正在展开一场恶战，你要加入，应当立刻打定主意。第一，文学有好几个区域；我们的大人物却分为两个阵营。保王党是浪漫派，进步党是古典派。文艺意见的分歧加上政见的分歧，在刚出头的名人和失势的名人之间引起一场大战，各种武器都用到了：浪潮似的墨水，尖刀般的讽刺，凶狠的毁谤，恶毒的绰号。奇怪的是保王党要求文艺自由，推翻我们文体的规律；进步党倒要保持古典的题材，戏剧的三一律[1]，十二音节诗的气势。可见每个阵营的文学主张是同它的政治主张矛盾的。如果你是折衷派，就没有一个人支持你。你打算站在哪一方面呢？"

"哪一方面势力更大？"

埃蒂安纳回答说："进步党的报纸比保王党和政府党[2]的报纸订户多得多；不过像卡那利斯那样，尽管拥护君主专制，拥护宗教，受宫廷和教会提拔，他还是冒出来了。"埃蒂安纳看见吕西安觉得要在两面旗帜中挑选很惊慌，便道："呃！十四行诗是波阿罗以前的体裁，你还是做浪漫派吧[3]。浪漫派都是年轻人，古典派是老顽固；将来准是浪漫派得胜。"

老顽固是浪漫派报纸想出来丑化古典派的名词。

吕西安在开宗明义，最是切题的两首十四行诗中挑了第一首，念道：《雏菊》！

---

1 法国十七世纪的古典派戏剧规定时间，场所，情节三者必须一致，称为三一律。
2 保王党与政府党意义并不相同：前者指右派的保王党和真正的贵族，往往反对路易十八的政策，认为他迁就进步党；后者是完全拥护政府的一派。
3 十七世纪波阿罗所著的《诗学》，古典派奉为作诗的规范。浪漫派主张打破波阿罗的规律，欢迎波氏以前的诗文体裁及民族形式。

田间的雏菊，你的色彩种类繁多，
不只为悦人眼目而开放，
还道破我们心中的愿望，
指出人心的趋向，用你的诗歌；

白银的边框镶着你黄金的花心，
暗示世间的珍宝，人人着魔；
花丝上的血迹不知是何缘故，
岂不是要成功，先得尝遍苦辛！

难道你为了要等开放那天[1]，
复活的耶稣在更美好的世界上重现，
崇高的德行布满尘寰，

所以秋天又看到你又短又白的花瓣，
向我们的眼睛揭露欢乐的虚幻，
或者叫我们想起少年的荣华一去不返？

罗斯多不动声色，若无其事的听着，吕西安看了心中有气；他还没领教过这种难堪的冷淡，不知道这是批评家的职业养成的，新闻记者对散文，韵文，戏剧，腻烦透了，都有这种表现。听惯掌声的诗人只得把失意的心情藏起，又念了特·巴日东太太和小团体中某几个朋友最喜欢的一首。

---

1 雏菊与长生菊同科，自春初至秋末花期不断；最早开放是复活节前后，即四月上旬。

"他听了这一首或许会开口了。"吕西安心上想。

长生菊
诗集第二首

满目芳菲,野花铺满了草坪,
我长生菊本是田野的花魁,
只凭我的秀丽博人喜爱,
我的生命好像永远的黎明。

不幸我新添了一样本领,
摆明在脸上惹祸招殃;
命运教我吐露事情的真相,
我便受难身亡,为了知识而丧命。

从此不得清净,不得安宁,
情人逼我说出未来的究竟,
揉碎我的心,要知道对方的情分[1]。
等我泄漏了秘密,立即被人遗弃,
摘下我洁白的冠冕任意作践;
唯有我此花受尽摧残无人怜惜。

诗人念完了,瞧瞧严厉的批评家。埃蒂安纳·罗斯多只管朝

---

[1] 西俗男女青年有种游戏,将长生菊花瓣逐片摘下,随摘随念:"她(或他)爱我,少许,甚多,若狂,绝不";视花瓣摘尽时念至何字,以卜对方是否爱己。

着苗圃中的树木出神。

"怎么样？"吕西安问。

"怎么样？朋友，你念吧！我不是听着吗？在巴黎，一声不出的听着就等于赞美。"

吕西安道："你不要再听了吗？"

"往下念吧。"新闻记者的口气有些生硬。

吕西安念了下面一首，心里可是说不出的难过；罗斯多的莫测高深的镇静使他口齿迟钝。要是他在文坛上多一些经验，就会懂得一个作家在这种场合的沉默和说话生硬，是表示妒忌好作品，赞美倒是说明作品平庸，叫同行放心。

山茶
诗集第三十首

天地的奇妙，每种花里都有消息可听：
蔷薇诉说爱情，歌颂美，
紫罗兰逗引多情而纯洁的心，
百合花凭着素雅独放光辉。

唯有山茶这古怪的花卉，
似蔷薇而无香露，
似百合而缺乏庄严，
独独在寒冷的季节盛开，
也许是为了处女的情怀难遣。

可是在戏院的包厢中间，
雪白的山茶仪态万千，
凝脂似的花瓣为贞洁加冕，

簪在黑发蓬松的少妇头上，
有如菲狄阿斯的白石雕像，
在纯洁的心中引起一缕深情。

吕西安直截了当的问道："对我这些不高明的诗，你有什么意见？"

罗斯多道："你愿意听老实话吗？"

吕西安回答："我还年轻，当然喜欢听老实话，我也极希望成功，不至于听了生气，不过失望是难免的。"

"朋友，第一首有些做作，显而易见在安古兰末写的，大概你花了很多工夫，不肯割爱。第二第三首已经有巴黎气息了；你再念一首好不好？"罗斯多说着，做了一个手势，外省大人物觉得妩媚得很。

吕西安受着鼓励，念起来也就更有信心。大丹士和勃里杜最爱这一首，也许是为了诗中的色彩。

郁金香

诗集第五十首

我吗，我是郁金香，在荷兰是花中极品[1]，
我的艳丽克服了法兰德斯人吝啬的脾气，
买我一个球根，出到比钻石更高的价钱，
只要品种优良，枝干高挺。

我外貌封建，像西西里的王后
曳着宽大的长裙，叠着无数的绉裥；
我身上画着贵族的纹章，五色斑斓，
红底银条，金星点点，还有深紫的斜纹[2]。
天上的园丁用他的神手编织，
织出太阳的光轮，帝皇御用的紫色，
做成我这件锦绣的衣衫。

园林中谁也比不上我的华丽，
只可惜造物不给我香味，
古瓶似的花萼没有芬芳可散。

　　罗斯多一声不响，吕西安觉得那段静默的时间长得可怕，终于问道："你怎么说啊？"

1　荷兰人最爱郁金香，种植技巧闻名世界。
2　此句原文用的是纹章学的术语。

09

忠告

　　吕西安从安古兰末带来的靴子已经穿旧,罗斯多瞧着他的靴尖,一本正经说道:

　　"我劝你还是用墨水涂靴子,省点儿鞋油;写字的笔不妨改作牙签[1]咬在嘴里,让你走出弗利谷多饭店,到这个公园的幽雅的走道上散步的时候,人家知道你吃过饭。我还劝你好歹找一个职业,有勇气的话,不妨做执达员的助手,腰背扎实的话,就做铺子里的伙计,倘若喜欢听军乐,就去当兵。你这块料做三个诗人也绰绰有余;可是要靠写诗吃饭,你没有出头先得饿死六次。听你没有经验的话,你是有心把墨水瓶当摇钱树。我不批评你的诗,那比所有堆在书店仓库里的作品高明多了。那些漂亮的**夜莺**[2]因为用了仿小牛皮纸,定价特别贵,几乎全部集中在塞纳河边。你不妨去听听他们唱些什么,要是你愿意长长见识,在河滨道上巡视一番,从圣母寺大桥奚罗姆老头的书摊起,到王宫大桥为止。你可以看到各种各样的诗,什么《灵感集》啊,《超

---

[1] 当时的笔是用鹅毛管做的,见本书第一部注。
[2] 参看前文,指无人过问的作品。

越集》啊,《赞歌》啊,《歌谣》啊,《叙事曲》啊,《颂歌》啊,反正七年来的出品应有尽有。诗神身上盖满灰土,溅着街车的泥浆,受所有的过路人亵渎,因为他们都要看看里封面的铜版。你一个熟人都没有,一家报馆都走不进,你的**长生菊**只好保持清高,把花瓣闭起来,像你现在拿在手里一样,休想在天地头宽敞的印刷世界中开放,像木廊商场的大王,专收名家著作的书店老板,鼎鼎大名的道利阿那样加上大批花饰。可怜的朋友,我到巴黎的时候和你一样抱着许多幻想,爱艺术的心和追求光荣的热诚鼓动着我;结果是看到了这一行的真相,出版界的困难,千真万确的贫穷。当时的狂热(此刻压下去了),初期的兴奋,使我看不见社会的机构;可是非看见不可,一定要撞到每个齿轮,碰到每根轴梗,身上弄满机油,听见链子和操纵盘的声音。你将来要像我一样的发觉,在你梦想的美好的东西之下,都有人,有情欲,有生活的逼迫,在暗中兴风作浪。你不能不卷入丑恶的斗争,作品跟作品的斗争,人跟人的斗争,党派跟党派的斗争;你必须有计划的厮杀,才不致被自己人遗弃。这些卑鄙的战斗叫你看破一切,使你良心败坏,弄到筋疲力尽而一无所得;你花的气力往往帮助别人成功,而那个人正是你痛恨的,你明明不愿意而不能不称之为天才的二等角色。文坛有文坛的内幕。池子里的观众看见有人成功只晓得拍手叫好,不问那成功是盗窃得来的还是凭真功夫得来的。藏在幕后的是卑鄙龌龊的手段,涂脂抹粉的龙套,鼓掌队和打杂的工役。你此刻还在池子里,还来得及悬崖勒马,千万别踏上台阶,抢那群雄逐鹿的宝座,别像我这样为了生活而丧尽人格。"罗斯多说到这儿眼泪汪汪,"我靠什么生活,你知道没有?"他又恨恨的往下说,"家里所能供给我的一点儿钱，很快就吃完了。法兰西剧院收了我一个剧本，可是我已经到了山穷水尽的地步。就算有什么亲王或者内廷大臣撑腰，你还不能叫法兰西剧院对你另眼相看，演员只怕能伤害他们面子的人。如果你有势力，能散布谣言说某个男主角害气喘病，某个女主角身上长着瘘管，扮侍女的配角口臭难当，那么你的戏明天就好上演。我现在和你说这些话，不知道再过两年能不能有这样的力量，那不知要交上多少朋友才行。肚子饿起来，我只想着怎么挣口饭吃，到哪儿去挣。这样那样的尝试做了不少，也写过一部不署名的小说，卖给道格罗，得了两百法郎，道格罗也没赚到多少钱；后来我觉得只有当新闻记者可以活命。可是怎么混进去呢？我不再告诉你那些白费气力的奔走，钻营；也不想提我做六个月候补记者的经过，我尽量的讨好读者，人家还说我吓了他们。这些羞辱也不必谈了。如今我替斐诺的报纸跑大街上的戏院[1]，写的剧评几乎不拿稿费。斐诺是报纸的主编，那混蛋每个月还在伏尔泰咖啡馆吃两三顿中饭，那地方可不是你去的！戏院经理要我在报上帮点小忙，送我戏票，出版商送我新书，要我写评论；我就靠出卖戏票和赠书过活。换句话说，等斐诺的欲望满足了，我可以拿各行各业进贡的货色做交易，写的文章是捧是骂，全听斐诺指挥。**驱风药水，女苏丹油膏，护首油，巴西混合膏**，都肯出二三十法郎买一篇替它们吹捧的稿子。书店送的书少了，我便盯着书店老板汪汪大叫，因为报馆要两份，归斐诺出卖；我还要两份。要是出了一部好作品，舍不得送书的老板就得挨骂。这当然卑鄙，可是我靠此活命，像多少人一样！不要以为政界比文坛干

---

[1] "大街上的戏院"是一百多年来巴黎流行的名称，指国立四大剧院以外的一部分民营戏院，多半开设在意大利大街、鱼锅大街一带的闹市上。

净,这两个世界都贿赂盛行:每个人不是行贿,便是受贿。有什么规模大一些的出版计划,出版商便送钱给我,怕我攻击。因此我的进款跟出版物的说明书有关。说明书大批出现,黄金就潮水般滚进我腰包,我便请客作乐。书店不做新买卖,我只能在弗利谷多铺子吃饭。女演员也出钱买捧场的文章,最精明的一批还出钱买批评,她们最怕人家一字不提。你写一篇攻击的稿子,比干巴巴的,看过即忘的赞美效果更好,你得到的报酬也更多,因为一份报有了批评,别的报就好反驳。朋友,你该知道,报刊上的论战是名人的垫脚石。我替工商界,文艺界,戏剧界,做宣传工作,做争名夺利的打手,挣到一百五十法郎一月,我的小说可以卖到五百法郎一部了,也有人忌惮我了。等到有朝一日,我不需要住在佛洛丽纳家里,间接靠一个暴发的药材商供养,等到我有了自己的屋子,进了一家大报,手中有份副刊的时候,告诉你,朋友,佛洛丽纳马上走红;至于我自己,那时可不知道变成什么:或者当部长,或者做一个诚实君子,都可能。(罗斯多满脸屈辱的抬起头来,眼神又绝望又愤慨,恶狠狠的望着树上的叶子。)我却写过一部出色的悲剧,戏院也接受了!旧纸堆里还有一部永远不会出世的诗稿!我本是个好人!心地纯洁。当初梦想美妙的爱情,交攀上流社会的最高雅的妇女,如今只弄到一个全景剧场的女戏子做情妇!并且我明明认为出色的作品,为了书店不肯送我一部,把它说得一文不值!"

吕西安感动之下,含着眼泪紧紧握着罗斯多的手。

记者站起身子,走往通向天文台的大路;两人一块儿踱过去,似乎要痛痛快快呼吸一下。

罗斯多又道:"称呼各种才具的话,所谓时行,走运,得势,声望，成名，群众的拥护，只是达到荣誉的各个踏级，还算不得真正的荣誉；可是要爬到任何一级所做的残酷的斗争，在文艺界以外没有一个人知道。显赫的声名总是无数的机缘凑成的，机缘的变化极其迅速，从来没有两个人走同样的路子成功的。卡那利斯和拿当的经历完全不同，以后也不会重现。埋头苦干的大丹士将来也要靠另一种机会出名。人人渴望的名气差不多永远是个走红的娼妓。低级的文艺好比在街头挨冻的神女；第二流的文艺是受人豢养的情妇，刚刚脱离新闻界，由我做保镖的那个下流地方；交运的文艺仿佛风头十足，态度狂妄的交际花，有住宅，有家具，有穿号衣的仆役，有车马，向国家纳税，交接王公贵人，对他们或者款待，或者冷淡，尽可以怠慢急迫的债主。啊！从前的我，现在的你，还有许多别人，都把声名当作天使，长着五色的翅膀，戴着雪白的头巾，一手握着青枝绿叶的棕榈，一手亮着宝剑；既像神话中虚幻的人物，住在井底里，又像清白穷苦的姑娘，隐居在郊区，除了贞洁和勇气，没有别的财产，将来会白璧无瑕的飞回天上，假定她没有在贫民窟中受着污辱而死，遭着强暴而死，永远没人知道的话！抱着这种信念的人脑壳有铜箍保护，尽管残酷的经验像大风雪般打在他们身上，一颗心照样热乎乎的，这等人在这个地方可少得很了。"罗斯多一边说，一边拿手往下指着[1]在暮色苍茫中冒烟的巴黎。

吕西安眼中闪过小团体的形象，心中一动；罗斯多却继续大发牢骚，使吕西安听着出神。

"在这个发酵的大酒桶里，我说的那种人寥寥无几，和真正

---

[1] 巴黎城中岗峦起伏，卢森堡公园坐落在高地上，十九世纪中叶建筑物不多，尚可俯瞰全城。

的情人一样少，和金融界中来路清白的财产一样少，和新闻界中洁身自爱的人一样少。我今天告诉你的经验，从前也有人告诉过我，可是没用，正如我的经验对你也不会有用。内地每年有一批年轻的野心家，受着同样的热忱鼓动，扬着脸，逞着傲气，赶到这儿来，就算不是愈来愈多，至少每年相仿；来干什么？来向时行的风气进攻。时行的风气好似《一千零一日》中的多朗铎德公主，个个青年想做卡拉夫王子！可是一个都猜不中她的谜[1]。大家掉入苦难的沟壑，报界的泥坑，书业的沼泽。这些要饭的花子，替报纸写写小品，社会新闻，传记性质的稿子，或者受精明的字纸商委托，写一些小册子——出版商都喜欢半个月内销完的无聊东西，不欢迎要相当时间才能出售的杰作。这批小青虫没有变成蝴蝶就被踩死了，他们只求活命，顾不得什么羞耻，下贱，对一个新出台的人才咬一口也好，捧一阵也好，但凭《立宪报》《日报》《辩论报》的大老板吩咐，只听出版商的号令，或者受一个嫉妒的同道请托，为的什么呢？往往为了吃一顿。一朝过了关，早先的苦处全忘了。我替一个混蛋做了六个月枪手，写出我最有才气的文字，算是他写的；他凭着这批样品当上一份副刊的主编，非但不请我合作，连五个法郎也没给我，而我见了他还不能不伸出手去，跟他握手。"

吕西安傲气十足的说道："为什么呢？"

罗斯多冷冷的回答："因为说不定有一天要他的副刊发表我一两篇稿子。总而言之，朋友，在文坛上飞黄腾达的秘诀不在于

---

[1] 波斯故事《一千零一日》中有一篇讲一个美丽而残忍的中国公主，名叫多朗铎德。向她求婚的人必须猜她的谜语，不中即被皇帝将求婚者斩首；因之丧命的男人不计其数。最后被卡拉夫王子把她的谜语全部猜中，两人结为夫妇。

自己工作，在于利用别人的工作。报纸的老板是承包商，我们是泥水木工。一个人越平庸，越成功得快；因为他唾面自干，样样受得了，看见文坛上的霸主有什么卑鄙龌龊的欲望，尽量迎合；比如那个刚从利摩日来的埃克多·曼兰，已经在一家中间偏右的报馆里当政治编辑，也替我们的小报写稿；我亲眼看见他替一个总编辑捡帽子。这家伙只要不得罪人，趁一般野心家争名夺利，扭作一团的当口，自会钻空子溜过去。你叫我看了可怜。在你身上，我见到我从前的影子，而且我敢说一句，一两年之内你会变得像我现在一样。我的沉痛的劝告，说不定你认为出于暗中嫉妒，或者从个人的利益出发；其实是绝望的表现，因为我堕入了地狱；脱不了身。我向你吐露的痛苦，没有一个人敢说出来。我却伤透了心，像坐在灰堆上的约伯那样叫着：瞧我的伤口！[1]"

吕西安说："我一定要奋斗，不管在哪个阵地上。"

罗斯多接着说："你该记住！这场斗争是无休无歇的，如果你有些才具的话；没有才具才算你运气。如今你心地纯洁，可是碰到一批支配你前途的人，只消一句话就能给你生路而偏不肯说，那时你的一丝不苟的良心就要动摇。你可以相信我的话，当今的作家对待新人比最粗暴的出版商更蛮横，更冷酷。出版商只愁赔本，作家更怕同业竞争；出版商不过打发你走路，作家要把你踩死才罢。可怜的朋友，你为了创作优秀的作品，尽量挤出你的温情，元气，精力，在情欲，感情，字句上表现出来！你只管写作，不去活动；只管歌唱，不去斗争；你在书中发泄你的爱，你的恨，你整个儿生活在作品里；等到你把财富给了你的风格，把

---

[1] 这是引用《旧约·约伯记》的故事。古代善人约伯受到神的考验，历尽艰苦，约伯心中不平，向人诉说他的种种痛楚。

金银绯紫给了你的人物，然后你衣衫褴褛，在巴黎街上溜达，满心欢喜，自以为和出生登记簿一样创造了一个人物，叫作什么**阿道夫，高丽纳，克拉列萨，玛侬**[1]，为了哺育那个人物，你的生活七颠八倒，把胃都弄坏了；临了你却发觉他或她受到新闻记者毁谤，欺骗，出卖，流放在孤岛上叫人遗忘，被你最知己的朋友们埋葬。也许你的人物以后会醒过来，在社会上走红，可是谁去唤醒他呢？什么时候呢？用什么方法呢？你能等到那一天吗？我们有一部出色的书，怀疑派的哀歌，叫作《奥倍曼》[2]，孤苦伶仃的待在荒凉的仓库里，被出版商用挖苦的口吻叫作**夜莺**；哪一天这部书才能复活呢？谁也说不上。别的不谈，你先试试给你的《长生菊》找一个出版家，看谁有那么大的胆子承印？问题还不是拿到稿费，只是把书印出来。你去试一下，稀奇古怪的戏才够你瞧呢。"

这番尖刻的议论，说的口吻表现出各种不同的情绪，像大风雪般打在吕西安心上，冷不可当。他不声不响站了一会，然后那些淋漓尽致、骇人听闻的苦难的描写，似乎鼓动了吕西安，突然振作起来。他握着罗斯多的手嚷道："我非打胜仗不可！"

罗斯多道："好！斗兽场中又来了一个舍身的基督徒。朋友，今晚全景剧场上演新戏，八点开幕，此刻六点；你把你最好的衣衫穿起来，收拾得像个样子，到我家里去跟我一块儿走。我住在竖琴街，赛尔凡咖啡馆上面，五层楼上。等会咱们先上道利阿那儿走一走。你决心干这一行，是不是？我今晚介绍你见一个出版

---

[1] 以上是朋雅明·公斯当，斯塔埃夫人，理查孙，普累伏神甫小说中的男女主人翁。
[2] 法国作家色南古（1770—1846）写的一部悲观气息极浓的小说，一八〇四年初版，一八三〇年后方始盛行。

界中的巨头,还有几个新闻记者。看完戏,有些朋友在我情妇家吃宵夜;刚才的一顿算不得晚饭。你可以碰到斐诺,我报纸的老板兼总编辑。你知道吗?杂剧院的弥纳德说**时间是个瘦长子**[1],对我们来说,机会也是个瘦长子,要到处去碰的。"

吕西安说:"我永远忘不了今天这个日子。"

"你的手稿随身带着,穿得体面一些,不是为佛洛丽纳,而是为那个书店老板。"

罗斯多大声疾呼描写了文坛上的斗争,接下来这样爽直亲热,使吕西安感动的程度不亚于以前大丹士在同一场所说的那番严肃真诚的话。毫无经验的青年看到立刻要投入战斗,十分兴奋,对于罗斯多揭露的堕落腐化的实质根本不曾体会。他不知道面前摆着小团体和新闻界所代表的两条不同的道路,两种不同的方法:一条路是漫长的,清白的,可靠的;一条路是危险的,布满暗礁,臭沟,会玷污他的良心的。他的天性使他挑了最近的,表面上最舒服的路,采用了效果迅速、立见分晓的手段。吕西安这时完全看不出大丹士的高尚的友谊和罗斯多的轻易的亲热有什么不同。他的轻浮的头脑认为新闻事业是一件对他挺适合的武器,自己很会运用,恨不得马上拿在手里。新朋友懒洋洋的跟他拉手的神气,他觉得亲切极了;那些建议更其使他入迷;哪里知道新闻界中个个人需要朋友,像将军需要小兵一样!罗斯多看他决意投身报界,便有心拉拢,希望把他留在身旁。那记者是交上第一个朋友,吕西安也是遇到第一个保护人:一个想做班长,一个只想当兵。

---

[1] 法国有句成语:时间是个了不起的老师。此处利用"瘦长子"和"了不起的老师"谐音(只差一个音)改成笑话。

10

第三种书店老板

新学生高高兴兴回到旅馆打扮起来，周到细致，和他倒霉那天，预备上歌剧院进特·埃斯巴太太的包厢一样，不过这一回衣服合身多了，他已经适应了。上面是夜礼服，底下穿一条贴肉的浅色长裤，一双有穗子的漂亮靴子，当初花四十法郎买的。又浓又细的淡黄头发叫人烫了一下，洒了香水，亮晶晶的头发卷儿梳成波浪式。他自以为有本事，有前途，昂昂然扬着脸。一双细气的手保养很好，杏仁般的指甲显得干净，红润。黑缎子的衣领衬托着雪白滚圆的下巴，光彩熠熠。从拉丁区出来的青年没有一个比他更好看的了。

吕西安像希腊的神道一样俊美，雇了一辆街车，七点前一刻赶到赛尔凡咖啡馆门口。看门女人叫他爬上五楼，把复杂的地形说了一遍。他一一记着，好容易在一条又长又黑的走道尽头发现一扇门打开着，一望而知是拉丁区最常见的房间，不管是这里，是格吕尼街，是大丹士家还是克雷斯蒂安家，吕西安到处只看见青年人的穷苦。可是到处有一股特殊的气氛反映各种穷人的性格。这里的穷是穷得阴森森的可怕。一张没有帐幔的胡桃木床，床前铺一条旧货店买来的愁眉苦脸的毯子；不大通气的壁炉的烟和雪茄的烟把窗帘熏黄了；壁炉架上一盏卡珊尔牌子的煤油灯是佛洛丽纳送的，还不曾进当铺；一口桃花心木的五斗柜黯淡无光；桌上堆着纸张，扔着两三支羽毛翻卷的笔，图书只有前一天或当天带回的几本。所谓家具就是这些。房内没有一样值钱的东西；几双旧靴子在一个屋角张着嘴打呵欠，破袜子像镂空的花边；另外一角是压扁的雪茄，肮脏的手帕，一件变作两件的衬衫，颜色模糊的领带。总而言之是一个文人的帐篷，摆的东西有名无实，简直是四壁皆空。床头的小几上放着几本白天看过的书，一个费玛特圆筒打火机。壁炉架上横七竖八放着一把剃刀，两支手枪，一只雪茄烟匣。一块木板上吊着一个击剑用的面罩，底下挂几根交叉的铁棍。此外还有三把单靠，两把椅子，便是放在那条街上最下等的旅馆里也还不大够格。房间又脏又凄凉，说明住的人过着不安静不严肃的生活：只是为了睡觉，急急忙忙工作，迫不得已才住的，巴不得快快离开。这种不要面子的，乱七八糟的景象，跟大丹士的清洁整齐，不失体统的贫穷比起来，不知有多少差别！……吕西安隐隐然想起大丹士的劝告，可是他不加理会，因为埃蒂安纳嘻嘻哈哈的拉扯一阵，遮盖他堕落生活的丑恶。

他说："这是我的狗窠，我的大场面在蓬提街。我们的药材商替佛洛丽纳布置了一所新屋子，今晚开幕。"

埃蒂安纳·罗斯多穿着黑裤子，擦过鞋油的皮靴，上衣的纽扣一直扣到颈窝；衬衫给丝绒领遮掉了，大概要等佛洛丽纳替他更换；他刷着帽子，想出新一下。

吕西安道："咱们走吧。"

"别忙,我还等一个书店老板,要弄几个钱。等会或许要打牌,我一个子儿都没有;另外还得买手套。"

那时两个新朋友听见走道里响起脚声。

罗斯多道:"他来了。全知全能的上帝用什么姿态在诗人面前出现,你等着瞧吧。你还没领教时髦出版商道利阿的威风,先来见识见识奥古斯丁河滨道上的老板。他又开书店,又做银钱生意,贩卖文学界的废铜烂铁,这个诺曼底人原来是卖生菜出身。"罗斯多随即高声叫道:"进来吧,鞑子?"

"来了。"对方嘎着嗓子回答,声音像破钟。

"带了钱吗?"

"钱?铺子里没有钱了。"一个年轻人说着,走进屋子,用好奇的神气望着吕西安。

罗斯多接着说:"你早先欠我五十法郎。这儿有两部《埃及游记》,大家说妙极了,插图很多,包你好销;斐诺已经收下钱,要我写两篇稿子。还有玛莱区的红人,维克多·丢冈日新出的两部小说。还有初出道的保尔·特·高克写的第二部作品,也是两部,跟丢冈日是一派的。还有两部《陶尔的伊索尔德》,内地生活写得挺好。定价总共一百法郎。所以,巴贝,你得给我一百法郎[1]。"

巴贝瞧着书,检查书边和封面。

罗斯多道:"噢!放心,书都保存得挺好。《埃及游记》没有裁开[2],保尔·特·高克,丢冈日,还有壁炉架上的《论象征》,都没有裁。那本讲象征的书免费奉送,神话最讨厌,我要趁早送

---

1 新书卖给旧书商,照定价对折;第二句所谓一百法郎是包括前欠的五十法郎。
2 法国出版传统,新书一律不切书边,让读者随裁随读。

掉，免得跑出蛀虫来。"

吕西安道："那你怎么写书评呢？"

巴贝好不诧异的望了望吕西安，回头对罗斯多冷笑道："一听就知道这位先生运气好，不是文人。"

"告诉你，巴贝，他是诗人，而且是个大诗人，准会压倒卡那利斯，贝朗瑞，特拉维涅。他不飞则已，一飞冲天！除非他投河自尽，那也要漂到圣·格罗[1]呢。"

巴贝道："我劝先生丢开诗歌，写散文吧。河滨道上根本没人要诗集了。"

巴贝穿一件粗呢大氅，只有一个钮子；领口全是油腻；在室内不脱帽子，脚下穿着皮鞋，背心敞开一半，露出一件料子结实的粗布衬衫。滚圆的脸还和气，嵌着一双贪财的眼睛，看起人来有些慌张，凡是有钱而经常有人向他要钱的人都有这副神气。一身肥肉遮盖了他的精明，你还以为他爽直呢。巴贝当过伙计，两年以前在河滨道上盘下一家破烂的小店，老盯着新闻记者，作家，印刷商，把书店送他们的样书低价收进，每天赚一二十法郎。他既有积蓄，又猜得到每个人的困难，专找赚钱的机会。手头不宽的作家拿着出版商的期票，巴贝给他们贴现，收一分半到两分利息；第二天他到那家书店去挑一批好销的书，照现款交易讲好价钱，然后把那书店开的期票付账。巴贝念过书，有些知识，尽量不收诗歌和现代小说。他喜欢做小买卖，全部版权只要上千法郎，销路很有把握的实用书，例如《儿童适用的法国史》《簿记二十讲》《青年妇女适用的植物学》等等。他曾经错过两

---

[1] 圣·格罗是塞纳河下游的风景胜地，离巴黎二十六公里。

三部好书，叫作者到他店里跑了几十回，始终不敢收买稿子。你埋怨他胆小，他却给你看一本他出版的书，叙述一桩有名的案子，材料全是报上的，不花一个钱稿费，赚到两三千法郎。

巴贝做生意胆小如鼠，平日只吃面包和核桃；很少出票据，尽量在发票上打主意，克扣应付的款子；他印的书都自己送出去，不知道送哪儿，倒也照样能分发，收账。印刷所老板见了他最害怕，不知怎么对付；他看准他们急于周转，付款硬要七折八扣，把人家开的账除去一部分；他占了你一回便宜，下回绝不和你再打交道，怕受暗算。

罗斯多道："怎么样，咱们的交易还做下去吗？"

"唉！老弟，"巴贝用亲昵的口气回答，"我铺子里存着六千部书。书业界有个老辈说的好：存的书不等于存的钱。生意清淡啊。"

埃蒂安纳道："亲爱的吕西安，别听他胡说。你上他铺子去瞧瞧就知道。他的橡木柜台是一家破产的酒店拍卖出来的；他要节省，点的油烛从来不剪烛芯。在那种若有若无的亮光底下，架子上一无所有。一个穿蓝布上装的学徒守着空荡荡的屋子，拿嘴巴凑着手掌呵气，不是拍鞋底，便是摩拳擦掌取暖，像坐在街车顶上的马夫。哼！他的书就不比我这儿多。天知道他做的什么买卖！"

巴贝听着微微一笑，从口袋里掏出一张盖过印花税章的纸，说道："这是一百法郎本票，三个月期头，你的书我带走了，我拿不出现款，销路不好。想到你要派用场，我又没有钱，才签了这张期票帮帮你忙，我可是不喜欢出票据的。"

罗斯多道："这样，你还要我尊重你感谢你吗？"

巴贝回答说:"尽管感情当不得现钱,你的敬意我照样接受。"

罗斯多道:"我要买手套,花粉店老板才不那么大方,肯收你的票据呢。喂,五斗柜第一个抽屉里有一幅挺好的版画,值到八十法郎,是初印,我还为那版画写过一篇滑稽的稿子。真的,《希波克拉提斯拒绝阿塔克瑟克西斯的聘礼》[1]大有文章可做。巴黎的阔佬往往拿出惊人的聘金来,有些不稀罕聘金的医生正好引用画上的典故。版画下面还有二三十份流行歌曲的谱子。你一齐拿去,给我四十法郎。"

"四十法郎!"书店老板叫起来,声音像受惊的母鸡,接着说,"至多二十法郎,没准我还要赔本呢。"

罗斯多说:"二十法郎在哪儿呢?"

"还不一定凑得起来。"巴贝说着在身上掏了一阵,"啊,有了。你把我挤干了,碰到你真没办法……"

"好,咱们走吧。"罗斯多招呼吕西安,随手拿起吕西安的诗稿,用墨水在绳子底下画了一条线,带着出门。

"还有别的东西吗?"巴贝问。

"没有了,小夏埃洛克[2],改天再让你做笔好买卖……(叫你蚀掉三千法郎,你这样剥削人,得教训教训你才好。)"罗斯多最后几句是轻轻的对吕西安说的。

两人坐着街车向王宫市场进发,吕西安问:"那么你的书评

---

[1] 波斯王阿塔克瑟克西斯(公元前五至四世纪)以国内大疫,重金礼聘希腊名医希波克拉提斯。希氏以波斯为希腊世仇,拒不受聘。法国十八世纪画家奚罗台-蒂松以此为题绘成油画,十九世纪时又由人镌成铜版。
[2] 莎士比亚喜剧《威尼斯商人》中的犹太人,今用以指一切重利盘剥的债主。

呢？"

"嘿！怎么写书评，你才不知道呢。拿《埃及游记》来说，我不裁书边，从隙缝里东零西碎看上几段，发现十一处文字的错误。这就好写上一栏，说作者也许懂得刻在华表上的怪文字，却不懂他祖国的语言；我可以提出证据来。然后，我说与其谈博物学考古学，不如讨论埃及的前途，文明的发展，怎样使埃及回到法国怀抱等等；埃及虽则在我们手中得而复失，还可能在精神上受我们的影响，归附我们。然后来一套爱国主义的滥调，什么马赛啊，近东啊，我们的贸易啊，扯上一通。"

"如果作者在书里就是这样写的，你又怎么说呢？"

"那就说他不该晓晓不休的谈论政治，应当关心艺术，描写当地的形势，风景。批评家借此感慨一番。他可以说：我们被政治包围了，腻烦死了，到处只听见政治。我真想读读有趣的游记，叙述航海的艰苦，土峡的风光，赤道上奇妙的景致，从来不出门的人需要知道的事情。我一边赞美这一类的游记，一边取笑有些旅行家大惊小怪，把掠过的鸟，飞鱼，桃子，高地，经过勘测的海湾，当作大事一般夸说。批评家还责备作者不曾提到和一切艰深，神秘，不可解的事同样引人入胜的，莫名其妙的科学问题。读者看着评论笑了，我们的责任也就完了。至于小说，佛洛丽纳是世界上少有的小说迷，她替我分析内容，我照她的意见写评论。只要她嫌作者絮烦，觉得讨厌，我才考虑作品，向出版商再讨一部样书，出版商当然照送，有希望得到一篇好书评，他还有不高兴的吗？"

吕西安脑子里装满了小团体的朋友们的观念，说道："天哪！可是真正的批评，神圣的批评在哪里呢？"

罗斯多道："亲爱的朋友，批评这把刷子不能刷单薄的料子，那会一扫而光的。得啦，写作的内幕不谈了。这记号你瞧见没有？"罗斯多指着《长生菊》的原稿问，"我用墨水沿着绳子在包皮纸上画了一道线，如果道利阿打开来看了，绳子不可能扣在老地方。所以你的原稿等于密封了一样。你要实地试验，这办法不无用处。还得提醒你一句，你没人撑腰，甭想单枪匹马闯进道利阿的铺子，多少青年跑上十来家书店，连一声请坐都听不到……"

这一点吕西安有过经验，知道是事实。罗斯多下车给马夫三法郎。吕西安看罗斯多刚才穷得要命，此刻这样摆阔，好不诧异。两个朋友走进木廊商场，专出所谓**时髦书**的书店当时就是气派十足的设在那儿。

11

木廊商场

那个时期，木廊商场在巴黎赫赫有名，是个挺好玩的地方。那藏垢纳污的集市值得描写一番，因为它三十六年之间对巴黎生活影响极大，四十岁左右的人看了我的叙述很少不感兴趣，虽则年轻人觉得难以相信。原来的场子今天变了开阔的奥莱昂回廊，又高又冷，赛过没有花草的花房。当初盖着一些木屋，说准确些只是薄板搭的棚子，胡乱盖上一个顶，开间很小，朝着院子和花园[1]，有些钉死的玻璃窗，像城门口的小酒店最脏的窗子，略微透进一些日光。三排铺子留出两条走廊，大约有十一尺高。中间一排夹在两条走廊之间，空气恶浊；走廊顶上的玻璃老是乌七八糟，底下更没有多少光线。蜂房似的铺面尽管小得可怜，有几间不过六尺宽，八尺到十尺深，可是供不应求，租金要三千法郎一年。靠院子和花园取光的棚屋都有绿漆的矮木栅保护，大概怕群众走近，把破落的后壁撞倒。木栅之内有二三尺[2]空地，长着奇形怪状，科学家认不得的植物，跟同样茂盛的各色工艺品混在一

---

1 木廊商场一面正对旧王宫，一面正对旧王宫附属的园子。
2 以上都是法国旧尺，每尺合0.3248公尺。

起。印刷车上试过大样的字纸，盖在一株蔷薇上，修辞学的华彩沾着流产的鲜花的香味。无人照料的小园灌饱臭水。植物枝条上挂着五颜六色的缎带，各种商品的传单。帽子店的零料和废品压得植物喘不过气来：一簇绿叶托着一个缎子的结，扎成大丽菊的样子，叫人看了把花的观念弄糊涂了。不论在院子那边还是花园那边，这座古怪的宫殿让你见识到巴黎最龌龊最奇怪的面目：雨水淋坏的粉刷，补过的土墙，陈旧的油漆，想入非非的招牌。面朝院子和花园的木栅也被巴黎的群众糟蹋得污秽不堪，似乎替铺子镶了一条难看而又难闻的边，叫感觉灵敏的人不要走近；谁知感觉灵敏的人并没被这些丑恶的景象吓退，正如童话中的王子不怕恶魔放在公主身旁的毒龙和危险的障碍。那时的木廊像现在的奥莱昂回廊一样，中央有一条过道；也像现在一样，可以穿过两座有成行柱子的游廊进去。那游廊是大革命以前动工的，后来缺乏经费，没有完成。如今通往法兰西剧院的壮丽的石廊，当年是一条狭窄的甬道，高得异乎寻常，屋顶盖得极马虎，雨天常常漏水。大家把那走道叫作玻璃廊，免得和木廊混淆。所有破烂店房的屋顶都非常糟糕；有一个经营开司棉和呢绒的出名的商人，一夜之间货物淋了雨，损失浩大，把业主奥莱昂王室告了一状，打赢了官司。有些地方，顶上只盖两重柏油布。不论是木廊，还是希凡饭店在那儿起家的玻璃廊，底下都是天然的泥地，加上过路人的靴子鞋子带来一层人造泥土。愈踩愈硬的泥地经过商人们不断打扫，变成许多岗峦陵谷，一年四季绊你的脚，初去的人很不容易走路。

地下是一堆堆可怕的泥巴，玻璃窗风吹雨打，粘着灰土，平顶的棚屋披着褴褛的衣衫，砌了一半的围墙肮脏无比；整个景象叫人想起波希米人的帐幕，集市上的木棚，围在巴黎大建筑四周的临时工程——那些大建筑始终没有盖起来。奇丑的外貌同内容非常相称：藏垢纳污的廊子底下，热闹，嘈杂，各种行业鳞次栉比，从一七八九年的革命到一八三〇年的革命为止，做的买卖为数惊人。交易所设在对面王宫市场的底层，有二十年之久。舆论的趋向，声名的显晦，政治和金融的波动，都在这个地方酝酿。交易所开市以前，收市以后，许多人约在廊下见面。巴黎的银行家和商人往往挤在王宫市场的院子里，雨天便拥进木廊。不知怎么会出现在这个地方的建筑物，回声特别响亮，到处听得见哄笑的声音。这一头有人口角，那一头就知道为什么口角。商场中只看见书店，诗集，政论，散文，帽子店，以及夜晚才来的马路天使。这儿有的是新闻，图书，新老牌子的名人，议会的阴谋，书店的谎话。新书在这儿发卖，群众也固执得很，新书一定要上这儿来买。保尔-路易·戈里埃写的政论小册，或是奥莱昂一房向路易十八的宪章放的第一炮，《一个公主的奇遇》，一个黄昏在这里销掉几千部。吕西安在那儿露面的时代，有些铺子已经装上漂亮的玻璃橱窗，不过只限于靠院子和花园的两排商店。在建筑师封丹纳动工拆造，把这个古怪的居留地消灭之前，两条走廊之间的店铺门户洞开，像内地集市上的临时摊子，只靠木柱支撑；从商品或者玻璃门中望出去，两旁的走廊一目了然。室内不能生火，商人都用脚炉取暖，消防也由他们自己负责；一不小心，这个木板搭成的小天地一刻钟内就能化为灰烬：板屋在太阳底下晒干了，还有卖淫业的欲火烘烤，堆着满坑满谷的纱罗，纸张，有时再加上过堂风助威。帽子店摆满奇怪的帽子，似乎专为陈列，不是出卖的，上百顶的挂在香菌式的铁钩上，花花绿绿，把几条走廊都点缀到了。二十年来的游人都暗暗纳闷,想不透这些吃饱灰尘的帽子到哪些人的头上去找归宿。做帽子的女工多半又丑又放荡,按照中央菜场的习惯和谈吐,用俏皮话兜搭来往的妇女。一个伶牙利齿,眼睛骨碌碌的姑娘,站在圆凳上招揽顾客:"太太,为什么不来买一顶漂亮帽子啊?""先生,照顾一笔买卖好不好?"高低不同的声调,眼神,对过路人的评头论足,使她们的丰富生动的词汇更有变化。书店老板和开帽子店的妇女相处很好。在那个名字堂皇,叫作玻璃廊的商场里,有的是稀奇古怪的行业。有讲腹语的[1],有各式各样走江湖的,有拿新奇的景致逗人看的,或者叫你花了钱一无所见,或者给你看到全世界。一个到处赶集,发了七八十万家财的人,当初就是在这儿开场的。他的招牌是一个太阳在黑圈子里打转,周围写着红字:**这里你能看到上帝看不见的东西,收费两个铜子**。招揽生意的伙计从来不让你单独进去,也不让两个以上的人进去。到了里面,你劈面看到一面大镜子,忽然有个连霍夫曼[2]听了也要吓一跳的怪声,像机器开了发条一般的直叫:"你们两位看见了上帝永远看不见的东西,就是说你们看见了同胞。上帝却只有一个,没有第二个的。"你只能暗暗惭愧的走开,不好意思给人知道你做了傻瓜。每扇小门旁边都有与此相仿的声音叫叫嚷嚷,请你去看**高斯摩喇嘛**[3],君士坦丁堡风景,木偶戏,机器人下棋,会辨别美女的狗。腹语大王

---

1 口技的一种,说话的声音好像从肚子里发出来。欧洲从十六世纪起即有专长腹语的人。

2 霍夫曼是写神怪故事的作家,见前注。

3 当时新发明的一种玩意,把大幅风景画,风俗画放在大玻璃镜片之后,画面即具备深度和透视。

菲兹-詹姆斯在跟着多艺学校学生到蒙玛脱去送命[1]之前,在这里鲍兰咖啡馆表演,生意兴隆。商场中还有卖水果的女人,卖花的女人,一家著名的成衣铺,军装上盘的花边夜晚金光闪闪,像太阳。下午两点以前,木廊商场静悄悄的,黑洞洞的,不见人影。商人们谈谈说说,像在家里一样。巴黎人在这个地方的约会要三点左右才开始,正当交易所开市的时间。等到大批的人涌到,就有酷爱文艺而身无分文的青年在陈列新书的摊子上看"白书"。守摊子的伙计心地慈悲,听凭穷小子一页一页的翻阅。像《斯玛拉》《比哀·希莱米》《约翰·斯布迦》《约谷》[2],一类十二开本[3]的两百面的书,两次就狼吞虎咽的读完了。当年没有阅览室,要看书不能不花钱去买;所以那时小说的销数在今天看来简直不可思议。对求知欲旺盛的穷青年施舍精神食粮,纯粹是法国作风。一到傍晚,邪气十足的商场便充满淫荡的诗意。大批的马路天使在近边的大街小巷和商场之间来来往往,多半是没有报酬的闲荡。巴黎各个地段的娼妓都得**跑王宫**。石廊商场属于领照妓院的范围,老板们付了捐税,把装成公主般的女人陈列在某个拱廊之下,或是花园中正对某个拱廊的地方。木廊是卖淫业的公共地盘,俗语用王宫市场作为妓院的代名词,主要是指木廊部分。一个妓女可以跑来带走她的俘虏,高兴带往哪儿就哪儿。因为有这般妇女吸引,木廊里人山人海,只能一步一步挨着走,好比参加迎神赛会或者假面舞会。这样慢吞吞的走路既不妨碍别人,又

---

[1] 指一八一四年联军攻入巴黎时,巴黎市民的守卫战。
[2] 前三种是当时流行的神怪小说,最后一种是写的猴子故事。
[3] 照我国出版业的习惯,大约是二十四开而较为狭长。欧洲书业一般不用白报纸印书,故开本标准和我们不同。

可从容细看。那些女人穿的服装现在早已绝迹：前胸后背特别袒露；头发有心梳得奇形怪状，引人注目：有诺曼底乡姑式，有西班牙式，有的鬈得像哈巴狗，有的一绺绺挂下来；一双大腿穿着长筒白袜，不知怎么会露出来叫人看见，而且露得正是时候。这一类妖艳的诗意如今一去不复返了。粗野的问答，同环境很调和的无耻的表现，在时下的假面舞会和非常出名的舞会中，再也听不见看不到了。当时那个地方的确又丑恶又热闹。男人几乎老是穿的深色衣服，女人肩头和胸部的肉便格外耀眼，成为鲜艳的对比。嘈杂的人声脚声，在花园中央就听得见，好似一片连续不断的低音伴奏，穿插着娼妓的狂笑或者偶尔发生的争吵。上等人和最有身份的人，照样被满脸横肉的汉子推推搡搡。这些牛鬼蛇神的集会自有一种莫名其妙的刺激，再冷静的人也不能不动心。所以直到最后一个时期，上下三等的巴黎人源源而来；建筑师要造新屋子的地窖，在路面上铺了木板，游人就在木板上熙来攘往。那批可怕的木屋拆毁的时候，大家还异口同声，惋惜不置呢。

几条走廊的半中腰有一条过道，拉伏卡新近在过道和走廊的拐角儿上开了一家书店，面对道利阿的铺子。如今没人知道的道利阿原是很有气魄的青年，以后同行做得很发达的事业是他首创的。道利阿的铺子坐落在靠花园的一排上，拉伏卡书店靠着院子。道利阿的店房一分为二：很大的一间做铺面，另外一间是他的办公室。吕西安还是第一次在晚上来，跟内地人和年轻人一样，看着眼前的形形色色目瞪口呆，一转眼就和同伴走失了。

一个妓女指着吕西安对一个老头儿说："你要长得跟这个小伙子一样漂亮，我就掏出心来给你。"

吕西安听着，羞得像瞎子养的狗。逛市场的人像潮水一般，他跟在后面,愣头傻脑的神气和紧张的心情简直难以形容。女人的目光盯着他,白白胖胖的肉引诱他,袒露的胸部看得他眼花缭乱;他拼命挟着稿子,唯恐被人抢走,这天真的孩子!

吕西安忽然觉得有人抓他的胳膊,只道他的诗集被什么作家看中了,不由得叫起来:"哎!怎么啦,先生?"

他一看原来是他的朋友罗斯多,和他说:"我知道你要打这儿过的!"

12

一家木廊书店的外表

诗人正走在书店门口,被罗斯多一把拉了进去。铺子里挤满了人,等着要见书业大王。开印刷所的,开纸铺的,画插图的,一齐围着店里的伙计,打听正在进行或正在计划的业务。

罗斯多对吕西安说:"你瞧,那个就是斐诺,我报纸的经理。同他谈话的青年很有才能,叫作番利西安·凡尔奴,心思的恶毒像隐藏的疾病一样。"

斐诺和凡尔奴一同走过来,对罗斯多说:"喂!朋友,有一出新戏要你报道。可是我的包厢让出去了。"

"卖给勃劳拉吗?"

"卖给他又怎么样?反正他们会安插你的。你来找道利阿干吗?啊!对了,我们讲好替保尔·特·高克捧场。道利阿批进他两百部作品。维克多·丢冈日不让道利阿印他一部小说。道利阿要捧出一个路子差不多的作家来。你一定要把保尔·特·高克说成比丢冈日高明。"

罗斯多道:"可是我和丢冈日合编一个剧本,预备在快乐剧场上演呢。"

"告诉他文章是我写的,你说我原来的评论很凶,你已经改得缓和了,这样他还见你的情呢。"

罗斯多道:"这张一百法郎本票,你能不能叫道利阿的出纳员给我贴现?你知道,等会咱们一块儿吃宵夜,庆祝佛洛丽纳搬新屋子。"

"啊!不错,你请客。"斐诺似乎好容易才想起来。他接过巴贝的票子递给出纳员,说道:"迦皮松,替我拿九十法郎给他。——老兄,来,票子背后签个字。"

出纳员数钱的时候,罗斯多拿起出纳员的笔签了字。吕西安睁着眼睛,伸着耳朵,把他们的话一字不漏的听了进去。埃蒂安纳说:"亲爱的朋友,咱们是生死之交,我不谢你了。还有一件事:我要介绍这位先生见道利阿,你得帮帮忙。"

"什么事啊?"斐诺问。

"为了一部诗稿。"吕西安回答。

斐诺做了个诧异的姿势,叫了声:"啊!"

凡尔奴望着吕西安道:"大概这位先生才开始同书店打交道,要不然早已把他的诗集束之高阁了。"

那时走进一个漂亮的年轻人,爱弥尔·勃龙台,才加入《辩论报》,发表了几篇极有分量的文章。他向斐诺和罗斯多伸出手来,对凡尔奴略微点点头。

罗斯多说:"等会请你吃宵夜,半夜在佛洛丽纳家。"

那青年回答:"一定到。还有谁呢?"

罗斯多说:"有佛洛丽纳,药材商玛蒂法,编剧杜·勃吕埃,佛洛丽纳在他的戏里第一次弄到一个角色;还有小老头儿加陶,他的女婿加缪索;另外是斐诺……"

"你那药材商招待周到吗？"

"不给我们吃药就是了。"吕西安插了一句。

勃龙台望着吕西安一本正经的说："先生很有风趣。宵夜有他吗，罗斯多？"

"有他。"

"那咱们好大大的乐一下了。"

吕西安听着面红耳赤。

勃龙台敲敲道利阿办公室的玻璃橱子，说道："道利阿，一下子还不得空吗？"

"马上就来，朋友。"

罗斯多对吕西安说："有希望了。这青年差不多和你一样年轻，进了《辩论报》，是批评界的一个权威：大家都怕他三分，等会道利阿要来巴结他的。咱们借此机会跟镂版业和印刷业的总督谈谈你的诗集。要不然等到十一点还轮不到咱们。找他的人只会愈来愈多。"

吕西安和罗斯多走近勃龙台，斐诺，凡尔奴，一块儿到铺子的另外一头去谈天。

领班伙计站起来招呼勃龙台，勃龙台问道："迦皮松，老板有什么事？"

"他想盘进一份周刊，改组一下，跟只捧埃曼利的《弥纳佛报》和浪漫派气息太浓的《保守党》人对抗。"

"他稿费出得多不多？"

"同平常一样……总是太高！"出纳员回答。

那时走进一个青年，新近出版一部精彩的小说，轰动一时，很快就销完了，道利阿正在印第二版。那青年举动态度很古怪，完全是艺术家气息,吕西安对他很注意。

罗斯多咬着内地诗人的耳朵说:"这个就是拿当。"

年富力强的拿当虽则骄气十足,在记者面前却也脱下帽子,对勃龙台可以说毕恭毕敬,以前他还不曾和这个批评家会过面。勃龙台和斐诺照样戴着帽子。

"先生,我很高兴,碰巧有机会……"

番利西安·凡尔奴对罗斯多说:"你看他多慌张,说出话来叠床架屋。"

"……向你先生表示感激。先生在《辩论报》上对我的评论太好了。我的成功一半就靠先生的力量。"

"哪里,朋友,哪里。"勃龙台面上和气,骨子里以保护人自居,"你的确有才气,我能够认识你,太高兴了。"

"先生的评论已经发表,我不至于再犯趋炎附势的嫌疑;咱们尽可自由来往。他能赏脸明天和我一同吃饭吗?请斐诺作陪。罗斯多,你也不会推辞吧?"拿当说着,和埃蒂安纳握握手;又回头对勃龙台说:"啊!先生,你走的路子太好了,继承了丢索,菲埃回,姚弗洛阿的传统!霍夫曼[1]对他的学生(也是我的朋友)格劳特·维浓提到你,说只要《辩论报》永世不朽,他死也瞑目了。他们给你的稿费很高吧?"

勃龙台回答说:"每栏一百法郎。不过也算不得什么,我要看许多书,看到上百部才遇到一部像你这样的大作,值得我动笔。说句良心话,你的作品我看了很愉快。"

"还给他一千五百法郎收入。"罗斯多对吕西安说。

---

[1] 以上四人都是法国十九世纪初期有名的批评家。

拿当接着说："你也写政论文章吧？"

勃龙台回答："东零西碎写一些。"

吕西安在这里好像一个小娃娃，他早就佩服拿当的书，把作者当作神道一般的崇拜；谁知拿当见了一个吕西安没听见过名字，也不知有多大势力的批评家，竟然奴颜婢膝到这个田地，吕西安看着呆住了。他心上想："难道我将来也得这样吗？非放下自己的尊严不可吗？——喂，拿当，干吗连帽子都不敢戴上呢？你写了一部出色的书，批评家只写了一篇文章。"吕西安转着这些念头，浑身发热。他时时刻刻看见一般怯生生的青年，穷苦的作家，跑进铺子求见道利阿，发现满屋子的人，觉得没有希望，说一声"下回再来"，走了。有些政界名流围在一处，其中两三个政客谈着国家大事和召开国会的问题。道利阿准备买进的周报可以议论政治[1]。这一类的报刊那时已经为数不多。办报的特权和开戏院的特权同样是大家争夺的目标。那群政客中间有一个是《立宪报》的最有势力的股东。罗斯多做向导做得很到家。吕西安一句一句听着，觉得道利阿的地位愈来愈高，文学和政治也在这个铺子里合流了。一个优秀的诗人拍一个记者马屁，亵渎艺术，正如娼妓在丑恶的木廊底下卖淫，侮辱女性；外省大人物受着这些教训毛骨悚然。整个的谜只要一个字就可道破，就是钱！吕西安感到自己孤独，谁也不认得他，只凭着一些毫无把握的交情，同功名利禄拉上一点儿关系。他怪怨小团体中一般多情的真正的朋友，给他看到一个不现实的世界，不让他拿着笔杆冲进这个战场。——"否则我早成了勃龙台了。"他私下想。罗斯多刚才在卢森堡高岗上像受伤的鹰隼一般哀号，吕西

---

[1] 当时政府压制言论，大型日报以外的期刊，非经特许不得议论政治。

安觉得他非常伟大,现在可变得渺小了。在这里,吕西安认为唯有时髦的出版商,掌握作家生活的书店老板,才是重要人物。诗人挟着稿子有种不寒而栗的感觉,好像心里害怕。他看见铺子中央,漆成云石色的木座子上供着几个半身像,有拜伦,有歌德,还有卡那利斯。道利阿希望出版卡那利斯的一部诗集,有心要他到这里来的时候看看出版家把他抬得多高。吕西安不知不觉贬低了自己的价值,勇气逐渐消失,只感到他的命运操在道利阿手中,急于等道利阿出现。

13

第四种书店老板

"喂,朋友们,我盘进了一份周报,眼前能够花钱买下的只有这一份,一共有两千订户。"说话的是个矮胖子,脸孔像当年罗马帝国的总督,假装的和气很容易叫浅薄的人上当。

"别胡扯!"勃龙台说。

"印花税证明只有七百订户,那已经很不差了。"

"天地良心,足足有一千二。"他向勃龙台轻轻补上两句,"我说两千,因为有纸店和印刷所老板在场。"随后又高声说,"没想到你这样冒失,老弟。"

斐诺问:"要不要招人合伙啊?"

道利阿说:"看条件。三分之一的股份作四万法郎,你要不要?"

"行,只要您接受我编辑部的名单:爱弥尔·勃龙台,格劳特·维浓,斯克利勃,丹沃陶·勒格兰,番利西安·凡尔奴,奚埃,儒依,罗斯多……"

"干吗不加上吕西安·特·吕庞泼莱?"内地诗人大胆插进一句。

"还有拿当。"斐诺结束的时候说。

"干吗不把这儿的游人一齐请来呢?"出版商掉过身子,拧着眉毛向《长生菊》的作者说,"这一位是谁?"他很不客气的望着吕西安问。

罗斯多回答说:"道利阿,他是我介绍来的。趁斐诺考虑他的合伙问题,让我先来谈一谈。"

威风凛凛的书业大王对斐诺直呼为你,虽然斐诺对他称您;他把人人忌惮的勃龙台叫作老弟,向拿当伸出手去气概像王爷,还做着亲昵的姿势,吕西安看他冷冰冰的一副生气面孔,吓得连衬衫都湿透了。

道利阿嚷道:"啊!老弟,又来一笔交易。你该知道,我手头有一千一百部稿子。诸位先生听见没有?作家们送来一千一百部原稿,不信问迦皮松!不久我竟要另外设一科专管稿件了,辟一个审稿室负责审查,开会讨论,投票表决,审稿的人每次都得签到;还要有一个常任秘书向我提出报告。那等于法兰西学士院的分院,而学士们出席木廊商场的报酬比出席学士院还要高。"

勃龙台道:"倒是个主意。"

道利阿道:"坏主意!你们之中凡是当不了资本家,做不成靴匠,不会当兵,不会做跟班,既不做官,也不做吏的人,都想当作家,搜索枯肠硬要写文章;我才不替他们做清理工作呢。无名小卒不必光临!你们打定了天下,自有大把黄金捧给你们。两年工夫我一手捧出三个,结果三个都是没良心的!拿当的书再版,要我六千法郎版税;我请人写书评花掉三千,此刻一千都不曾收回。勃龙台的两篇稿子花了我一千法郎,请一次客,又是五百……"

吕西安听说道利阿为《辩论报》上的评论花到那个数目，对勃龙台的估价马上一落千丈。他道："可是先生，如果所有的出版家说话都像你先生一样，作家的第一部书怎么印出来？"

吕西安向道利阿陪着笑脸，道利阿却恶狠狠的瞪着他说："那跟我不相干。我才不高兴随便印一部书，为了赚两千法郎冒两千法郎的险呢。我拿文学做投机，宁可挑四十卷的大书印一万部，像邦戈克和布杜昂弟兄的做法。我有势力，又能收买评论，尽可经营一笔三十万法郎的买卖，干吗要推销一部两千法郎的小书呢？捧出一个新人、一部新作品，跟推销挣大钱的《外国戏剧选》《胜利实录》《大革命回忆录》[1]比起来，并不少费气力。我开铺子不是替未来的大人物做垫脚石的，而是为赚钱，赚了钱送给出名的人。我花十万法郎买的稿子，实际上比出六百法郎买无名作家的稿子便宜！就算我不是提倡文艺的贵人，文艺界至少得谢谢我，稿费被我提高了一倍以上。老弟，我告诉你这些道理，因为你是罗斯多的朋友。"道利阿说着，拍拍诗人的肩膀，狎昵的态度叫人受不了，"要是我同所有上门兜稿子的作家谈谈说说，我只好关门大吉，把全部时间花在怪有意思的谈话上面，可惜代价太高了。我还不那么富裕，没法听每个人自吹自捧的独白。那只能搬上舞台，放在古典悲剧里。"

这些正确得可怕的话，加上道利阿的奢华的装束，给内地诗人的印象越发深刻。

"什么稿子？"道利阿问罗斯多。

---

[1] 邦戈克于一八一七至一八二一年间出版《胜利实录》共有二十四卷；拉伏卡于一八二二至一八二三年出版《外国戏剧选》共有二十三卷；贝尔维和巴里哀合出的《大革命回忆录》（一八二二年起印行）共四十卷。

"一部极精彩的诗集。"

道利阿做了一个名演员塔尔玛式的姿势,转身向迦皮松说:"迦皮松,从今天起,谁要来兜稿子……喂,你们几个听见没有?"他又对另外三个伙计说;三个伙计听见东家冒火的声音,从书堆里探出头来。老板瞧着他漂亮的手和手指甲,往下说:"谁要送稿子来,先问清楚是诗是散文。是诗,马上打发掉,免得把书店蛀空了![1]"

新闻记者都嚷起来:"好啊!道利阿说得妙啊!"

出版商手里拿着吕西安的原稿,在铺子里踱来踱去,嚷道:"我说的是事实,诸位先生,你们不知道,拜伦,拉马丁,维克多·雨果,加西米·特拉维涅,卡那利斯,贝朗瑞的走红,真是害人不浅。他们出了名,给我们招来一大批蛮子。我相信此刻送到书店去要求出版的诗稿有上千部,开场总是断断续续的故事,没有头,没有尾,模仿拜伦的《海盗》《拉拉》。年轻人借新奇为名,来一些莫名其妙的章节,叙事诗明明是台利尔的老调,新派作家居然自命为创新!这两年诗人多得像金壳虫。去年我为着诗歌亏本亏了两万!不信问迦皮松!可能世界上真有不朽的诗人,我也看见过,脸孔白白嫩嫩,还没长胡子呢。"道利阿朝着吕西安说,"可是小朋友,对出版界来说,只有四个诗人:贝朗瑞,加西米·特拉维涅,拉马丁,维克多·雨果;还轮不到卡那利斯……他是靠报上一篇又一篇的文章捧出来的。"

在场的那些有势力的人听着哈哈大笑,吕西安不敢在他们面前挺起腰来表示傲气,唯恐受人奚落,下不了台。可是他心痒难

---

[1] 法文中诗与虫二字谐音,故用作蛀空书店的双关语。

熬，恨不得扑上道利阿的脖子，撕下他那个整齐得可恶的领结，扯断他挂在胸口发亮的金链，把他的表踩在脚下，把他的人撕作两半。一个人伤了面子没有不想报复的，吕西安对出版商装着笑脸，心里把他恨得要死。

勃龙台说："诗歌好比太阳，能够帮助万古长青的森林成长，也能产生蚊虫和苍蝇。世界上没有一桩好事不带来一桩坏事。文学产生了出版家。"

"还有新闻记者。"罗斯多说。

道利阿听着大笑。

他指着稿子问："到底是什么东西？"

罗斯多回答："一部十四行诗的集子，会叫彼特拉克脸红的。"

"你这话怎么解释？"道利阿问。

"还不是跟大家一样？"罗斯多回答，他发现众人脸上都挂着俏皮的笑意。

吕西安没法生气，只是暗暗的出汗。

"好吧！我看一遍就是了。"道利阿做了一个气概不凡的手势，仿佛他的让步是天大的情面，"小朋友，如果你的十四行诗够得上十九世纪的标准，我一定叫你成为一个大诗人。"

国会里最有名的一个演说家正在同《立宪报》的编辑兼《弥纳佛报》的经理谈话，插进来说："只要他的才气比得上他的相貌，你也担不了多大风险。"

道利阿回答说："将军，叫一个人出名，报刊的评论要花一万二，请客花三千，不信你问《孤独者》的作者。假如朋雅明·公斯当先生肯为这个青年诗人写一篇书评，这笔交易我绝不犹豫。"

内地大人物听见又是将军,又是大名鼎鼎的朋雅明·公斯当,觉得这铺子的气派简直同奥林泼斯[1]差不多。

斐诺道:"罗斯多,我有事和你商量,等会咱们在戏院见面。——道利阿,这笔买卖我可以做,不过有条件。咱们上办公室去谈吧。"

"来吗,老弟!"道利阿让斐诺走在前面,向十多个等着他的人挥了挥手,表示他忙得不可开交。他正要进办公室,吕西安急起来,拦着他问。

"先生留下我的稿子,什么时候来听回音?"

"哎!我的小诗人,过三四天再来。咱们瞧着办。"

吕西安被罗斯多拉着就走,来不及向凡尔奴,勃龙台,拉乌·拿当,福阿将军,朋雅明·公斯当等等告辞。那时公斯当刚刚发表他关于百日时期的著作,他做了二十年特·斯塔埃夫人的情人,先攻击拿破仑,又攻击波旁家,等到胜利的时候,他筋疲力尽的死了[2]。吕西安只对他匆匆一瞥,印象不过是一头淡黄头发,眉清目秀,长方脸上,长着一张样子可爱的嘴巴。

---

[1] 希腊半岛北部的山,古希腊人认为那座山上是神明住的。
[2] 朋雅明·公斯当死于一八三〇年十二月,正当查理十世下台以后五个月。一八一九年时他曾发表关于百日时期(指拿破仑从厄尔巴岛逃回至滑铁卢战败为止的时期)的书信集。

14

后 台

吕西安踏上街车，挨着罗斯多坐下，说道："没想到是一个鬼地方！"

罗斯多吩咐赶车的："全景剧场，越快越好，给你一法郎半。"然后他在吕西安面前摆着前辈的架子，很得意的说道："道利阿这混蛋一年做十五六万法郎生意，好比当着文艺部部长。他和巴贝一样贪心不足，可是专门捞大笔头的油水。道利阿有气派，很豪爽，也很虚荣；他那点儿风趣是拿别人的话凑起来的。他的铺子是个好地方，值得走动，你可以同当代的优秀人物攀谈。告诉你，一个青年在那儿呆一小时，比着读十年书，弄得面黄肌瘦，学到更多东西。大家在那边讨论报刊上的文章，找题材，交攀名流或者有势力的人物，将来好派用场。今日之下，要成功全靠交游广阔。一切要靠机会，你不是看见了吗？最要不得是有了聪明才智，孤零零的守在冷角落里。"

吕西安说："他狂妄极了！"

埃蒂安纳回答说："哼，我们都拿道利阿打哈哈。你有求于他，他踩在你肚子上；他要用得着《辩论报》，勃龙台要他怎么就怎么，好比转陀螺。唉，你进了文艺界，这种角色有的看呢！我刚才不是告诉过你吗？"

吕西安道："是啊，你说的不错。可是尽管听过你的预告，我在铺子里受的气还是出乎我意料之外。"

"干吗要痛苦呢？凡是我们消耗了生命，为之坐到深更半夜，绞尽脑汁的题材，我们在精神世界中的漫游，用足心血造起来的大建筑，在出版商眼里不过是一桩赚钱生意或者蚀本生意。书店老板只晓得你的书好销不好销。他们只操心这一点。对他们说来，印一部书是拿一笔资本去冒险。作品越好，卖出的机会越少。优秀的人总是比群众高一等，他的作品要过相当时间受人赏识以后，才能风行。哪个出版商愿意等呢？最好今天印的书明天就卖完，既然是这种制度，真有分量，要慢慢的受到推崇的作品，出版商绝不接受。"

吕西安嚷道："大丹士说的不错。"

罗斯多道："你认识大丹士吗？像他那种生活孤独，自以为能叫群众迁就他们的人，我认为最危险。这些要到身后才出名的人，用信心把青年的幻想鼓动得如醉若狂，因为我们开始都自以为力量大得不得了，听了他们的话很投机，就不去利用还能行动，还能有所收获的年纪打天下。我可赞成穆罕默德的办法，他叫山走过来，说道：你不过来，我来！"

这个警句把论点提得非常尖锐，使吕西安在两种办法之间打不定主意：一个办法是小团体的朋友们提倡的安贫乐道的生活，另外一个是罗斯多提出的战斗生活。直到修院大街，安古兰末的诗人一声不出。

现在全景剧场经过拆造，变了民房；当初是一所漂亮的戏院，坐落在修院大街，正对夏洛街。两任经理都失败了，不曾做过一笔好买卖。继承滑稽名角卜蒂埃的维诺，五年以后大红特红的佛洛丽纳，最初倒是在全景剧场登台的。剧院和人一样逃不过命运的安排。全景剧场要同滑稽剧场，快乐剧场，圣·马丁门戏院，以及专演歌舞剧的一些戏院竞争；它经不起同业的倾轧，营业执照的限制[1]，又缺少精彩的剧本。剧作家不肯为了一家前途渺茫的戏院把别的戏院得罪了。那时经理室正想靠一出带点滑稽的杂剧卖座，作者是个青年，叫作杜·勃吕埃，曾经同几个名人合作过，这次他自称是一个人执笔专为佛洛丽纳初次登台编的。佛洛丽纳一向在快乐剧场做跑龙套，最近一年担任一些小角色，稍稍有人注意，可始终没当上主角；全景剧场便要她跳槽。另外一个女演员高拉莉也在这出戏里第一次露面。两个朋友来到戏院，吕西安发觉报纸有那么大的势力，先自吃了一惊。

"这位先生是我带来的。"埃蒂安纳告诉检票处，检票处的职员都弯了弯腰。

"今晚不容易腾出位置。"检票处的头目说，"只有经理的包厢还能安插。"

埃蒂安纳和吕西安在游廊里走了一转，和女招待办了几次交涉，没有结果。

"咱们进场找经理去，他会请我们坐他的包厢。另外我还要介绍你见见今晚的女主角佛洛丽纳。"

罗斯多做了个手势，管乐队池子的人掏出小钥匙，在厚实的墙上开了门。吕西安跟着朋友，从灯火通明的游廊忽然进入

---

[1] 当时官方对戏院多方限制，甚至规定在舞台上同时开口的演员不得超过二人。

一个漆黑的窟窿。在剧场和后台之间,差不多每家戏院都有这样一条过道。内地诗人跨上几步潮湿的踏级,走进后台,看见许多意想不到景象:狭窄的支柱,高耸的天顶,挂油灯的柱子,近看挺可怕的舞台装置,满脸白粉的演员,式样古怪,料子粗糙的服装,上衣沾满油迹的工人,挂在空中的绳索,高高吊起的布景,戴着帽子踱来踱去的后台监督,随便坐着的跑龙套,还有消防人员,总之是一大堆滑稽、凄惨、肮脏、丑恶、刺眼的东西,和吕西安坐在台下看到的大不相同,使他诧异不置。台上快要演完一出歌舞剧,叫作《贝脱朗》,仿照玛丢兰的悲剧编的。诺第埃,拜伦,沃尔特·司各特都很重视玛丢兰的原作,可是在巴黎不受欢迎。

埃蒂安纳嘱咐吕西安:"仔细搀着我的胳膊,要不你不是踩着活门掉下去,就是一座森林从天而降,套在你头上,再不然你会撞翻宫殿,拖倒茅屋。"

一个女演员听着台上的对白准备出场,埃蒂安纳问她:"小宝贝,佛洛丽纳可是在更衣室里?"

"是的,亲爱的。谢谢你在报上说我好话。佛洛丽纳到这里以后,你更和气了。"

罗斯多道:"小家伙,别误了你的事。快点上台,好好念你的两句台词:**住手,混蛋**!今天卖座卖到两千法郎呢。"

女演员脸上换了一副表情,嚷道:"**住手,混蛋**!"吕西安看着愣住了,那声音吓得他全身发冷。她的确变了一个人。

吕西安对罗斯多说:"这就叫戏院。"

罗斯多回答:"戏院同木廊书店和报纸一样,是文学的装配工场。"

拿当出现了。

罗斯多问道："你是为谁来的？"

拿当说："替《法兰西新闻》跑跑小戏院，聊胜于无。"

罗斯多说："今晚跟我们一同去吃宵夜，希望你对佛洛丽纳多多照应，以后回敬你就是了。"

"一定帮忙。"拿当回答。

"你知道，她搬到蓬提街去了。"

刚才的女演员从台上回进后台，问道："小罗斯多，你同来的漂亮青年是谁？"

"啊！亲爱的，他是个大诗人，将来要出名的。——拿当先生，你们今晚同席，让我来介绍一下，这位是吕西安·特·吕庞泼莱先生。"

拿当说："先生，你的姓漂亮得很。"

埃蒂安纳招呼他的新朋友："吕西安，这位是拉乌·拿当先生。"

吕西安道："真的，先生，我两天以前拜读了大作，没想到你写了那样的书，那样的诗集，对一个新闻记者会那么恭敬。"

"等你第一部书出版了，看你的吧。"拿当很含蓄的笑了笑。

凡尔奴瞧见他们三个在一起，嚷道："呦！呦！极端派[1]同进步党握手了。"

拿当回答："白天我代表我的报纸说话，晚上我爱怎么想就怎么想；**天黑了，个个记者都是灰色的**[2]。"

凡尔奴对罗斯多说："埃蒂安纳，斐诺和我同来，正在找你

---

1 这是极端派保王党的简称。
2 法国有句俗语："天黑了，只只猫儿都是灰色的。"

呢……噢……他来了。"

斐诺说:"嗳,嗳,咱们没有位置吗?"

女演员满面春风的笑着说:"我们心坎里永远有你的位置。"

"哦,佛洛维尔,你的爱情倒结束得快。听说你被一个俄国亲王拐走了。"

佛洛维尔便是那个大叫"住手,混蛋"的女演员,她回答说:"这个年月还能拐走女人吗?我们在圣-芒台住了十天,亲王给了经理室一笔钱。"她又笑着说:"我看经理但愿上帝多派几个俄国亲王来,让他拿些补偿费,只有收入,没有支出。"

一个漂亮的乡下姑娘在旁听着,斐诺问她:"那么你呢,小妹妹,耳朵上两颗金刚钻哪里来的?可是搭上了什么印度亲王?"

"没有。不过是个做鞋油生意的英国人,已经走了!觉得家里无聊,资财上百万的生意人,不是随便碰得到的,像佛洛丽纳和高拉莉那样才福气呢!"

罗斯多道:"佛洛维尔,你要误场了,你被你朋友的鞋油迷了心了。"

拿当道:"你要台下叫好,别像疯子般直嚷:**他得救了**!最好安安静静的进去,走到台边,用丹田的声音说:**他得救了**,像拉巴斯达在《当克兰特》里念:**噢!祖国**一样。好,去吧!"拿当说着推了她一下。

凡尔奴道:"来不及了,她误场了!"

罗斯多道:"场子里拼命拍手,她怎么啦?"

跟过鞋油商的女演员道:"她拿出她的看家本领,跪下去露出胸脯来了。"

斐诺告诉埃蒂安纳:"经理请我们上他的包厢去,我在那儿等你。"

罗斯多带着吕西安在舞台背后绕来绕去,穿过迷魂阵似的甬道和楼梯,走到四楼上的一个小房间,拿当和番利西安·凡尔奴跟着他们。

佛洛丽纳道:"诸位先生好。"又转身对一个坐在一边的矮胖子说:"先生,这几位都是我命运的主宰,我的前程操在他们掌心里;可是我希望明儿早上他们一齐躺在我们的饭桌底下,只要罗斯多先生样样安排好……"

埃蒂安纳说:"当然安排好!《辩论报》的勃龙台,货真价实的勃龙台,也给请来了。"

"噢!小罗斯多,那我非拥抱你不可。"佛洛丽纳上前搂着罗斯多的脖子。

胖子玛蒂法看着沉下脸来。佛洛丽纳十六岁,身材瘦削。她的美像一个含苞未放的花蕾,只有喜欢稿本胜过完工的图画的艺术家才赏识。这个迷人的女演员相貌之间处处流露出秀气,很像歌德笔下的弥浓。玛蒂法是龙巴街上有钱的药材商,以为大街上一个年轻的女戏子不需要多少钱,不料十一个月中间,佛洛丽纳已经花了他六万法郎。老实的商人坐在一角,像看守田园的丹末神[1],叫吕西安看着好不奇怪。十尺见方的更衣室糊着美丽的花纸,摆一个帕西希女神的像,一张半榻,两把椅子,一条地毯,一个壁炉架,好几口衣柜。女佣人正好替佛洛丽纳穿扮完毕,一身西班牙装束,佛洛丽纳在那出情节复杂的戏里扮一个伯爵夫人。

拿当对番利西安说:"再过五年,这姑娘准是巴黎最美的女演

---

[1] 古代拉丁民族崇拜的神,雕像往往只有上半身,下半身是一块界石。

员。"

佛洛丽纳转身对三个记者说:"啊!你们这些心肝宝贝,明天要好好捧我一阵才对。今夜你们都要醉得人事不知,我包好车子预备送你们回去。玛蒂法弄了好酒,同路易十八喝的不相上下;他还找了普鲁士公使的厨子。"

拿当说:"我们一看见先生,就知道有好东西请我们。"

佛洛丽纳说:"他知道请的客是巴黎最危险的人物。"

玛蒂法神色不安的瞧着吕西安,看他长得这样美,不免暗暗嫉妒。

佛洛丽纳也发现了吕西安,说道:"这一位我不认识。你们哪一个把贝尔凡台的阿波罗[1]从佛罗棱斯带来的?他长得和奚罗台画的人物一样漂亮。"

罗斯多道:"小姐,我忘了介绍,这位是内地来的诗人。你今晚太美了,我连最起码的礼数都想不起来……"

佛洛丽纳道:"他能做诗人,大概很有钱吧?"

"穷得像约伯一样。"吕西安回答。

"真有意思。"佛洛丽纳说。

剧本的作者,年轻的杜·勃吕埃忽然闯进来,穿着常礼服,个子矮小,身体灵活,看上去像公务人员,又像业主,又像经纪人。

他说:"小佛洛丽纳,台词记熟了吧?嗯,别临时忘了。特别注意第二幕,要泼辣,要尖刻!'我不爱你'那一句要说得好,跟我们排练的一样。"

---

[1] 古希腊有名的雕像,此处是指罗马时代的仿制品。

玛蒂法对佛洛丽纳说:"干吗你要扮这个角色,说这种话呢?"

大家听着药材商的话哈哈大笑。

她道:"那跟你有什么相干?又不是对你说的,傻瓜!"佛洛丽纳又望着记者们说:"听他的胡说八道真好玩。我要不怕破产,还愿意花钱收买,他说一句糊涂话给他多少钱。"

药材商回答:"可是你说这句话把眼睛瞪着我,像你背台词的时候一样,我看着害怕。"

她道:"那容易,下回我望着罗斯多就是了。"

过道里响起一阵铃声。

佛洛丽纳道:"你们一齐请出去,我要温温台词,把意思弄清楚。"

吕西安和罗斯多最后走出。罗斯多亲了亲佛洛丽纳的肩膀,吕西安听见佛洛丽纳说:"今晚不行。老头儿告诉他女人,说他下乡去了。"

埃蒂安纳问吕西安:"你看她可爱不可爱?"

吕西安道:"可是,朋友,那个玛蒂法……"

罗斯多回答说:"呃,孩子,你还一点不了解巴黎生活。有些无可奈何的事只能忍受!比如你爱一个有夫之妇,不是一样吗?人总得设法譬解。"

15

药材商的用处

埃蒂安纳和吕西安走进楼下紧靠前台的包厢，戏院经理和斐诺都在里头。对面的包厢坐着玛蒂法和他的朋友，高拉莉的后台老板，做丝绸生意的加缪索，另外一个小老头儿是加缪索的丈人。正厅里乱哄哄的，三个做买卖的不大放心，正擦着手眼镜张望。上演新戏的第一晚，包厢里的看客总是无奇不有：新闻记者带着情妇，外室带着情夫，有爱看新戏的老观众，有喜欢找这种刺激的上流人物。一位司长和他的家属占着一个最好的包厢；剧作家杜·勃吕埃靠那司长的力量，在财政部门弄到一个领干薪的差事。吕西安自从吃过晚饭以后，到一处诧异一处。两个月来他看到文艺生涯那么穷困，在罗斯多屋子里那么丑恶，在木廊商场那么低微同时又那么威风，总之是一副意想不到的豪华和奇奇怪怪的面目。得意和失意，昧着良心的妥协，权势和吹拍，欺骗和享乐，光荣和屈辱，全都混在一起，弄得吕西安目瞪口呆，好似看一幕从来未有的活剧。

斐诺问经理："你以为杜·勃吕埃的戏能赚钱吗？"

"情节很曲折，杜·勃吕埃有心模仿博马舍。大街上的观众但求刺激，不喜欢这一套。他们不懂风趣。今晚全靠佛洛丽纳和高拉莉，她们俩长得漂亮，极有风情；穿着短裙跳起西班牙舞来，准会抓住观众。这次演出是碰运气。如果报上来几篇有趣的评论，一炮打响了，我可以赚到三万法郎。"

斐诺说："我懂了，这出戏要内行才会赏识。"

"近边的三家戏院打发一批人来捣乱，少不得大喝倒彩；我安排好对付的办法，把对方雇的人收买了，要他们无的放矢，乱嘘一阵。对面包厢的三个老板要佛洛丽纳和高拉莉成功，各人买了一百张戏票送给熟人，他们能把捣乱分子轰走。捣乱分子收了双份的钱，也会听让我们轰走。这个办法可以博得群众的好感。"

斐诺道："两百张戏票，这些人才宝贵呢！"

"对！再多两个漂亮的女演员，像佛洛丽纳和高拉莉一样有阔人供养，我就过关啦。"

两小时以来，吕西安听见样样要靠金钱决定。不论在戏院里，书店里，报馆里，从来不提艺术和荣誉。造币厂的大锤子连续不断的砸在吕西安的头上心上。乐队奏着序曲，他不禁把池子里乱哄哄的掌声和嘘叫声，跟他在大卫的印刷所里体会的，恬静纯洁、诗意盎然的境界，做一个对比：那时他和大卫只看到艺术的神奇，天才的光辉的胜利，翅膀洁白的荣誉女神。他回想到小团体中的晚会，亮出一滴眼泪。

埃蒂安纳·罗斯多问道："你怎么啦？"

吕西安回答说："我看见诗歌掉在泥坑里。"

"唉！朋友，你还有幻想。"

"难道非得在这儿卑躬屈膝，侍候大腹便便的玛蒂法和加缪索，像女演员侍候新闻记者，我们侍候出版商一样吗？"

"小朋友，"埃蒂安纳咬着吕西安耳朵，指着斐诺说，"你瞧这个蠢家伙，既没思想，也没才气，可是贪得无厌，只想不择手段的发财，做买卖精明厉害，在道利阿铺子里要我四分利，还好像帮了我的忙……他收到一些有才气的青年写的信，为了一百法郎不惜向他下跪。"

吕西安厌恶透了，心里一阵抽搐，想起留在编辑室绿呢桌毯上的那幅漫画：**斐诺，我的一百法郎呢？**

"还是死的好！"他说。

"还是活的好！"埃蒂安纳回答。

幕启的时候，经理站起身来，往后台吩咐事情去了。

于是斐诺对埃蒂安纳说："道利阿答应了，周报三分之一的股子归我，付他三万法郎现款，条件是我担任经理兼总编辑。这桩买卖好极了。勃龙台告诉我，上面正在起草限制新闻事业的法案，只允许现有的报纸维持下去。半年之内，要花一百万才能办一份新的报刊。所以我马上决定了，虽然手头只有一万法郎。要是你能叫玛蒂法拿出三万来买我一半股份，就是说认六分之一的股子，我让你当我小报的主编，两百五十法郎一月薪水。对外由你出面。编辑部的权我是始终不放弃的，我的利益也全部保留，只是表面上脱离关系。稿费作五法郎一栏算给你；你只付三法郎，再加上一些不要报酬的稿子，你每天有十五法郎外快，一个月就是四百五。报纸对人对事或者攻击，或者保护，都由我决定；你要放交情，出怨气，也可以，只消不妨碍我的策略。我或许加入政府党，或许加入极端派，此刻还不知道；可是我同进步党的关系暗地里仍要维持。因为你直心直肠，我什么话都告诉你了。我替另外一份报纸跑的国会新闻,说不定将来要让给你,我怕兼顾不了。所以你得利用佛洛丽纳做牵线工作,要她狠狠的逼一逼药材商;万一我凑不足款子,必须在四十八小时以内退股。道利阿把另外三分之一让给他的印刷所老板和纸店老板,作价三万。他白到手三分之一股子,还赚进一万,因为他统共只付出五万。可是一年之内,这份周报卖给宫廷好值二十万,假如宫廷真像外面说的那么聪明,想削弱新闻界的力量的话。"

罗斯多道:"你运气真好。"

"要是你尝过我从前的苦处,就不会说这句话了。在这个时代,我倒的霉简直无法挽回:我是一个帽子师傅的儿子,我爹至今还在公鸡街上开店。要我出头,只有来一次革命,否则就得挣上几百万家私。不知道这两桩事情比起来,是不是革命还容易一些。如果我姓了你那朋友的姓,事情就好办了。嘘!经理来了,再见。"斐诺说着站起身子,"我要上歌剧院,明天要跟人决斗也难说:我写了一篇稿子,签上一个F,把两个舞女大大攻击了一阵。她们都有将军撑腰。我向歌剧院老实不客气开火了。"

"啊!为什么?"经理问。

"是吗,个个人都同我斤斤较量。"斐诺回答,"这个减少我的包厢,那个不肯订五十份报纸。我给歌剧院送了最后通牒,要他们付一百份订报费,每月给我四个包厢。要是成功了,我就有八百订户,一千份报纸的收入[1]。我有办法再找两百订户,明年正月就有一千二了……"

经理说:"这样下去,你要叫我们破产了。"

---

[1] 一千订户中有两百个是白送钱不要报纸的。

"你订了十份报就叫苦吗？我已经要《立宪报》替你登出两篇捧场文章。"

经理说："我不怨你啊。"

斐诺接着说："罗斯多，明儿晚上在法兰西剧院听你回音。那边有新戏上演；我没空写稿，报馆的包厢给你吧。我有心作成你，你为我累得满头大汗，我很感激。番利西安·凡尔奴愿意放弃一年薪水，出两万法郎买我报纸三分之一的股份；我可喜欢一个人做主。再会了。"

吕西安对罗斯多说："这个人姓斐诺倒也名副其实[1]。"

"噢！这该死的家伙一定出头。"埃蒂安纳说，不管那正在关包厢门的精明角色听见不听见。

经理道："他吗？……将来准是百万富翁，到处有人尊重，说不定还有朋友……"

吕西安道："我的天哪！简直是强盗世界！你真的为这件事叫这个甜姐儿做说客吗？"他指着佛洛丽纳说。佛洛丽纳正在向他们飞眼风。

罗斯多回答："并且她准成功。你才不知道这些可爱的姑娘多忠心、多聪明呢。"

经理接着说："她们爱起人来，那种爱情简直没有穷尽，没有边际，把她们所有的缺点，过失，都抵销了。女演员的热情同她的环境是个极强烈的对比，所以更动人。"

罗斯多说："那好比在污泥之中找到一颗钻石，有资格镶在最尊严的王冠上。"

---

1 与斐诺谐音的另一个字，意思是刁猾。

经理说:"哎,不好了,高拉莉在台上心不在焉。我们的朋友被高拉莉看上了,他自己不觉得。她的花招儿使不出来了,已经忘了对答,两次提示都没听见。先生,坐这边来。要是高拉莉爱上了你,我叫人告诉她说你走了。"

罗斯多说:"不!还是告诉她这位先生等会参加宵夜,听凭她支配,那她就演得同玛斯小姐¹一样了。"

经理走了。

吕西安对罗斯多说:"朋友,斐诺花三万法郎买来的股份,你怎么下得了手,要佛洛丽纳小姐劝药材商拿出三万来买一半呢?"

吕西安来不及说完理由,被罗斯多拦住了。

"亲爱的孩子,你真是乡下佬!那药材商又不是人,不过是爱情送来的一口银箱!"

"你的良心呢?"

"朋友,良心这根棍子,我们用来专打别人,不打自己的。哎啊!你闹什么别扭啊?我等上两年的奇迹,你运气好,一天之中就碰上了,倒讲起手段来了!我只道你是聪明人,在这个社会里准会像闯江湖的知识分子一样,思想很洒脱;谁知你牵出良心问题,仿佛修女埋怨自己吃鸡子的时候动了贪欲……佛洛丽纳把事情办成了,我就是总编辑,按月有二百五十法郎收入,专跑大戏院,把一些歌舞剧院让给凡尔奴,大街上这几家戏院交给你,你不是上了路吗?三法郎一栏稿费,你每天写一栏,一个月三十栏,便是九十法郎;还有六十法郎样书卖给巴贝;再向戏院按月

---

1 法国十九世纪有名的喜剧演员。

要十张送票,一共四十张,卖给戏剧界的巴贝,收进四十法郎,做戏票买卖的人我自会替你介绍。这样你每月有两百法郎了。再帮衬一下斐诺,还能在他新买的周报上发表一篇一百法郎的稿子,如果你才能出众的话;因为那儿要正式署名,不比在小报上写稿好胡扯。那时你每月就有三百法郎。亲爱的朋友,便是一般真有才能的人,比如天天在弗利谷多铺子吃饭的可怜的大丹士,也要熬上十年才能挣到这个数目。凭你一支笔,一年稳收四千法郎;倘若再替书店写稿,还有别的进款。一个县长只拿三千法郎年俸,待在县里不死不活。我不谈看白戏的乐趣,那是你很快就要厌倦的;可是四家戏院的后台让你自由进出。开头一二个月,不妨态度严厉,口角俏皮,人家便争着请你吃饭,和女戏子们一同玩儿;她们的情人都要来巴结你;你只有袋里空空如也,连三十铜子都掏不出,外边也没有饭局的时候,才上弗利谷多铺子。今天下午五点,你在卢森堡公园无聊得要死,明儿就有希望变作特权阶级,上百个统制法国舆论的人中间有你一个。要是我们的事情成功了,不出三天,你就能用三十句刻薄话,每天发表两三句,叫一个人坐立不安,过不了日子;你的吃喝玩乐全在你跑的几家戏院的女演员身上。你能把一出好戏打入冷宫,叫一出坏戏轰动巴黎。如果道利阿不肯印你的《长生菊》,也不送你一笔钱,你可以叫他低声下气的上你那儿,出两千法郎买去。只消你有才能,在三家不同的报纸上登出三篇稿子,拿道利阿的几笔大生意或者他打算畅销的一部书开刀,他要不爬上你的阁楼,像藤萝般缠着你不放才怪!还有你的小说,此刻个个出版商把你敷衍两句送走,将来他们会到你府上去排队,把道格罗老头只估四百法郎的原稿抬价抬到四千!这是当新闻记者的好处。因此我们不让新人接近报馆。要进新闻界，不但要有才能，还得运气好。没想到你跟你的好运闹别扭！……不是吗？咱们俩今天要不在弗利谷多铺子见面，你还得像大丹士那样在阁楼上呆三年，或者干脆饿死。等到大丹士像斐尔[1]一样博学，成了卢梭那样的大作家，我们早已挣了家业，能支配他的家业和声名了。那时斐诺当上议员，做了一家大报馆的老板，而我们也都称心如意了：不是进贵族院，便是背了债进圣德－贝拉奚[2]。"

"那时，斐诺把他的报纸卖给出价最高的部长，正如他此刻把吹捧的话卖给巴斯蒂安纳太太，阴损几句维奚尼小姐，告诉读者，巴斯蒂安纳的帽子比报上早先称赞过的维奚尼做的高明！"吕西安这么说着，想起他亲眼目睹的一件事。

"朋友，你是个傻瓜。"罗斯多冷冷的回答，"三年以前，斐诺走在街上只有靴筒，没有靴底，在塔巴饭店吃十八铜子一顿的饭，为了挣十个法郎替人写商品的仿单；他的礼服怎么还能穿在身上，竟像圣灵感应的怀胎[3]一样，是个猜不透的秘密。如今斐诺有一份独资的小报，值到十万；有白送报费不要报纸的订户；除了正式的订报收入，还有他舅舅代抽的间接税：这两项给斐诺两万法郎一年收入，天天吃着山珍海味的酒席，从上个月起有了自备马车；明儿又要当一份周报的经理，白到手六分之一股权，每月五百法郎薪水，还能揩油上千法郎稿费，人家尽义务写的文章，他叫股东们照样付钱。倘若斐诺答应给你五十法郎一页[4]，你

---

[1] 斐尔（1647—1706），法国作家，写过一部百科辞典。
[2] 一七九二至一八九九年间巴黎有名的监狱，主要幽禁政治犯与文人。
[3] 基督教传说，圣母生耶稣不是凡人的怀胎，而是受了圣灵感应怀的胎。
[4] 指双折的一张，等于四面；法国人写稿很少用单张（即两面）的纸。

第一个会高高兴兴替他白写三篇稿子。等你爬到差不多的地位，你再来衡量斐诺吧，一个人只能受同等地位的人衡量。如果你闭着眼睛跟你的帮口走，斐诺喝一声打，你就打，喝一声捧，你就捧，包你前途无量！你要报仇出气，只消和我说一句：罗斯多，揍死这家伙！咱们就在报上每天登一句两句，叫你的敌人或者朋友不得超生。你还能在周报上发表一篇长文章拿他再开一次刀。万一事情对你关系重大，而斐诺觉得少不了你的话，他会让你利用一家有一万到一万二订户的大报，把你的敌人一棍子打死。"

吕西安听得入迷了，说道："那么你认为佛洛丽纳一定能叫药材商做这笔交易了？"

"当然啰。现在正是休息时间，我先去嘱咐她两句，事情今夜就好决定。经过我指点，佛洛丽纳除了她自己的聪明，还会把我的聪明一齐用上去。"

"嗳，这老实的商人在那里张着嘴欣赏佛洛丽纳，做梦也没想到人家要算计他三万法郎！……"

罗斯多道："你又说傻话了！为什么不干脆说我们抢劫呢？可是，亲爱的，如果政府收买报纸，药材商的三万本钱十个月之内可能变成五万。何况玛蒂法目的不在于报纸，他只为佛洛丽纳着想。外边一知道玛蒂法和加缪索做了某某杂志的老板，因为这笔交易他们俩要合做的，所有的报刊都会说佛洛丽纳和高拉莉的好话。佛洛丽纳马上出名，说不定别的戏院会出一万两千包银和她订合同。玛蒂法也不必再请客，送礼，每个月在记者身上好省掉千把法郎。你不了解人，也不懂生意经。"

吕西安道："可怜的家伙！他原是想快快活活过一夜的呢。"

罗斯多接口说："佛洛丽纳却要搬出一大堆理由来跟他缠绕不

休，直到他买下斐诺的股份，给佛洛丽纳看到收据为止。这么一来，我第二天便当上总编辑，一个月挣到上千法郎了。我的苦日子过完啦！"佛洛丽纳的情人叫起来。

罗斯多离开包厢，丢下神思恍惚的吕西安，让他去胡思乱想，在现实世界的上空飘飘荡荡。内地诗人见识了出版界在木廊商场的把戏和猎取声名的手段；又在戏院后台走了一遭，看到漆黑的良心，巴黎生活的关键，各种事情的内幕。他眼睛欣赏台上的佛洛丽纳，心里羡慕罗斯多的艳福，一会儿已经把玛蒂法忘了。他愣在那里说不出有多久，也许只有五分钟，他却觉得长得无穷无尽。火热的念头烧着他的心，女演员的形象挑起他的欲火：淫荡的眼睛四周涂着胭脂，白得耀眼的胸脯，妖艳的短裙，肉感的绉裥，裙子底下露出大腿，穿着绿头绿跟的红袜子，有意刺激台下的观众。两股腐蚀的力量齐头并进，向吕西安直扑过来，仿佛两条瀑布要在洪水中汇合；诗人坐在包厢的一角，胳膊放在包红丝绒的栏杆上，耷拉着手，定睛望着台上的幕，听凭那两股力量吞噬；因为以前过着用功，单调，隐晦的生活，像一片深沉的黑夜，此刻受着又有闪光，又有乌云，像烟火般灿烂的生活照耀，他愈加支持不住了。

16

高拉莉

忽然幕上露出一个隙缝,一只多情的眼睛光芒闪闪,射在吕西安的漫不经意的眼睛上。诗人从迷惘中醒来,认出是高拉莉的眼睛,不由得浑身发热,低下头去,望着加缪索,加缪索正好回进对面的包厢。

那位女性鉴赏家是个大胖子,蒲陶南街上的丝绸商,还担任商务法庭裁判;家里有四个孩子,老婆是续弦,一年有八万法郎进款;年纪已经五十六,满头花白,像戴着一顶帽子,是一个假作正经而及时行乐的人;他一生在生意场中受过不少委屈,离开世界之前一定要快活一阵。颜色像新鲜牛油般的额角,像修士般红润的脸颊,似乎还不够容纳他心花怒放的快乐。加缪索趁老婆不在身边,准备拼命鼓掌,捧高拉莉。富商的虚荣心集中在高拉莉身上,他在小公馆里撑的场面不亚于从前的王侯。他认为女演员的成功一半是他的功劳,因为他是出钱的老板。既然有岳父在场,加缪索的行动等于得到批准。岳父是个矮小的老头儿,头发扑着粉,眼睛色迷迷的,可是神态庄严。吕西安看着不胜厌恶,想起自己一年来对巴日东太太的爱情何等纯洁,热烈。于是那种诗人式的爱情展开雪白的翅膀，无数的回忆像浅蓝的天色一般围绕着安古兰末的大人物。他又沉入幻想中去了。第二幕正开始。高拉莉和佛洛丽纳都在台上。

高拉莉对答的时候，佛洛丽纳和她轻轻的说："亲爱的，他脑子里才没有你呢。"

吕西安忍不住笑了，望着高拉莉。她是巴黎女演员中最可爱最有趣的一个，可以同班冷太太和佛勒里埃小姐[1]相比，不但面貌相像，命运也差不多。这一类的姑娘有本事随心所欲的迷惑男人。高拉莉在犹太女人中是最杰出的典型，一张长长的鹅蛋脸，淡黄皮肤带着象牙色，鲜红的嘴巴赛过石榴，细腻下巴像杯子的边。眼皮包着火辣辣的黑玉般的瞳子，睫毛往上翻卷。从眼皮和睫毛底下，不难想象那副懒洋洋的眼神，必要时会闪出沙漠中的火焰。橄榄色的眼圈上面，弯弯的眉毛很浓。两股紫檀色的头发从中间对分，照着灯火，光艳如漆；棕色的脑门藏着卓越的思想，仿佛很有才气。其实高拉莉同多数女演员一样，虽则会讲一套后台的俏皮话，人并不聪明；虽有应酬的经验，却谈不上什么知识；她的聪明是凭直觉，心肠好是因为她多情。可是她的滚圆光滑的胳膊，像纺纱的锭子般的手指，黄澄澄的肩膀，像《雅歌》中咏叹的那种胸脯，曲线优美，动作灵活的脖子，穿着红丝袜，长得多漂亮的大腿，叫人看了目眩神迷，怎么还会追究她的精神生活？这些富于东方诗意的美，被舞台上流行的西班牙装束衬托之下，越发显著了。她系着短裙扭来扭去，把裙子扭出许多淫荡的皱痕，观众的眼睛紧盯着她的腰部臀部，乐不可支。吕西

---

[1] 十九世纪初期两个美丽的女演员，都是年轻时夭折的。

安发觉这女的只为他一个人表演，再也想不起加缪索，正如楼厅上的野孩子再也不想苹果皮；他把肉欲的爱放在纯洁的爱情之上，把享受放在爱慕之上，恶魔似的淫欲引起他许多邪念。

吕西安暗暗想道："花天酒地，穷奢极侈的爱情，我一点都不知道。我多半在思想中过活，很少过现实生活。一个人要描绘一切，就应当认识一切。今晚我第一回参加大场面的宵夜，同一般奇奇怪怪的人作乐。上一世纪的大贵族沉湎酒色，留下许多佳话；我为什么不尝尝那种乐趣呢？就是要移用到真正的爱情中去，也该领教一下交际花和女戏子的爱情，看看其中有什么快乐，妙处，激动，技巧，奥妙。归根结底，这不是销魂荡魄的诗意吗？两个月之前，这些女人在我眼中好比有毒龙看守的女神；刚才我还为着佛洛丽纳羡慕罗斯多；眼前这个比佛洛丽纳更美；她既然有意，我为什么不顺水推舟接受呢？达官贵人不惜拿最珍贵的东西孝敬她们，博一夕之欢。大使们一进那些魔窟，把昨天明天都忘了。我还没有爱上什么人，倒比一般王侯还多所顾虑，岂不是傻瓜！"

吕西安再也不想到加缪索了。对于最可耻的合伙，他曾经向罗斯多表示深恶痛绝，此刻他也跌进了这个臭沟。吕西安受着热情煽动，听凭自欺欺人的理由勾引，在一片欲海中浮沉。

罗斯多回进包厢，说道："高拉莉爱你爱得发疯了。你的相貌比得上希腊最有名的雕塑，弄得后台个个人神魂颠倒。朋友，你真运气。高拉莉才十八岁，凭她的姿色不久就能挣到六万法郎包银。她还挺安分。三年以前被母亲卖了六万法郎，一向很痛苦，只想求幸福。她进戏院是迫不得已。她恨死她的第一个主子特·玛赛。不久她被花花太岁丢了，总算脱离苦海，碰上这个忠厚的加缪索；高拉莉心里并不喜欢，可是加缪索像父亲对女儿一般对她，她也就容忍了，接受他的爱。有人用大笔财产引诱她，她拒绝了，宁可跟着加缪索，至少不受折磨。所以她对你还是初恋。噢！她一看见你，心上好像中了一颗子弹；她因为你冷淡，在更衣室里哭起来，佛洛丽纳才劝她来着。这出戏眼看要砸了，高拉莉把台词都忘啦；加缪索替她谋的竞技剧场的合同没有希望了！……"

吕西安听着这些话，虚荣心满足了，十分得意，说道："唔？……可怜的姑娘！……真的，朋友，我一生十八年中遇到的事，还没有一个黄昏遇到的多。"

接着吕西安说出他和特·巴日东太太的恋爱和对夏德莱男爵的仇恨。

"好啊，眼前报纸就缺少一个对头，正好揪住他。这男爵是帝政时代的美男子，此刻又是政府党，对我们很合式，我在歌剧院常常见到的。至于你那个贵族太太，我也面熟得很，她常在特·埃斯巴太太包厢出现。你的旧情人活像一块乌贼鱼骨，男爵还在追求她。事情真巧，斐诺才送信来说，报纸连一份抄本都没有；我们的一个记者，小坏蛋埃克多·曼兰，因为人家扣除了他稿子上的空白，跟斐诺捣乱。斐诺急坏了，正在赶写一篇攻击歌剧院的稿子。朋友，这里的剧评你来写，你先听一听，想一想。我到经理室去准备三栏文章，对付你的冤家和瞧你不起的美人儿，叫他们明天不得安宁！……"

吕西安道："原来报纸是在这种地方这样编出来的？"

罗斯多回答说："老是这么回事。我在报馆里十个月，总是晚上八点连一份钞本都没有。"

印刷业的行话把发排的手稿叫作钞本,大概假定作者只交作品的副稿。也许是拿拉丁文的Copia（意义是丰富）[1]译作反话,因为报馆里老是闹稿荒!

罗斯多又道:"最理想是预先编好几期,可是这计划永远实现不了。此刻已经十点,还一个字都没有。为了把这一期编得精彩,我要去通知凡尔奴和拿当,叫他们写一二十条小品,挖苦一阵议员,部长,枢密大臣克吕索,必要的话把朋友都放进去。遇到这种情形,便是糟蹋自己的老子也顾不得了,比如海盗要活命,连抢来的金洋也不能不当作弹药装进大炮。你的稿子要是写得风趣,就能在斐诺面前站稳脚跟;他给人的情分都从利害关系出发。除了当铺的收据,根据利害关系的情分也是最好最靠得住的东西[2]。"

吕西安道:"新闻记者到底是怎么样的人呢?……难道一坐到桌子前面,文思就会源源不绝的来吗?……"

"完全像点灯一般……点到灯尽油干为止。"

罗斯多正推开包厢的门,戏院经理和杜·勃吕埃来了。

剧作者对吕西安说:"先生,让我去代你通知高拉莉,说你吃过宵夜和她同走;要不然我的戏完啦。可怜的姑娘不知道她做些什么,说些什么,这样下去,应当笑的时候她会哭,应当哭的时候她会笑。台下已经喝倒彩了。你还能挽回局面。反正是叫你快活,不是受罪。"

吕西安道:"我不习惯同人家平分秋色。"

经理望着杜·勃吕埃说:"这话别告诉她。高拉莉这孩子的脾

---

[1] 法文中的"钞本"叫作Copie,语源便是拉丁文中的Copia,意思是丰富,充沛。
[2] 原文中收据和情分（感激一字的转义）是同一个字,故此处用作双关语。

气,会把加缪索轰走的。金茧号的老板很厚道,每月给高拉莉两千法郎,还负担全部衣着和鼓掌队的费用。"

吕西安神气俨然的说:"好在你许的愿约束不了我,你先挽回了戏再说吧。"

杜·勃吕埃央告道:"你可千万别冷淡这个可爱的姑娘。"

诗人说:"我懂了,我又要为你的戏写评论,又要对你年轻的女主角装笑脸。行,就这样吧!"

作者向高拉莉递了一个暗号,出去了。高拉莉从此演戏演得很精彩。蒲费那天扮一个西班牙老法官,第一回显出他演老头儿的本领;他在掌声雷动中出台宣布,说道:"**诸位先生,我们演的这出戏是拉乌同特·居尔西[1]两位先生合编的。**"

罗斯多说:"呦!原来拿当也是作者,怪不得他在这里。"

"高拉莉!高拉莉!"正厅的观众发狂似的叫喊。

两个商人的包厢中发出打雷般的声音,叫道:"佛洛丽纳!"

接着好几个人喊起来:"佛洛丽纳!高拉莉!"

幕重新升起,蒲费陪两个女演员出来谢幕。玛蒂法和加缪索各自向台上丢了一个花圈,高拉莉捡起她的花圈伸向吕西安。在戏院里的两个钟点,吕西安等于做了一个梦。他一进后台就开始迷迷糊糊,虽然后台那么丑恶。心地还纯洁的诗人呼吸到一片混乱和肉欲的气息。肮脏的走道中堆满机关布景,油灯冒着黑烟,似乎有一种腐蚀心灵的瘟疫。那儿的生活既不清白,也不现实。所有的正经事儿都变了玩笑,所有的荒唐事儿倒像是真的。吕西安好像吃了麻醉品,最后高拉莉又使他快活得神魂颠倒。吊灯熄

---

[1] 前者是拿当的名字,后者是杜·勃吕埃的笔名。

了。只有女招待在场子里搬开小凳,关上包厢,闹出一片古怪的响声。几十盏脚灯一下子给吹熄了,臭气触鼻。台前的幕高高卷起,屋梁上放下一盏灯笼。消防队和戏院的工友开始巡查。台上的神仙世界,美女充斥的包厢,眩目的灯光,富丽堂皇的布景和新装,完全不见了,只剩下寒冷,丑恶,阴暗,空虚,叫人不堪忍受。

吕西安的惊愕诧异简直无法形容。

罗斯多在台上叫道:"喂,你来吗,老弟?——从包厢里跳上来吧。"

吕西安身子一纵,上了舞台。佛洛丽纳和高拉莉卸下戏装,裹着大衣,里面穿着普通的棉袍,帽子上罩着黑纱,好比蝴蝶又变了幼虫。吕西安几乎认不得她们了。

"请你搀着我好不好?"高拉莉打着哆嗦问。

"好啊。"吕西安回答。他扶着高拉莉的胳膊,觉得她的心像小鸟一般的乱跳。

高拉莉偎傍着诗人,好比一只猫又热烈又温柔的靠着主人的腿厮磨,说不出有多么舒服。

她对吕西安说:"啊,我们一同去吃宵夜了!"

四个人走出去,看见戏院后门口,修院壕沟街上停着两辆街车。加缪索和他的老丈加陶已经在一辆车上等着;高拉莉请吕西安上去,也让杜·勃吕埃占了一个位置。戏院经理和佛洛丽纳,玛蒂法,罗斯多同车。

高拉莉说:"这些街车真要不得!"

杜·勃吕埃说:"为什么你不自备一辆呢?"

"为什么?"高拉莉口气不大高兴,"我不好意思当着加陶先生说出来，他的女婿准是他一手教导的。你想得到吗，加陶先生人这么矮，年纪这么大，只给佛洛朗蒂纳五百法郎一月，刚好够她吃饭，住房子，买木屐。特·洛希居特老侯爵一年有六十万进款，两个月来口口声声说要送我一辆轿车。我可是演员，不是低三下四的姑娘。"

加缪索一本正经的说："小姐，你的车后天就有；只是你从来没向我开口。"

"这也要人家开口吗？怎么，一个人爱一个女人，会让她踩着街上的垃圾，不怕她扭断腿吗？只有卖衣料的老板才喜欢女人衣角上沾上泥浆。"

这些牢骚叫加缪索听着好不难受。高拉莉一边说一边碰到吕西安的腿，趁势把自己的腿靠上去，还抓起他的手握着。她不出声了，好像一心一意体味着无穷的快乐。对于这一类可怜虫，这种快乐等于把一切过去的悲伤和不幸都补偿了，在心中引起一股诗意，那是别的妇女体会不到的，因为她们运气好，不曾有过这些强烈的对比。

杜·勃吕埃对高拉莉说："最后你演得和玛斯小姐一样好。"

加缪索说："是啊，小姐开场好像心里有疙瘩；可是从第二幕后半段起，她把人迷住了。你的戏成功一半是靠小姐。"

杜·勃吕埃说："小姐的成功一半也靠我。"

"你们都在抢别人的功劳。"高拉莉说话的声音不大自然。

车子经过一段黑洞洞的街道，高拉莉把嘴唇凑着吕西安的手亲了一下，掉了几滴眼泪在他手上。吕西安感动得不得了。交际花动了感情会这样谦卑，精神的伟大可以说胜过天使。

杜·勃吕埃对吕西安说："先生写起剧评来，正好为我们的高拉莉写一段好文章。"

加缪索道："噢！请你帮帮忙，我永远感激不尽。"他的声音完全是恳求吕西安。

气恼的高拉莉说道："别干涉先生的自由，他爱怎么写就怎么写。加缪索，我要你买车，不要你买人家的夸奖。"

吕西安客客气气回答："我的赞美用不着你破费。我从来没有在报上写过一个字，不知道报界的作风，我为你破题儿第一遭动笔……"

杜·勃吕埃道："那才妙呢。"

小老头加陶说："蓬提街到了。"他被高拉莉抢白了几句，狼狈得很。

高拉莉趁大家下去，车厢里只有她和吕西安两个人的时候，说道："你为我第一次动笔，我为你第一次动情。"

17

小报是怎么编的

高拉莉到佛洛丽纳房中穿扮，她的衣衫早就派人送来。商人有了钱要享福，在女戏子或情妇家摆阔的场面，吕西安还没见识过。虽然玛蒂法的家业比不上他的朋友加缪索，气派不大，已经使吕西安看着惊奇。饭间的装修很精致，糊壁的绿呢嵌着黄澄澄的帽钉，点着漂亮的灯，花架上供满鲜花。客厅糊的是棕色镶边的黄绸，摆着时行的家具，有托米尔出品的吊灯，有波斯图案的地毯。座钟，烛台，壁炉用具，没有一样不美观大方。屋内的装修，玛蒂法都托青年建筑师葛兰杜代办；他正在替玛蒂法盖住宅，知道这套房间的用途，也就格外用心。玛蒂法到底是做买卖的，动用每样东西都小心翼翼，仿佛账单上的数字老在眼前，他看待奢华的陈设有如珍贵的首饰拿到了匣子外面，多少有点冒险。

加陶老头的眼神表示他心里想："看来我也不能不替佛洛朗蒂纳布置这样一所屋子。"

吕西安忽然明白，为什么罗斯多不在乎平时住的破烂房间。这些宴会和这些漂亮东西，事实上都归埃蒂安纳享受。无怪他摆着一副主人翁面孔，站在壁炉架前面和戏院经理交谈，经理正在恭维杜·勃吕埃。

斐诺进来嚷道:"稿子!稿子!报馆里一个字都没有。我的文章已经在排字工人手里,马上排完啦。"

埃蒂安纳道:"我们才到。佛洛丽纳的小客厅里有桌子,有火;只要玛蒂法先生给我们纸张墨水,趁佛洛丽纳和高拉莉穿扮的时候,我们的文章就好赶出来。"

加陶,加缪索,玛蒂法,一齐离开客厅去拿笔和小刀[1],替两位作家张罗文房用具。当年最漂亮的一个舞女多丽阿,急急忙忙走进来对斐诺说:

"亲爱的,你要他们订一百份报,他们同意了;不用经理室开支,全部由歌唱队,乐队,舞蹈队分摊。你的报真有趣,个个人爱看。你要的包厢也给你了;这是第一季的订报费。"多丽阿递给斐诺两张钞票,"你可别跟我捣蛋啦!"

斐诺嚷道:"糟糕。我骂歌剧院的稿子不能不抽掉,这一期的头条文章又落空了……"

勃龙台带着格劳特·维浓,后面还有拿当和凡尔奴,跟着多丽阿进来。勃龙台说道:"拉伊斯[2],你这个身段美极了!小宝贝,你非得和我们一块儿吃宵夜,要不我掐死你这个花蝴蝶。你是跳舞的,这儿没有人和你竞争。至于漂亮,你们都聪明得很,不会当众吃醋的。"

斐诺叫道:"喂,朋友们,杜·勃吕埃,拿当,勃龙台,救救我吧。我还缺五栏稿子。"

吕西安道:"我的剧评可以写两栏。"

---

1 鹅毛管的笔需要用小刀常常修削。
2 公元前五世纪时希腊名妓。

罗斯多道:"我的题材占一栏。"

"那么,拿当,凡尔奴,杜·勃吕埃,还剩两栏俏皮文章归你们负责。勃龙台替我第一版写两小栏。我马上赶往印刷所。多丽阿,幸亏你是坐自己的车来的。"

多丽阿说:"对,可是车上还有雷多雷公爵和德国公使。"

拿当说:"就请公使和公爵一齐来吃宵夜吧。"

勃龙台说:"德国人酒量都不错,也喜欢听人议论,咱们尽量和他说些放肆的话,让他去报告他的宫廷。"

斐诺说:"你们中间哪一个正经一些,能下去跟德国公使打交道?杜·勃吕埃,你是个小官儿,你搀着多丽阿一块儿下楼,去请特·雷多雷公爵和公使。呃,我的天!多丽阿今晚多漂亮!……"

"咱们一共是十三个了!"玛蒂法说着,脸色都变了[1]。

"不是十三,是十四。"佛洛朗蒂纳闯进来说,"我要求监视加陶大爷。"

罗斯多道:"再说,勃龙台还带着格劳特·维浓呢。"

勃龙台端起一个墨水缸说:"我是带他来喝酒的。"又对拿当和凡尔奴道,"今晚有五十六瓶酒,咱们非卖力不可。别忘了鼓动杜·勃吕埃,他专写轻松的喜剧,嘴皮刻薄,一定要他来些俏皮话。"

吕西安极想在这些出众的人物面前显显本领,伏在佛洛丽纳小客室内一张圆桌上,凑着玛蒂法点的几支粉红蜡烛,写出他的第一篇稿子。

---

[1] 耶稣被捕前夕,和十二门徒一同吃晚饭(所谓"最后之晚餐");故西俗迷信忌十三人同桌。

全景剧场

三幕杂剧《法官受窘记》第一次上演——佛洛丽纳小姐和高拉莉小姐初次登台——蒲费。

台上的人进来，出去，七嘴八舌，来来往往，东寻西找，一无所得，乱哄哄闹成一片。法官不见了女儿，找到了小帽子；小帽子戴在法官头上不合适，大概是贼的。贼在哪儿？大家进来，出去，七嘴八舌，来来往往，上天下地的找。临了法官找到一个男人，却没有女儿；找到了女儿，却没有男人。法官满意了，观众不满意。台上静下来，法官打算盘问男人，坐在法官的大靠椅上，整理他法官的衣袖。世界上只有西班牙法官才有那种大袖子，脖子里裹着羊肠领。在巴黎的舞台上，光是羊肠领就代表半个西班牙法官。踱着小步，害肺气肿的老法官，原来是青年演员蒲费，卜蒂埃的继承人，扮老人惟妙惟肖，连最老的老头儿看了也笑痛肚子。光秃的脑袋，发抖的声音，奚隆德[1]式的身体，瘦小的大腿：扮一百个老人也绰乎有余。这青年演员老得厉害，老得可怕，大家唯恐他的老态像瘟疫一般传染。他演的法官可真妙！笑容慌张得可爱！做的糊涂事儿重要无比！庄严的态度愚蠢透顶！迟疑得真有道理！这家伙知道很清楚，天下事都可真可假。他有资格在立宪政体之下做一

---

[1] 古典喜剧中凡是年老庄严的角色大都取这个名字。

个大臣！法官问一句，陌生人反问一句；蒲费的审问变了回答，法官的问话说明了剧情。这一幕滑稽突梯，大有莫里哀风味，满场的观众都乐开了。剧中人好像意见一致了；我可没法告诉你们哪些事分明，哪些事糊涂。法官的女儿站在面前，是个地道的安达卢齐女子，西班牙女子，长着西班牙眼睛，西班牙皮色，西班牙腰身，走路是西班牙式，从头到脚都是西班牙味儿：吊袜带上拴着短刀，心中充满爱情，胸口的缎带上挂着十字架。一幕完了，有人问我戏怎么样，我回答说：——我只看见绿头绿跟的红袜子，脚只有这么一点儿，套着漆皮鞋，美丽的大腿在安达卢齐找不出第二双！啊！这个法官的小姐叫你看了馋涎欲滴，恨不得跳上台去把你穷小子的茅屋和热乎乎的心献给她，或者送她三万法郎进款，写文章歌颂。这安达卢齐姑娘是巴黎最漂亮的女演员，芳名高拉莉，能做伯爵夫人，也能做风骚的女工。到底扮哪个角色更好，我也说不上。反正她演什么像什么，天生的全才，对一个大街上的女演员，还有什么更好的话可赞美？

第二幕出现一个巴黎的西班牙女人，脸蛋像宝石上的浮雕，眼睛杀气腾腾。这一下轮到我来打听她的来历了。据说她是从后台来的，名叫佛洛丽纳小姐；我可不信，看她动作多泼辣，爱情多热烈！正好同法官的女儿见个高下。丈夫是阿尔玛维华[1]式的贵族，他那块料，

---

[1] 博马舍喜剧《塞维尔的理发师》和《费加罗的婚礼》中的主要角色之一，是个荒唐淫逸的贵族。

扮大街上几百个贵人都行。佛洛丽纳没有绿头绿跟的红袜子,没有漆皮鞋,可是有西班牙式的披肩,一块轻纱裹在身上多有样,她本来是贵夫人么!她叫你看到母老虎能变作猫咪。两个西班牙妇女舌剑唇枪,你一句,我一句,一听就知道是争风吃醋。一切快解决了,不料法官糊涂,又把事情弄得一团糟。拿火把的,跟班的,狡猾的仆役,财主,绅士,法官,小姐,太太,再开始寻找,来来往往,到处乱转。剧情又复杂起来;我管不了剧情,只是被两个女的,嫉妒的佛洛丽纳和得意的高拉莉,把我卷进她们的裙子,披肩,用她们的小脚踩着我的眼睛。

好容易挨到第三幕,我没有闹出事来惹警察长干涉,也不曾叫看客觉得我伤风败俗,足见公众的和宗教的道德很有力量。可笑我们的国会对这些问题操心得厉害,仿佛法国到了人心不古,世风日下的地步。我终于弄明白了,原来有个男人爱上两个女人,而两个女人并不爱他,或者是两个女的爱他,而他并不爱两个女的;那男人不喜欢法官,或者是法官不喜欢那男人。那男的可是恪守本分的贵族,的确心有所爱,不是爱他自己就是爱上帝,因为他后来出家做了修士。诸位欲知详情,快去全景剧场。你们看了上文已经知道,第一回去应当见识一下绿头绿跟的红袜子,前程远大的小脚,眼睛漏出来的光像一道阳光;乔装安达卢齐姑娘的巴黎女子,乔装巴黎女子的安达卢齐姑娘,多么聪明伶俐,也该领教一番。第二回去应当欣赏戏文,那老头儿会把你笑死,那多情的贵人会叫你痛哭流涕。戏剧在这两点上都成功了。作者编这本戏听说还请一个大诗人合作,利用两位动了爱情的姑娘使作品成功。池子里的看客如醉若狂,差点儿乐死了。两个姑娘的大腿似乎比作者更有魔力。不过两个争风的妇女走开了,剧中的对话照样风趣十足,可见戏文着实精彩。台上报出作者姓名,鼓掌的声音害得戏院的建筑师提心吊胆,唯恐屋子震倒;作者特·居尔西先生却若无其事,他听惯维苏威火山在大吊灯底下沸腾。两个女主角还跳一只塞维尔的鲍莱罗舞,当年参加宗教会议的神甫们——最爱看,今日的检查官也批准了,虽则姿势淫荡,不无危险。仅仅这场舞蹈就能吸引一切人老心不老的老人;我有句话奉劝他们,就是手眼镜务必擦得干净。

吕西安写出这篇手法新颖,风格独特,在报刊文字中别开生面的稿子,同时罗斯多也写了一篇所谓风俗小品,题目叫《过时的美男子》,开头是这样的:

> 帝政时代的美男子总是细挑身材,筋骨很好,经常束腰,得过荣誉团勋章,姓什么包德莱之类。帝国的男爵现在为了讨好王室,在姓氏之前加上一个杜字,叫作杜·包德莱;万一遇到革命,仍旧可以回复本姓,叫作包德莱。他的姓是骑墙派,做人也是骑墙派;早年在某公主的闺房中当过风流的听差,又得宠,又得力,公主的兄长我不便道出姓名来;如今男爵又在圣·日耳曼

区结交权贵。杜·包德莱一方面否认替帝国的公主出过力,一方面向他亲密的女施主高唱情歌……

这种人身攻击的小品当时很流行,内容荒谬,以后却大有进步,特别是《费加罗报》贡献最大。夏德莱男爵正在追求特·巴日东太太;作者用乌贼鱼骨跟特·巴日东太太做了一个滑稽的比较,读者用不着认识讽刺的对象也觉得好玩。夏德莱被罗斯多比作鹭鸶,说他衔着乌贼鱼骨吞不下去,掉在地下碎作三段,叫人看了忍俊不禁。这场玩笑写成几篇稿子登出来,在圣·日耳曼区闹得沸沸扬扬,也是促成取缔新闻法案的原因之一。过了一小时,勃龙台,罗斯多,吕西安,回进客厅。特·雷多雷公爵,德国公使,四个女的,三个商人,戏院经理,斐诺,三位作家,都在客厅里谈天。一个头戴纸帽的学徒跑来催稿。

他说:"稿子再不送去,工人要走了。"

斐诺说:"我给你十法郎,你拿去给他们,要他们等着。"

"先生,他们有了钱喝得烂醉,报纸完啦!"

斐诺说:"这小孩儿这样世故,叫我害怕。"

德国公使正在预言那小厮将来一定大有出息,三位作家进来了。勃龙台念了一篇攻击浪漫派的俏皮文章。罗斯多的稿子叫大家听着直乐。特·雷多雷公爵劝作者间接捧一两句特·埃斯巴太太,免得圣·日耳曼区的贵族过分生气。

斐诺问吕西安:"那么你呢?把你写的念给我们听听。"

吕西安战战兢兢念完了,客厅里掌声雷动。两个女演员拥抱新出道的作家,他被三个商人紧紧搂着,险些儿透不过气来;杜·勃吕埃含着眼泪和他握手,戏院经理约他吃饭。

勃龙台说："夏多布里昂先生已经把维克多·雨果称为才华盖世的孩子，孩子二字不能再用了，我只好老老实实说你有才情，有魄力，有气派。"

"我请先生加入我们编辑部。"斐诺说着，向埃蒂安纳道谢，狡猾的眼神表示他又想利用人了。

"你们写了什么妙文呢？"罗斯多问勃龙台和杜·勃吕埃。

拿当道："杜·勃吕埃的稿子在这里。"

台谟丹纳子爵看见大家都在注意A子爵，昨天对人说：也许我好清静一下了。

一位极端派抱怨巴斯几埃先生的演说仍旧继续特卡士的政策，一位太太回答说：是啊，不过看他的腿肚子，的确是个保王党。

斐诺道："行了行了，这样的开场准是妙文，不用再听下去。——赶快拿去吧。"他吩咐学徒，又转身对几位作家说："这期报纸有点七拼八凑，不过也是最精彩的一期。"那些作家已经带着阴险的意味望着吕西安。

勃龙台说："他还聪明，这家伙。"

格劳特·维浓说："文章写得不错。"

"咱们吃饭吧！"玛蒂法嚷着。

特·雷多雷公爵扶着佛洛丽纳，高拉莉搀着吕西安，多丽阿走在勃龙台和德国公使之间。

18

半夜餐

"我不懂你们为什么要攻击特·巴日东太太和夏德莱男爵,听说夏德莱当上了夏朗德州州长兼参事院评议官[1]。"

罗斯多道:"特·巴日东太太把吕西安当作坏蛋一样撵出大门。"

德国公使道:"怎么?这样漂亮的一个青年!"

饭桌上用的是全新的银器,赛佛窑的瓷器,丝光斜文的台布,一派的豪华阔绰。菜是希凡酒家包的,酒是斐尔那河滨道上最有名的酒商挑选的,他是加缪索,玛蒂法和加陶的朋友。吕西安第一次看到巴黎的奢侈,觉得样样出乎意外,幸亏他像勃龙台说的是个有才情、有魄力、有气派的人,不至于大惊小怪。

高拉莉走出客厅的当口咬着佛洛丽纳的耳朵说:"替我灌醉加缪索,让他睡在你这里。"

"难道你跟那新闻记者搭上了吗?"佛洛丽纳用了一句她们那种女人的口头语。

---

[1] 原文此句不说明是哪一个人说的,从上下文揣摩,大概是特·雷多雷公爵。

"不，亲爱的，我是爱上他了！"高拉莉说着，微微耸了耸肩膀，姿势美极了。

吕西安动了欲念，感觉格外灵敏，这些话都听见了。高拉莉衣衫穿得十分讲究，她的装束很巧妙的衬托出她的特色，因为每个女人都有一种特殊的美。她的袍子和佛洛丽纳的一样，用的上等衣料市面上还没见过，名叫蝉翼纱。加缪索是金茧号的老板，里昂绸厂的货色要他在巴黎推销，时新货在他铺子里总是最先出现。爱情和装扮等于女性的胭脂花粉，称心如意的高拉莉也就格外迷人。期待中的快乐，一定能到手的快乐，最能诱惑青年。花街柳巷的魔力，或许就因为那儿的欢娱是十拿九稳的缘故；长时期对一个人忠诚，恐怕也是由于这一点。纯洁真实的爱，生平第一次的爱，再加可怜的女演员们常有的狂热，对于吕西安的美貌的倾慕，使高拉莉变得聪明起来。

她坐上饭桌的时候凑着吕西安的耳朵说："哪怕你又丑又病，我还是爱你！"

在诗人听来，这句话多有意思！加缪索消失了，吕西安望着高拉莉，再也看不见加缪索。一个渴望享受，感觉敏锐的人，厌恶内地的单调，受着巴黎的魔窟吸引，被贫穷和迫不得已的禁欲生活折磨够了，格吕尼街上修院生涯和毫无结果的工作使他厌倦不堪，一朝面对豪华的筵席，怎么肯推却呢？吕西安一只脚踏在高拉莉的床上，一只脚踏进了他再三奔走都没有能接近的报馆。他在小径街[1]空等了多少次，如今办报的人就在席上饮酒作乐，

---

[1] 作者在第七节中说斐诺的小报馆设在圣·菲阿克街，斐诺本人住在番杜街。此处忽然提到小径街。《搅水女人》中也说斐诺的报馆和住所都在小径街同一屋子内。事实上圣·菲阿克街和小径街是两条平行的街，相距不远。

兴高采烈，而且脾气挺随和。他受过多少气，多少痛苦，没法报仇；现在靠着人家一篇文章把怨气出尽了，第二天登出去就可以撕破两个人的心。他望着罗斯多私下想："这是我的朋友！"谁知罗斯多已经在忌惮他，觉得他是个可怕的敌手。吕西安不应该锋芒太露；倘若只写一篇平淡的稿子，对他反而更好。幸亏勃龙台劝斐诺对待这样一个出色的人才迁就一些，把罗斯多的嫉妒冲淡了。罗斯多决意继续和吕西安做朋友，再跟斐诺来个默契，尽量剥削这个危险的新人，不让他手头宽裕。这是罗斯多和斐诺咬耳朵谈了两句，心照不宣定下来的策略。

"他有才干。"

"我看他是不容易满足的。"

"噢！"

"对！"

德国公使在特·蒙高南伯爵夫人家见过勃龙台，当下装出一副忠厚，安详，庄重的神气望着他说："同法国记者吃宵夜，我老是心惊胆战。勃吕希说过的一句话，在你们身上应验了。"

"什么话啊？"拿当问。

"一八一四年萨根和勃吕希[1]走上蒙玛脱高岗——对不起，诸位，我向你们提到那个不愉快的日子——萨根是老粗，他说：咱们放一把火把巴黎烧了吧！——勃吕希回答说：万万使不得，只有巴黎才能断送法国！——他一边说一边指着你们的大创口，在塞纳盆地上热腾腾的冒烟。"公使停了一会又道，"谢谢上帝，我们国内没有报纸。刚才那个戴纸帽的小家伙才不过十岁，头脑

---

1 萨根是俄国将领，勃吕希是普鲁士将领，两人曾经同拿破仑作战。此处说的是一八一四至一八一五年联军占领巴黎时的故事。

就跟老资格的外交家一样,我至今想着害怕。今天晚上,我觉得是和狮子老虎一块儿吃宵夜,只是承它们的情,不伸出爪子来罢了。"

勃龙台道:"不错,我们可以凿凿有据的向欧洲报道,说阁下今晚嘴里吐出一条蛇,险些儿没钻进我们最漂亮的舞蹈明星,多丽阿小姐的身体;然后我们对夏娃,圣经,原始罪恶,基本罪恶,发一通议论。可是放心,您是我们的客人。"

斐诺道:"那才滑稽呢。"

罗斯多道:"我们可以发表一批科学论文,从人身上和人心中的各种蛇说起,说到外交界的蛇。"

凡尔奴道:"我们可以说,这个装樱桃酒的玻璃瓶里就有一条蛇。"

维浓对公使说:"临了您也会相信实有其事。"

特·雷多雷公爵嚷道:"诸位别伸出爪子来啊!"

斐诺说:"报纸的影响和势力现在才不过开始,新闻事业还没脱离童年时代,慢慢会长大的。十年之内,样样要受广告统治。思想会指导一切,思想……"

"思想要摧残一切。"勃龙台打断了斐诺的话。

格劳特·维浓说:"这话有理。"

罗斯多说:"思想能制造帝王。"

德国公使说:"也能推翻君主专政的国家。"

"所以,"勃龙台说,"要是本来没有报纸,就不应该发明;既然有了,我们就靠此为生。"

德国公使说:"结果是你们为之送命。群众经过你们开导,越来越占优势,个人更不容易出人头地;你们在下层阶级散播思考的种子，将来的收获是大众的反抗，第一批牺牲品便是你们。请问巴黎暴动的时候毁坏些什么？"

拿当道："路灯杆子。我们这种人太渺小了，不用害怕，大不了受点轻伤。"

公使道："你们的民族聪明过分，不论哪种政府都不让发展。要不然，你们在欧洲没有能用刀枪保住的天下，可以再用笔杆子去征服。"

格劳特·维浓道："报纸固然是祸水，祸水也好利用；政府偏要把它消灭。那就发生斗争。哪一方面打败呢？是个问题。"

"我一口咬定是政府。"勃龙台说，"在法国，聪明才智比什么都强；报纸不但具备所有聪明人的才智，还有太丢狒[1]那样作假的本领。"

斐诺道："勃龙台！勃龙台！你这话太没遮拦，这儿还有报纸的订户呢。"

"你开着贩毒的铺子，当然害怕；我才不理你们这些黑店呢，虽则我靠此活命！"

格劳特·维浓道："勃龙台说的不错。报纸不尽传教士的责任，反而变作党派的工具，报纸用这个工具做生意，无法无天，像所有的买卖一样。勃龙台说的好，报纸是用说话做商品的铺子，专拣群众爱听的话向群众推销。要是有一份给驼背看的报，准会从早到晚说驼背怎么美，怎么善，怎么必要。报纸的作用不再是指导舆论，而是讨好舆论。过了相当时期，所有的报纸都要变成无耻，虚伪，下流，都要撒谎，甚至于行凶；扼杀思想，制

---

[1] 莫里哀喜剧中的主人翁，阴险狡猾的小人典型。

度，人物；而且靠着这种行为一天天的发达。报纸是法人，占着法人的便宜：做了坏事谁也不负责任；我是我，你是你，我是维浓，你是罗斯多，勃龙台，斐诺，不是阿利斯泰提，便是柏拉图，或是开托，总之是普卢塔克传记中的圣贤豪杰；我们个个清白，丑事扯不到我们身上。这种道德的或者不道德的现象，随你怎么称呼，拿破仑曾经有过解释；他研究了国民议会，得出一个极妙的结论，他说：**集体犯的罪恶，牵连不到个人**。报纸尽可干出最残酷的事，没有一个人觉得自己沾着血腥。"

杜·勃吕埃道："可是官方能订出惩罚的法令，目前正在起草。"

拿当道："呸！法律怎么对付得了法国人的聪明才智！那是渗透力最强的溶解剂。"

维浓又道："思想只能用思想去消毒。只有恐怖政策和专制手段才压得住法国人的特性。法国语言特别宜于暗示，说双关话；越是用法令禁止，聪明才智越爆发得厉害，好似蒸汽给关在装着活塞的机器里。王上做一桩好事，报纸如果反对王上，就说好事是部长做的，倘若反对部长，就把事情反过来说。凡是造谣毁谤，报馆说是从外边听来的。当事人抱怨吧，报馆说声放肆了事。告到法庭吧，报馆推说当事人并未要求更正；要求更正吧，它又一笑置之，认为它的罪恶不足挂齿。被害人胜诉的话，报纸再挖苦他一顿。万一报馆判了罪，要付出巨额罚金，就向大众指控，你跟自由，祖国，知识作对。报上可以登一篇文章，解释某先生如何如何是国内最诚实的君子，骨子里暗示他是个贼。因此，报纸犯的罪不足挂齿！侵犯报纸的人才罪大恶极！在某个时期之内，报纸要读者相信什么，读者就相信什么。报纸不喜欢的事绝不可能是爱国的；而且报纸永远不会错的。它用宗教攻击宗教，用宪章攻击国王；司法机关得罪了报纸，就被挖苦；迎合了大众的偏见，就受赞扬。为了招揽订户，不惜造出激动人心的谎话，做出逗笑的把戏，像有名的丑角鲍贝希。办报的宁可拿自己的老子活活的开刀，作为取笑的资料，绝不放过吸引群众，叫群众开心的机会，好比演员要哭得逼真，把儿子的骨灰放在匣子里，也好比一个女子为着情人什么都肯牺牲。"

勃龙台插进来说："总而言之，报纸是表现在印刷品上的平民大众。"

维浓接着说："而且是虚伪的，气量狭窄的平民大众。他们放逐有才能的人，同雅典人放逐阿利斯泰提一样。我们等着瞧吧，开头由正人君子主办的报后来会落到最庸俗的人手里，因为他们有耐性，肯卑躬屈膝，像橡皮，有才华的人缺少这副本领；或者受油酒杂货商控制，因为他们有钱收买作家。这种情形眼前已经出现了！不到十年，便是中学毕业生也要自命为大人物，在报上打前辈的嘴巴，拉他们的腿，抢他们位置。拿破仑压制言论，真有道理。我敢打赌，反对派的机关报自己捧上台的政府，只要对它们有一点儿违拗，它们就用此刻攻击王上的政府同样的理由，同样的文章，拼命攻击。你向新闻记者越让步，报纸越贪得无厌。成功的记者将来要被又穷又饿的记者代替。这个创口是没法医的，只会愈来愈恶化，愈来愈凶横；并且祸害越大，越受容忍，直到报纸有一天多于牛毛，陷于混乱为止，像当年的巴比伦一样。我们都知道，报纸比帝王还要无情无义；它做的投机生意，打的算盘，比最肮脏的买卖还要狠；它每天早上榨取我们的智力，做成麻醉品出卖；可是我们个个人替报纸写稿，好比开水银矿的工人明知要送命,照样采掘,瞧高拉莉身边的那个青年……他叫什么名字?吕西安!他长得漂亮,是诗人,是才子,这一点更难得;嗳,他马上要踏进那贩卖思想的下流地方,所谓报馆了,他要浪费他精彩的思想,绞尽脑汁,自甘堕落,暗地里干一些卑鄙事儿,在思想战争中等于佣兵头子的战术,焚烧掳掠,改变舰艇的方向。等到他像成千上百的人一样,为着股东消耗了一部分才华,那些贩毒的商人便让他口渴的时候饿死,饿极的时候渴死。"

斐诺道:"你愈说愈不像话了。"

格劳特·维浓道:"唉,天哪!这些我明明知道,我坐着苦役监,看见一个新犯进来觉得高兴。勃龙台和我,比拿我们的才具做投机的某甲某乙强得多,却永远被他们剥削。我们除了聪明,还有心肝,偏偏缺少剥削别人的狠毒。我们懒洋洋的,喜欢沉思默想,批评这个,批评那个;人们喝了我们的血,还骂我们品行不端!"

佛洛丽纳嚷道:"没有想到你这样杀风景!"

勃龙台道:"佛洛丽纳说的不错,公众的病应当交给吹牛的政客医治。夏莱[1]有句话,叫作:**砸破自己的饭碗吗?才不这么傻呢!**"

罗斯多指着吕西安说:"你们知道我听了维浓的话作何感想?他像班里岗街上的大胖女人对一个中学生说:小弟弟,你年纪太轻,还不配到这里来……"

这句俏皮话引得大家都笑了,高拉莉听了更是暗暗欢喜。三

---

[1] 法国十九世纪有名的镂版画家。

个商人一边吃喝一边听。

德国公使对特·雷多雷公爵说:"多古怪的民族,多少的善善恶恶集中在他身上!诸位先生,你们是浪子,偏偏不会倾家荡产。"

可见吕西安掉下险坡之前,由于机缘凑巧,各方面的教育都受到了。开始是大丹士带他走上用功的路,激发他不怕艰难的志气。便是罗斯多也因为自私自利而告诉他报界和文坛的真相,希望他不要参加。吕西安先还不信真有这许多黑暗的内幕,可是又听到记者们大声诉苦,亲眼看见他们工作,不惜剖开乳母的肚子预言报界的前途[1]。那天晚上他的确见到了事情的真面目。巴黎的腐败被勃吕希形容得那么贴切,吕西安目睹腐败的内幕却并不深恶痛绝,反而如醉若狂的欣赏这批风趣的人物。那些了不起的人把他们恶劣的品行当作华丽的甲胄披在身上,把冷静的分析当作湛亮的头盔;在吕西安眼中他们竟比小团体中正经严肃的成员高出一等。并且他初次体会到财富的乐趣,受着奢华的诱惑,珍馐美味的影响,他的轻浮的本能觉醒了;极品的佳酿,名厨的手段,他都是第一回领教;他看见一个公使,一个公爵和他的舞女,同记者混在一起,佩服他们的恶势力;吕西安不禁心痒难熬,只想控制这些无冕之王,自以为有力量压倒他们。最后是高拉莉,听了他几句话就不胜快慰;吕西安借着席上的烛光,从菜肴的热气和醉眼蒙眬的雾雾中把她打量之下,觉得她妙不可言;这姑娘本是巴黎最美的女演员,动了真情越发娇艳了。小团体尽管代表崇高的智慧,怎敌得过这样多方面的诱惑!内行的夸奖满

---

[1] 古代的巫术师往往将祭神的牲口开膛破肚,预言未来之事。记者靠报纸为生,故言乳母。

足了作家的虚荣,连未来的敌手都在恭维他。文章的轰动和高拉莉的倾心,即使不像吕西安这样新出道的人也不免为之得意忘形。高谈阔论的时候,大家吃得很多,喝的酒尤其可观。罗斯多坐在加缪索旁边,神不知鬼不觉的在他的葡萄酒里加了两三次浓烈的樱桃酒,说话之间还激他多喝。这套手法做得很巧妙,加缪索根本没有发觉,他自以为卖弄狡狯也有一手,不亚于新闻记者。甜点心和美酒一道一道的上来,尖刻的话也多起来。大吃大喝的宴会临了都不免丑态百出;机灵的德国公使发觉那些风雅的人语无伦次,快要撒野了,便向特·雷多雷公爵和舞女递了个眼色,三个人一齐溜了。高拉莉和吕西安在席面上始终像一对十五六岁的情人,看见加缪索酩酊大醉,便奔下楼梯,踏上一辆街车。加缪索横在饭桌底下,玛蒂法只道他陪着女演员走了,也就趁佛洛丽纳回房睡觉的当口跟着退席,让客人们自顾自抽烟,喝酒,说笑,争论。天亮时分,全班好汉只剩一个酒量最大的勃龙台还能说话,向呼呼大睡的同伴提议为红光满天的曙色干杯。

19

女演员的住家

吕西安没有巴黎人闹酒的习惯,下楼神志还清楚,一吹风,立刻醉得不成模样。女演员住在王杜姆街一所漂亮屋子的二层楼上,高拉莉只得和她的女佣人把诗人扶上去。吕西安差点儿没在楼梯上发晕,难过得不得了。

高拉莉嚷道:"沏茶,贝雷尼斯,赶快沏茶。"

吕西安道:"没关系,只是吹了风。并且我从来没喝过这么多酒。"

"可怜的孩子!纯洁得像羔羊!"贝雷尼斯说。她是诺曼底人,其胖无比,相貌的丑陋跟高拉莉的美正好是极端。

吕西安迷迷糊糊被她们放倒在高拉莉床上。高拉莉让贝雷尼斯帮她替诗人脱衣服,那种细到,温存,赛过母亲照顾小孩儿。

吕西安老说着:"没关系,只是吹了风。谢谢你,妈妈。"

"他叫妈妈叫得多好听!"高拉莉说着,亲了亲他的头发。

贝雷尼斯说:"小姐,爱上这样一个天使才快活呢!你在哪儿找来的?想不到会有个男人跟你一样美的。"

吕西安只想睡觉,什么都没看见,也不知道自己在哪儿。高拉莉给他喝了几杯茶,让他睡了。

高拉莉问贝雷尼斯:"看门女人没看见我们吧?也没有别人看见吧?"

"没有,我在门口等你呢。"

"维克多阿也不知道吗?"

"不知道。"贝雷尼斯回答。

过了十小时,吕西安在中午时分醒来,发觉高拉莉眼睁睁的看着他睡觉!他是诗人,当然猜想得到。女演员还穿着她的漂亮衣衫,可是弄得污秽狼藉,不成样子了,后来被她收起来做纪念品。吕西安知道唯有真正的爱情才会这样热心,体贴,而那爱情正在等待酬报,他便望着高拉莉。高拉莉一眨眼脱了衣服,像青蛇一般躺在吕西安身旁。下午五点,诗人在温柔乡中蒙眬睡去。女演员的寝室,他看了一个大概,只觉得豪华富丽,到处是白和粉红两种颜色;陈设的美妙,可爱,讲究,比他在佛洛丽纳家欣赏的更高一级。高拉莉已经起床,为了扮演安达卢齐女人,必须七点钟到戏院。诗人心情欢畅的睡熟了。高拉莉还望着他出神,她为着高尚的爱情陶醉了,可是并不满足,感情和肉体的结合使感情和肉体愈加兴奋。在尘世感受的时候是两个人,在天上相爱的时候变成一体;这个由凡俗进而为圣洁的过程补赎了所有的罪孽。何况见到吕西安这样姿容绝世的美男子,谁能够不动心呢?高拉莉跪在床前,想着自己的爱情非常快慰,觉得自己变成圣洁了。不幸这快乐的心情被贝雷尼斯破坏了。

她道:"加缪索来了,他知道你在家。"

吕西安马上跳起来,他生性厚道,不愿损害高拉莉。贝雷尼斯拉开一条幔子,吕西安躲入一间华丽的盥洗室。贝雷尼斯和女主人抢着把吕西安的衣服送进去，手脚之快无以复加。加缪索走进卧房的时候，高拉莉发觉诗人的靴子不曾收起；贝雷尼斯偷偷的上过油，放在火炉前面烘着；主仆两人都忘了这双泄漏秘密的靴子。贝雷尼斯同女主人慌慌张张交换了一个眼风，出去了。高拉莉坐在沙发上，叫加缪索坐着对面的大靠椅。老实人热爱高拉莉，瞧着靴子，不敢抬起头来望他的情妇。

"要不要为了这双靴子生气，跟高拉莉分手呢？那未免小题大做了。靴子到处都有。这一双要是放在鞋店橱窗里，或者给一个男人穿着在大街上溜达，不是更合式吗？空荡荡的摆在这儿便大有文章。犯了嫌疑。不错，我已经五十岁，应该像爱情一样盲目。"

这段毫无骨气的独白当然说不过去。换了一双目前流行的半筒靴，粗心大意的人也许会看不见；那双靴子却是当时的款式，靴筒很高，又系着穗子，非常漂亮，多半配着浅色的贴肉裤，像镜子一般照得出周围的东西，不但使忠厚的丝绸商觉得触目，而且老实说，还刺心呢。

高拉莉问道："你怎么啦？"

他回答说："没有什么。"

高拉莉看加缪索没有勇气道破，微笑道："替我打铃。"诺曼底女人一进来，高拉莉就说，"贝雷尼斯，把鞋拔子找出来，等会我要穿这双要命的靴子，别忘了今晚送往更衣室。"

加缪索松了一口气，说道："怎么？……是你的靴子吗？……"

"不是我的是谁的？"高拉莉虎着脸回答。"傻胖子，难道你以为……"她回头对贝雷尼斯说，"噢！他真的起了疑心。有个家伙编了一本戏，要我扮男人，我可从来没穿过男装。戏院的鞋匠量了我的尺寸，先送这双来试一试；他帮我穿上了，我疼得要死，脱下了；不过还是得穿上去。"

"不舒服就不穿吧。"加缪索说，他刚才就为这双靴子大不舒服。

贝雷尼斯道："是吗，小姐还是不穿的好，免得像刚才那样受罪；先生，她疼得哭了！我要是男人，绝不让我心爱的女人哭出来！小姐的靴子要用极薄的摩洛哥皮才行。经理室舍不得花钱！先生应当替她定做一双……"

"是的，是的。"加缪索说着，又问高拉莉，"你才起来吗？"

"才起来。清早六点才回家，到处找你没找到，你叫我白白包了七个钟点的车。算你会照顾人！见了酒就把我忘了。现在我不能不小心保养，只要**大法官**那出戏赚钱，就得天天登台。我不愿意辜负那个青年写的评论。"

加缪索道："他真好看，那孩子。"

"你说好看吗？我不喜欢这种男人，太娘儿腔了；又不懂得爱，不比你们做买卖的老头儿。你们平常的生活多单调！"

"先生陪太太吃饭吗？"贝雷尼斯问。

"不，我嘴里还腻得很呢。"

"昨天你醉得不成体统。告诉你，老头儿，我不喜欢男人喝酒……"

加缪索道："你得送一样礼物给那个青年。"

"是的，我宁可这样酬谢他们，不喜欢佛洛丽纳的办法。好，亲爱的坏东西，你去吧，要不就给我一辆车，免得我浪费时间。"

"明儿你就可以坐着上仙岩饭店,同你的经理吃饭。星期日不会演新戏的。"

"来吧,我要吃饭了。"高拉莉拉着加缪索走出卧房。

过了一小时,贝雷尼斯放出吕西安。贝雷尼斯是高拉莉小时候的同伴,身体臃肿可是聪明透顶,机灵得不得了。

她对吕西安说:"你留在这里。高拉莉等会一个人回来。你要讨厌加缪索,她情愿和加缪索一刀两断。不过,孩子,你心肠太好了,不会叫她走上绝路的。她和我说,她打算丢掉一切,离开这里的天堂,跟你到阁楼上去过活。唉,那些嫉妒你、羡慕你的人,早告诉她,说你一个钱都没有,住在拉丁区。我自然跟你们一块儿去,替你们洗衣服,做饭。可是我刚才把可怜的孩子安慰了一番。不是吗,先生,你是聪明人,不会做这种傻事的?啊!你慢慢会发觉,那胖子只占着她身体,你才是她的心肝宝贝,被她当作天上的神道,她连灵魂都给了你了。你才想不到,高拉莉要我帮她背台词的时候多有趣。真是个招人疼的小娃娃!老天爷送一个天使给她受用也是应当的,她常常觉得活着没意思。她在妈妈手下受了多少罪,挨打挨骂,临了还给卖出去!是啊,先生,还是她的亲娘呢!我要有个女儿,一定像服侍高拉莉一样服侍她。此刻我就把高拉莉当作自己的孩子。这是我第一回看见她快活,第一回在戏院里有人这样捧她。听说为了你那篇文章,人家要在下一场雇一大批人来喝倒彩。你睡觉的当口,勃劳拉来跟她商量过了。"

"哪个勃劳拉?"吕西安好像听见过这名字。

"鼓掌队[1]的头子。他和高拉莉商量好，演到什么地方拍手。佛洛丽纳尽管表面上是高拉莉的朋友，难保她不弄神捣鬼，把好处一个人独占。你那篇评论在大街上轰动了……啊！这样的床铺真是王孙公子睡的……"贝雷尼斯说着，在床上铺了一条镂空纱的床罩。

她点起蜡烛。吕西安在烛光底下迷迷糊糊，以为真的进了神仙洞府。帐帷窗帘都是加缪索在**金茧行**里挑的最华丽的料子。诗人脚下踏着最讲究的地毯。烛光射在紫檀木器的沟槽中闪闪浮动。白云石的壁炉架上摆着贵重的小玩意，床前铺一条貂皮镶边的天鹅绒脚毯。红绸里子的黑丝绒软鞋告诉诗人有多少欢娱等着他。糊着花绸的天花板上吊一盏玲珑可爱的灯。

到处都有做工精致的花架，供着名贵的鲜花，铁树的白花，没有香味的山茶。到处是天真无邪的形象。谁想得到这儿住的是个女演员，过着舞台生活呢？吕西安诧异的神气被贝雷尼斯觉察了。

她娇声娇气的说："屋子真美，是不是？在这儿谈恋爱不是比阁楼上好得多吗？你千万不能让她耍脾气。"贝雷尼斯说着，端一张漂亮的独脚圆桌放在吕西安面前，桌上的菜都是在女主人的晚饭中偷偷捡来的，不给厨娘疑心家里躲着一个情人。

吕西安一顿晚饭吃得挺舒服：贝雷尼斯在旁侍候，碗盏不是刻花的银器，便是有画儿的瓷器，值到一个金路易一个。吕西安看到这派奢华，正如中学生看到马路天使的裸露的肉，笔挺的白袜。

---

[1] 专受戏院雇用，在台下喝彩或者捣乱的帮口。

吕西安道:"加缪索真快活!"

贝雷尼斯回答:"快活?哼!他要能处在你的地位,拿他花白的头发换你年轻的淡黄头发,便是放弃家私也情愿的。"

她给吕西安喝了波尔多供应英国财主的极品好酒,又劝他趁高拉莉没回家之前再睡一会,打个盹儿;吕西安看着床铺十分羡慕,也想躺一下。贝雷尼斯看诗人眼睛里有这个欲望,替女主人暗暗高兴。十点半,吕西安醒来,发觉一双脉脉含情的眼睛朝他望着。高拉莉穿着娇艳的睡衣站在面前。吕西安睡足了,吕西安为着爱情沉醉了。贝雷尼斯退出去的时候问:"明天几点钟起床?"

"十一点,你把早饭端到床前来;两点以前,有人来一律挡驾。"

第二天下午两点,高拉莉和情人俩穿扮齐整,面对面坐着,好像是诗人特意来访问他赏识的女演员。高拉莉帮吕西安洗澡,梳头,穿衣,要他上高利沃铺子买了十二件上等衬衫,十二条领带,十二条手帕,还有装着檀香匣子的一打手套。她听见门口有马车声,便和吕西安扑向窗口,看见加缪索从一辆体面的轿车中走下来。

她说:"想不到我对一个男人和奢侈的享受会恨到这个田地……"

吕西安听着暗暗惭愧,只得说:"我太穷了,不能让你走绝路。"

高拉莉搂着吕西安说:"可怜的小宝贝,那么你真的爱我了?"随后指着吕西安对加缪索道:"我约先生今天来看我,我想咱们好一同到天野大道去试试新车。"

"你们去吧。"加缪索没精打采的说,"我不能陪你们吃晚饭,今天是我女人生日,我忘了。"

高拉莉勾着商人的脖子说:"可怜的加缪索!那你要无聊死了!"

她想到能单独和吕西安试车,单独和吕西安上蒲洛涅森林,快活极了;她趁着一时高兴,做出疼爱加缪索的样子,和他着实亲热了一番。

可怜的加缪索说:"我真想每天送你一辆车。"

吕西安满面羞惭,高拉莉做了一个媚态十足的手势安慰他,说道:"咱们走吧,先生,已经两点了。"

高拉莉挽着吕西安奔下楼梯,吕西安听见加缪索走路像海豹似的掉在后面,跟不上来。诗人快乐得飘飘然:称心如意的高拉莉更加美了,高雅大方的装束叫所有的眼睛看得出神。天野大道上的巴黎人望着这对情侣啧啧称羡。在蒲洛涅森林中一条小路上,他们的车遇到特·埃斯巴太太和特·巴日东太太的敞篷车,她们俩瞧着吕西安觉得诧异,吕西安目无下尘的瞪了她们一眼,表示他这个诗人快要成名,发挥威力了。他被两个女子挑起来的仇恨,闷在心里苦恼不堪,和她们俩照面的当口总算发泄了一部分;这是他一生最得意的时间,或许也决定了他的命运。吕西安又受着骄傲鼓动,想重新踏进上流社会扬眉吐气。以前因为和小团体的人做朋友,刻苦用功,一切世俗的卑鄙的念头都给压了下去,此刻又在他心中抬头了。他这才体会到罗斯多代他发动的攻击力量有多大,罗斯多满足了他的情欲;小团体的集体导师却压制他的情欲,要他修身晋德,努力工作,而吕西安已经觉得德行可厌,工作无用了。对于醉心享受的人,用功不是要他们的命吗？作家不是最容易沦为游手好闲，在女演员和轻佻的女人堆里花天酒地，过糜烂的生活吗？吕西安就有一股不可遏制的欲望，要把那两天放荡的生活继续下去。

仙岩饭店的菜肴特别精美。吕西安发现同桌的还是佛洛丽纳家的一帮人，少了公使，公爵，舞女，加缪索，多了两个名演员，还有埃克多·曼兰和他的情妇，叫作杜·华诺勃太太。她是个妙人儿，在巴黎那个特殊社会中算得上最美最高雅的女子，现在我们很文雅的把这般女人称为交际花。吕西安四十八小时以来进了极乐世界，如今又知道自己的文章大出风头。诗人受到奉承、妒羡，不由得信心十足；他谈笑风生，变为今后几个月内在文坛和艺术界中走红的吕西安·特·吕庞泼莱。斐诺看人极有眼力，嗅觉灵敏，好似妖魔闻得出新鲜的人肉；他对吕西安大灌迷汤，想把吕西安拉进他手下的一小帮记者队伍。吕西安上钩了。高拉莉看出这个思想贩子的把戏，要吕西安防他一著。

她说："孩子，别马上答应；他们要剥削你；今晚咱们先商量一下。"

吕西安回答说："嘿！我有本事同他们一样狠毒，一样精明。"

斐诺并没为了空白的稿费和曼兰闹翻，替他介绍了吕西安。高拉莉和杜·华诺勃太太一见如故，打得火热。杜·华诺勃太太约了日子请吕西安和高拉莉吃饭。

那天同桌的记者要数埃克多·曼兰最可怕：他矮小，干瘪，抿着嘴唇，抱着一肚子的野心，无穷的醋意，专门幸灾乐祸，挑拨离间，从中取利；他人很聪明，意志不强，代替意志的是暴发户猎取财富和权势的本能。吕西安同他彼此都没有好感。理由很简单。原来曼兰把吕西安私下想的对吕西安明明白白说了出来。吃到饭后点心，那些个个自命为高人一等的角色，仿佛都变了生死之交。新进的吕西安更是他们笼络的对象。大家毫无顾忌的谈话。只有曼兰一个人不嘻嘻哈哈。吕西安问他为什么这样冷静。

他回答说："我看你抱着幻想投入文坛，投入新闻界。你相信真有什么朋友。其实我们彼此是朋友还是敌人，完全看情形而定。照理只打击敌人的武器，我们先用来打击朋友。你很快会发觉，凭你高尚的情感是什么都得不到的。你如果心地慈悲，先得变成凶恶。要有计划的恨人家。这条最要紧的规律要没人告诉你，就让我来告诉你，也不能算无关紧要的心腹话。你想得到爱情，每次离开你的情妇都得让她掉几滴眼泪。要在文坛上飞黄腾达，就该伤害所有的人，包括你的朋友在内，刺痛他们的自尊心，才能叫大家趋奉你。"

这些话在初出道的人听了好比心中挨了一刀，埃克多·曼兰从吕西安的表情上面看出这个效果，暗暗高兴。接着大家打牌。吕西安把身上的钱输得精光。他被高拉莉带回家，爱情的快乐使他忘了赌博的剧烈的刺激；可是后来他终于做了赌博的牺牲品。下一天他离开高拉莉回拉丁区，走在路上发觉赌输的钱仍旧在钱袋里。他先是为了高拉莉的好意心中难过，想回去退还这笔难堪的赠予；可是他已经到了竖琴街，也就继续向格吕尼旅馆走去，一边走一边想着高拉莉的这番情意，认为是那一类的女子羼在爱情中的母爱。她们的爱往往包括所有的感情。吕西安想来想去，终于找出一个理由来接受那笔钱："我不是爱她吗？我们要像夫妻一般过日子；而且我永远不会丢掉她的！"

20

最后一次访问小团体

吕西安踏进旅馆,走上满是泥巴,臭气触鼻的楼梯,旋开门上的锁,看到龌龊的地砖,寒碜的壁炉架,穷苦丑恶,一无所有的卧房,他心中的感触,除了代俄哲尼斯[1],谁都体会得到。他发现桌上摆着他小说的原稿,还有大尼埃·大丹士的一个字条:

> 亲爱的诗人,我们的一般朋友对你的作品大致满意了。这样拿出去比较放心,不论给朋友看还是给敌人看。你为全景剧场写的有趣的稿子,我们都念了,你将要在文坛上引起的嫉妒,和在我们中间引起的遗憾不相上下。
>
> 大尼埃

"遗憾!这话是什么意思?"吕西安嚷着,看到信上客气的口吻觉得奇怪。难道他和小团体不是一家人吗?从戏院后台的夏

---

1 见前注。

娃手中尝到美果以后,他愈加重视四府街上朋友们的友谊和敬意。他把目前在这间房内的生活,和将来在高拉莉房内的生活,细细想了一下。一会儿转着高尚的念头,一会儿转着堕落的念头,迟疑不决。接着他坐下来,看看朋友们还给他的作品。一看之下,他大吃一惊。那些尚未成名的大人物又热心又巧妙,替他一章又一章的润色过后,本来贫乏的东西变得丰富了,对话也充实,紧凑,简练,有力了;同那些富于时代精神的谈吐比较之下,原来写的简直是废话。他勾勒的人像软弱无力,现在变得线条遒劲,色彩鲜明;生理方面的观察,表现得很细腻,使各种人物都和人生奇怪的现象有了关系,因此有了生命;这一部分准是皮安训的手笔。本来很空洞的描写有了内容,生动活泼了。吕西安创造的是个体格残缺,衣衫不整的女孩儿,如今变为俊俏的姑娘,穿着洁白的袍子,束着腰带,披着粉红围巾,总之成了一件绝妙的创作。他含着眼泪看到天黑,对着伟大的境界茫然失措,体会到这个教训的可贵,佩服他们的修改,使他在文学艺术方面比四年的阅读,比较,研究,学到更多的东西。拙劣的草图经过修正,点铁成金的实例,永远比理论和批评更有意义。

吕西安收起稿子叫道:"这样的朋友!这样的热心!我多幸福!"

富于幻想而轻浮的性格天生容易冲动,吕西安凭着这股冲动赶去看大尼埃。他上楼的时候觉得任何诱惑都不能使那般朋友离开正路,他远远比不上他们。他耳朵里听见有个声音说,如果大尼埃爱上高拉莉,绝不肯连加缪索一同接受的。吕西安也知道小团体的成员痛恨新闻记者,而他现在多多少少是个记者了。他发现除了才出去的梅罗以外,所有的朋友都在场,个个人脸上都有一副伤心绝望的表情。

吕西安问道："你们怎么啦？"

"我们才得到一个可怕的消息，现代最大的思想家，我们最心爱的朋友，在精神上指导过我们两年的……"

吕西安接口说："路易·朗倍……"

皮安训说："他得了止动症，没有希望了。"

米希尔·克雷斯蒂安庄严的补充说："他肉体失去了知觉，脑子在天上，到死都是这样的了。"

大丹士说："活也罢，死也罢，对他已经没有分别。"

雷翁·奚罗说："爱情在他广大无边的脑子里等于放了一把火，把它烧坏了。"

约瑟·勃里杜说："是的，他受着爱情鼓动，进入另外一个世界，我们看不见他了。"

费尔扬斯·里达说："这是我们的大不幸。"

吕西安叫道："也许他会好的。"

皮安训道："据梅罗告诉我们的病情，的确是不治之症。他脑子里有许多现象在活动，药物一点办法都没有。"

大丹士道："总该有些东西能发生作用……"

"不错。"皮安训回答，"眼前他是身体瘫痪，我们可以使他脑子也瘫痪，变成白痴。"

米希尔·克雷斯蒂安道："可惜别人不能代替他！要不然我很愿意牺牲我的脑子！"

大丹士道："那你的欧罗巴联邦怎么办呢？"

"啊！不错。"米希尔·克雷斯蒂安回答，"我们先要献身给人类，再想到个人。"

吕西安道:"我特意来向大家表示感谢。你们把我的作品点铁成金了。"

皮安训道:"咱们之间谈得上感谢吗?"

费尔扬斯道:"我们只觉得快活。"

雷翁·奚罗道:"这一下你当了记者啰?你的第一篇稿子引起的议论,拉丁区也听到了。"

吕西安回答:"还没有正式下海呢。"

米希尔·克雷斯蒂安说道:"那还好!"

大丹士道:"我早告诉你们,良心平安的可贵,吕西安是知道的。一个人上床睡觉的时候能够对自己说:我没有对别人的作品下断语,没有叫谁伤心,没有把我的聪明才智当作刀子一般在清白无辜的人心中乱搅;没有说什么刻薄话破坏别人的幸福,便是对痴呆混沌的人也不干扰他的快乐,没有向真有才气的人无理取闹;不屑用俏皮话去博取轻易的成功;总之从来不曾违背我的信念……能够对自己这么说不是极大的安慰吗?"

吕西安道:"可是我认为替报纸写稿照样能做到这些。如果我没有别的办法谋生,早晚要走这条路的。"

"噢!噢!噢!"费尔扬斯说一个字提高一个调门,"那就是投降。"

雷翁·奚罗很严肃的说道:"他非做记者不可。唉!吕西安,如果你愿意在我们的圈子里当记者,我们不久也要办一份刊物,永远不侵犯真理和正义,只宣传有益人类的学说,也许……"

吕西安很世故的插嘴道:"你们一个订户都不会有的。"

米希尔·克雷斯蒂安回答:"我们只要五百订户就抵得人家的五十万。"

吕西安道:"你们还需要资金。"

大丹士道:"不,我们需要的是献身的精神。"

米希尔·克雷斯蒂安做着滑稽的样子嗅了嗅吕西安的头,说道:"真像一个香粉铺。有人看见你坐着华丽的车子,套着漂亮哥儿的骏马,带着一个王孙公子的情妇,高拉莉。"

吕西安道:"怎么!难道这有什么不好吗?"

皮安训道:"这话就表示你情虚。"

大丹士道:"我只希望吕西安遇到一个俾阿特利克斯,一个高贵的女子,能够在人生中支持他……"

诗人道:"可是,大尼埃,只要是爱情,不是到处都一样吗?"

"啊!"相信共和政体的克雷斯蒂安说,"在这一点上我是贵族脾气。我不会爱一个被男演员当众亲吻的女人,在后台被人用亲昵的称呼乱叫,对台下哈腰屈背,满脸堆笑,掀起裙子跳舞,做男人的动作,把我只想一个人看到的姿势公诸大众。如果我爱上这样一个女子,一定要她脱离戏院,让我用爱情把她清洗干净。"

"她不能脱离戏院又怎办呢?"

"那我要伤心,嫉妒,痛苦死的。割断爱情不像拔掉一只牙齿那么容易。"

吕西安沉着脸担起心事来,想道:"他们要是知道我容忍加缪索,准会瞧不起我。"

铁面无情的克雷斯蒂安又直率又尖刻的说:"告诉你,你可能成为大作家,不过永远是轻骨头。"

说完拿起帽子走了。

诗人道："米希尔·克雷斯蒂安真严厉。"

皮安训道："又严厉又慈悲，赛过牙医生的钳子。米希尔看到你的前途，也许此刻在街上为你伤心呢。"

大丹士态度温和，体贴，想法鼓励吕西安。过了一小时，吕西安烦恼不堪的走了，他听见内心有个声音叫着：你一定要做记者！好比玛克白斯听见女巫说：你一定要做国王！到了街上，吕西安望了望坚忍不屈的大丹士的窗子，映着微弱的灯光；他凄凄凉凉，心神不定的回家。他有种预感，觉得这是那批真正的朋友最后一次和他推心置腹了。从索蓬纳广场走进格吕尼街，他看见停着高拉莉的车子。女演员要看看她的诗人，向他问好，老远从修院大街赶到索蓬纳。吕西安的情妇看着阁楼直掉眼泪，她要跟他一同吃苦，一边哭一边替他把衬衫，手套，领带，手帕，放进破旧的五斗柜。她的悲痛非常真实，非常强烈，表示她感情深厚，所以吕西安虽然被人责备爱上一个女戏子，还是认为高拉莉是不怕贫穷折磨的圣女。招人疼的女孩子为了要来看吕西安，推说加缪索，高拉莉和吕西安吃过玛蒂法，佛洛丽纳和罗斯多的半夜餐，要回请他们，特意来通知吕西安，问他要不要请几个他应当联络的人。吕西安回答说，他先得和罗斯多商量一下。高拉莉一会儿就走了，不让吕西安知道加缪索在底下等着。

21

另外一种记者

下一天清早八点,吕西安去找埃蒂安纳,埃蒂安纳不在,便赶往佛洛丽纳家。记者和女演员像夫妇一般占据着漂亮的卧房,就在房内接待他们的朋友,三个人一同吃了一顿挺讲究的中饭。

吕西安在饭桌上说到高拉莉要请他们吃宵夜,罗斯多回答:"老弟,我劝你跟我一同去看番利西安·凡尔奴,约他吃饭,尽量同他联络,对这样一个小人非如此不可。他替一份带有政治性的报纸编副刊,说不定肯介绍你进去,登你的长篇稿子,那你优哉游哉,日子好过了。那份报和我们的一样属于进步党,将来你总是进步党的人,这是最得人心的党派;等到人家对你害怕以后,再倒向政府也便宜得多。埃克多·曼兰和他那位杜·华诺勃太太——在她家里出入的有几个大贵族,漂亮哥儿,百万富翁——他们不是邀你和高拉莉吃饭吗?"

"是的,"吕西安回答,"也请你跟佛洛丽纳。"

吕西安和罗斯多星期五喝得酩酊大醉的时候,星期日参加经理的饭局的时候,彼此已经称兄道弟,亲热得很了。

"好吧,咱们可以在报馆里碰到曼兰,这家伙准会死盯着斐诺；你最好敷衍敷衍他，请他和他的情妇吃宵夜，也许他不久就能帮你忙，心里有怨恨的人用得着所有的人，他可能先帮你一下，再在必要的时候利用你写稿。"

佛洛丽纳对吕西安说："你第一炮放得相当响，眼前尽可通行无阻，我劝你打铁趁热，要不人家很快会把你忘掉的。"

罗斯多说："那笔大生意做成了！一无所能的斐诺变成道利阿周报的经理兼总编辑，白到手六分之一的股份，还有六百法郎一月薪水。我从今天起做了我们那份小报的主编。经过情形就跟我前天晚上预料的一样。佛洛丽纳本领高强，便是泰勒朗亲王[1]也要让她三分。"

佛洛丽纳道："男人要寻欢作乐，我们利用这一点抓住他们；外交家只能利用人的自尊心。一般人在外交家面前装腔作势，在我们面前专做傻事，所以我们力量更大。"

罗斯多道："玛蒂法认股的时候说：反正这桩买卖不出我的本行[2]！我看他做了一辈子药材生意，从来没说过这样风趣的话。"

吕西安道："我疑心是佛洛丽纳教他的。"

罗斯多道："所以，好朋友，你这一下是脚踏马镫，上了路啦。"

佛洛丽纳道："你生来命好。不知有多少年轻人在巴黎待上几年，一篇文章都登不出来！你的稿子将来可以跟爱弥尔·勃龙台的一样走红。我想象得出你六个月以后神气活现的面孔。"她用了一句俗语，含讥带讽的笑了笑。

---

[1] 泰勒朗（1754—1838），法国的外交家，弄权窃柄的政客。
[2] 本行是指药材生意。药材在法文中另有一个通俗的意义，指一切无用的，品质低劣的，甚至有害的东西，此处是暗示报纸。

罗斯多道："我不是在巴黎待了三年吗？到昨天才当上主编，斐诺才给我三百法郎一月的固定薪水，五法郎一栏稿费，他的周报给我一百法郎一页。"

佛洛丽纳望着吕西安说："喂，怎么不开口啊？……"

吕西安说："我要考虑一下。"

罗斯多气恼着说："朋友，我当你亲兄弟看待，样样替你安排好；可是斐诺的事，我不敢担保。两天之内，自愿跌价，想加入他报纸的人准有几十个！我在斐诺面前替你一口应承了，你要不愿意，你去回绝吧。"停了一会又道，"你是得福不知。在咱们这个帮口里，弟兄们能够在好几份报上攻击敌人，互相帮衬。"

吕西安急于联络那些鹰犬，说道："咱们先去找番利西安·凡尔奴。"

罗斯多叫人雇了一辆车，两个朋友坐着上芒达街。凡尔奴在一所有过道的屋子里住着三楼上的一套房间。尖刻，傲慢，功架十足的批评家，正在和家里人吃饭；女的长得太丑了，一定是正式的配偶；两个小孩儿爬在两张围着栏杆的高椅上；饭间恶俗不堪，糊着方格的花纸，每隔一段有一簇青苔，几个金漆的框子嵌着镂版画。吕西安看着这排场很奇怪。番利西安的晨衣是用老婆的旧印花布衫改的，他因为这副装束被人撞见了，脸上不大高兴。

"吃过饭没有，罗斯多？"凡尔奴一边招呼，一边指着一把椅子让吕西安坐下。

埃蒂安纳说："我们才从佛洛丽纳家吃了来。"

吕西安只顾打量凡尔奴太太。她像个老实的大胖厨娘，皮肤还白，长相俗不可耐。头巾下面，一顶睡帽用带子扣在下巴上，腮帮的肉被带子箍紧了，拼命往外挤。没有腰带的梳妆衣只在领圈上扣着一个钮子，阔大的褶裥挂下来，穿在身上不三不四，叫人想起路旁的界石。身体好得异乎寻常，脸颊差不多红得发紫，手指头像螺丝钉。吕西安看了这女人，忽然懂得为什么凡尔奴在交际场中那么拘谨。他既厌恶自己的婚姻，又没有勇气丢掉老婆孩子，可是还有相当幻想，不能不为着老婆经常苦闷，所以他恨别人成功，对什么都不满意，也不满意自己。醋意十足的脸冷冰冰的老是不高兴，话中带刺，动不动出口伤人，像锋利的匕首；凡尔奴这些表现，吕西安完全了解了。

番利西安站起来说："到我书房去，你们来大概是为稿子吧？"

"可以说是，也可以说不是，"罗斯多回答，"朋友，主要是为了吃宵夜。"

吕西安说："我代高拉莉来请你……"

凡尔奴太太听见这名字，抬起头来。

吕西安接着说："……请你吃宵夜，从今天算起还有一星期。还是佛洛丽纳家的原班人马，只多了杜·华诺勃太太，曼兰，还有另外几个人。咱们也有牌局。"

凡尔奴的女人对丈夫说："朋友，那天我们约好要上玛乌陶太太家。"

凡尔奴说："那有什么关系？"

"咱们不去，玛乌陶太太会不高兴的，你不是想把书店的期票请她贴现吗？"

凡尔奴对客人说："朋友，你看竟有这样的女人，不知道半夜餐跟十一点散场的晚会并不冲突。"随后补上一句，"我总是在她身边写文章的。"

吕西安道："你的想象力真了不起！"这句话惹恼了凡尔奴，从此恨死吕西安。

罗斯多道："那么你一定到了？还有一件事：特·吕庞泼莱先生现在是咱们的人了，希望你在你报馆里帮衬一下，告诉人家说，他能写纯文艺的作品，每个月至少让他发表两篇稿子。"

凡尔奴回答说："行，只要他站在我们一边；我们攻击他的敌人，他也得攻击我们的敌人，保护我们的朋友。今晚我到歌剧院去就提到他。"

"好吧，明儿见，"罗斯多好不亲热的和凡尔奴握握手，"你的书什么时候出版？"

"那要看道利阿了，"凡尔奴回答，"我可是完工了。"

"你满意吗？……"

"又满意又不满意……"

"我们捧场就是了。"罗斯多说着，站起来向同事的老婆行了礼。

客人这样急匆匆的告辞，因为两个小孩大吵大闹，拿羹匙掏着面包汤互相泼在脸上。

埃蒂安纳对吕西安说："朋友，你看见了吧，那个女的无意中在文坛上闯了不少祸。可怜的凡尔奴为着他的老婆心绪恶劣，跟我们过不去。咱们应当替他打发掉，当然不是为他，而是为了公众的利益。这么一来，我们不至于再看到没结没完的刻薄文章，咒别人成功，骂别人交运。家里放着这样一个女人，加上两个丑八怪，结果怎么样？比卡有出戏叫作《彩票行》，你看过没有？其中有个角儿列高登……告诉你，凡尔奴同列高登一样，自己不打架，专门叫别人动手；只要能挖掉他好朋友的一双眼睛，他自己挖掉一只也愿意。你瞧着吧，他会踩着人家的尸首前进，看着人家的苦难高兴；他是平民，所以要攻击亲王，公爵，侯爵，贵族；为着他那个老婆，他气不过单身的名流，满口仁义道德，宣传家庭的乐趣，提倡公民的责任。总之，这位品行多好的批评家对个个人不客气，连小孩儿在内。他住在芒达街上，老婆有资格扮《冒充贵族》[1]中的土耳其贵人，两个小凡尔奴难看得像树上长的疙；他瞧不起圣·日耳曼区，因为他一辈子进不去，他笔下的公爵夫人开出口来都像他的女人。这种家伙只会直着嗓子骂耶稣会，骂宫廷，说它要恢复封建特权，长子特权，号召大家来一次十字军争平等，自己却是跟谁都不愿意平等。如果他是单身汉，能出入上流社会，气派同那些受公家津贴，挂着荣誉团勋章的保王党诗人一样，他准是个乐天派。新闻记者的出发点都差不多。那是一架靠琐琐碎碎的仇恨推动的大弩炮机。你看了这榜样还有意思结婚吗？凡尔奴没有心肝，怨毒把什么都淹没了。所以他是标准记者，是一只老虎，不过长着两只手，见一样撕一样，仿佛他的笔得了神经病。"

吕西安道："他怕女人。——他能力怎么样？"

"他很俏皮，是专写报刊文章的作家。凡尔奴脑子里，笔底下，全是报刊文章，只有报刊文章。他用足苦功也没法把他的散文发展成一部书。番利西安不会构思，布置，不会按照一个有头有尾，向一桩重要事故进展的计划，把人物和谐的配合起来。他有思想，可不知道事实；书中的主角不是代表哲学的乌托邦，便

---

[1] 莫里哀的喜剧。

是代表进步思想的乌托邦；风格标新立异，浮夸的句子好比一戳即破的气球，经不起批评家的磨勘。因此他最怕报纸，凡是需要乱吹乱捧的赞美才能浮在水面上的人都是这样。"

吕西安道："你这个批评可厉害呢！"

"老弟，这种话只好闷在肚里，万万不能说出来。"

"这是你当总编辑的口气。"吕西安说。

"你在哪儿下车？"罗斯多问他。

"高拉莉家。"罗斯多说，"啊！你真的动了爱情。不行哪！对待高拉莉最好像我对待佛洛丽纳一样，把她当作管家婆。自己非保持自由不可！"

吕西安笑道："你连圣徒都要送入地狱！"

罗斯多道："本来是魔鬼，用不着再送地狱。"

这位新朋友的轻薄而风趣的口吻，应付人生的方式，怪僻的议论，夹着巴黎式的老奸巨猾的格言，无形中影响了吕西安。诗人觉得那种思想在理论上固然危险，实际应用起来倒很有帮助。车子进入修院大街，两个朋友约好四点至五点之间在报馆相会，大概埃克多·曼兰也会去的。

22

靴子对私生活的影响

不错，吕西安被交际花的真正的爱情迷住了，觉得其乐无穷。这等女子能抓住男人心中最软弱的地方，有一套百依百顺的软功，迎合男人的懒散的习惯，她们的力量就是从这一点上来的。吕西安已经少不了巴黎的享受，喜欢在女演员家坐享现成，过那种富裕奢华的生活。他进门发现高拉莉和加缪索两人欢天喜地。竞技剧场请高拉莉从明年复活节开始登台，合同的条款订得明明白白，待遇还超过高拉莉的期望。

加缪索说："先生，这是你的功劳。"

高拉莉说："当然啰！没有他，**大法官**早完了，哪里会有什么剧评！我在大街上还得待上六年。"

她说完，当着加缪索勾着吕西安的脖子。女演员的热情急不可待的发泄出来，不知有多么温柔，她的得意忘形不知有多么甜蜜：她爱到了极点！加缪索和一切痛苦不堪的人一样，低下头去，发现吕西安漆黑发亮的靴筒从上到下有一道深黄的缝线，认出那是一般出名的鞋匠用的。早先加缪索对着高拉莉壁炉前面那双奇怪的靴子暗暗寻思的时候，曾经注意到缝线的颜色，也看到洁白柔软的里子上有几个黑字,印着当年有名的鞋店牌号:迦伊皮鞋公司,米旭第埃街。

"先生,"他和吕西安说,"你的靴子好看得很!"

"他身上没有一样不好看。"高拉莉回答。

"我很想找你的靴匠定做几双。"

"噢!"高拉莉道,"向人家打听买东西的铺子,多俗气!难道你想穿青年人的靴子,做漂亮哥儿吗?像你这样成家立业,有老婆,孩子,情妇的人,还是穿你的翻统靴合式。"

"不管怎样,先生要愿意脱下一只靴子来给我瞧瞧,倒是帮了我很大的忙。"加缪索固执的说。

"没有鞋拔子,我脱了穿不上。"吕西安红着脸说。

"叫贝雷尼斯去买一个,这儿也用得着。"加缪索神气挖苦得厉害。

高拉莉满脸瞧不起的样子,恶狠狠的瞪着他说:"加缪索老头,拿出勇气来,别鬼鬼祟祟的!把你心里的话一齐说出来吧。你认为他的靴子像我的,是不是?"她回头对吕西安说:"我不许你脱。——是的,加缪索先生,那天放在壁炉架前面的就是这一双,先生还躲在我盥洗室里等着穿呢,他隔天是在这儿过夜的。你心里这样想,对不对?好,就这样想吧,我要你这样想。这是事实。我骗了你又怎么样?我喜欢嘛,我!"

她并不生气,若无其事的坐下来望着加缪索和吕西安,他们俩却不敢照面。

加缪索道:"只有你要我相信的事,我才相信。别开玩笑,我认错就是了。"

"我或者是一个不要脸的小淫妇儿,心血来潮看中了他,或者是个可怜虫,破题儿第一遭动了真情,那是个个女人追求的。不管我是哪一等人,反正咱们得一刀两断,要不然你甭想管我。"她说着,做了一个气概不凡的手势,根本不把加缪索放在眼里。

"真的吗?"加缪索看着吕西安的态度知道高拉莉不是开玩笑,他只希望人家骗他一下,把事情蒙过去。

吕西安说:"我是爱小姐的。"

高拉莉听着这句声音激动的话,扑上诗人的脖子,紧紧抱着他,掉过头去朝着加缪索,让他看到一幅两人相爱的画面。

"可怜的加缪索,你给我的东西统统收回去吧,我一样不要,我爱他爱得发疯,不是为他的才气,而是为他的漂亮。我宁可跟他过苦日子,不要你的百万家财。"

加缪索倒在靠椅上,两只手捧着头一声不响。

"你要我们走吗?"高拉莉的口气狠得不得了。

吕西安看到要负担一个女人,一个女演员和一个家,身子凉了半截。

"住下去吧,高拉莉,一切照旧。"加缪索有气无力的痛苦的声音完全是从心底里发出来的,"我一样都不收回。这里的家具值到六万法郎,可是想到我的高拉莉吃苦,我受不了。而你是很快要吃苦的。先生再有才干也维持不了你的生活。唉,我们老头儿都是这个下场!高拉莉,让我不时来看看你行不行?我还能帮助你。并且老实说,没有你,我活不下去。"

可怜他就在自以为最快活的时候,全部幸福归于泡影;他的和顺的态度,使吕西安十分感动,高拉莉却不以为意。

她说:"好,可怜的缪索,你要来尽管来吧,我不欺骗你了,反而更喜欢你。"

加缪索没有被逐出尘世的天堂，感到高兴；在这个天堂上当然不免痛苦，但他存着卷土重来的希望，相信巴黎的生活变化多端，吕西安也抵抗不了周围的诱惑。狡猾的商人认为这漂亮青年早晚要喜新厌旧；为了暗中窥探，让高拉莉识破吕西安，他要做他们的朋友。这样的忍气吞声说明他真是一片痴情，叫吕西安看着害怕。加缪索约他们到王宫市场万利酒家吃晚饭，他们答应了。

加缪索走后，高拉莉叫道："多快活啊！你可以留在这里，不用再住拉丁区的阁楼，咱们从此不分开了。为了体统，你不妨在夏洛街上租一个小公寓；别的都不用管，听其自然就是了！"

她兴高采烈，一腔热情无法抑制，跳起她的西班牙舞来。

吕西安道："我好好的工作，每月可以挣到五百法郎。"

"我在戏院里也有这个数目，另外还有津贴。加缪索照样会替我做衣服，他才爱我呢！每个月有一千五进款，咱们的生活还不跟克利萨斯[1]一样吗？"

吕西安道："还有马，马夫，佣人，怎么开销呢？"

高拉莉道："我可以借债。"

她说完，又拉着吕西安跳了一支奚格舞。

吕西安道："那么斐诺的条件非接受不可了。"

高拉莉道："让我去换衣衫，送你上报馆，我在大街上坐在车里等你。"

吕西安坐在沙发上瞧着高拉莉装扮，想起正事来。照他的心思，他宁可让高拉莉自由，不愿和她同居，给自己加上一副担

---

[1] 公元前六世纪时里提国国王，为古代有名的巨富。

子；可是看她这样美，身段这样好看，这样动人，吕西安又觉得这种放荡的生活别有风趣，决意不顾一切，向命运挑战了。高拉莉把吕西安搬家的事交给贝雷尼斯去办，然后得意扬扬，又漂亮又快活，拉着她心爱的情人，她的诗人，穿过巴黎城往圣－菲阿克街进发。

23

报纸的秘密

吕西安脚腿轻健的上楼,神气俨然的走进报馆。苦葫芦依旧头上顶着印花税票,奚罗多依旧假痴假呆,告诉他报馆没有人。

吕西安说:"各位编辑约好在这里见面,商量报纸的事。"

"那也可能,我可不管编辑部。"帝国禁卫军的上尉说着,只顾核对他的订户签条,嘴里勃罗勃罗,哼个不停。

不知对吕西安说来是幸还是不幸,碰巧斐诺进来,预备向奚罗多说明他是假装下台,要奚罗多继续照顾他的利益。

斐诺同吕西安拉拉手,和舅舅说:"别打官腔,先生是报馆的人。"

奚罗多看着外甥的手势觉得奇怪,说道:"啊!先生是报馆的人!怎么,先生,你进报馆这么容易。"

斐诺神气很含蓄的望着吕西安说:"我要替你安排好,免得埃蒂安纳把你当傻瓜。"又回头吩咐奚罗多:"先生所有的稿子,包括剧评在内,一律三法郎一栏。"

"你从来没给人这样的待遇。"奚罗多说着,诧异的瞧着吕西安。

斐诺道："大街上的四家戏院归他，别让人家揩油他的包厢，戏票都要交给他。"他转身对吕西安说："最好叫人直接送到你家里。——先生除了剧评，还要在一年之内每个月写十篇小品，每篇大约两栏，一个月支五十法郎。——你觉得合式吗？"

"行。"吕西安迫于当时的形势，只好答应。

斐诺对出纳员说："舅舅，把合同准备好，等我们下楼的时候签字。"

"请问这位先生尊姓？"奚罗多站起身来，脱下他的黑丝绒便帽。

斐诺说："吕西安·特·吕庞泼莱先生，评大法官的稿子就是他写的。"

老军人拍拍吕西安的脑门，说道："小朋友，你这里头藏着金矿。我不懂文学，你的评论我可看过了，我觉得有趣。嘿，了不起！叫人看了开心。——我说：这样的文章准会替我们招揽订户。果然我们多销了五十份。"

斐诺问："我跟埃蒂安纳·罗斯多的合同可曾誊好双份，可以签字了吗？"

"誊好了。"奚罗多回答。

"我和特·吕庞泼莱先生的合同要填昨天的日子，才能叫罗斯多受条款约束。"斐诺说完，抓着新编辑的胳膊，装得很亲热，叫诗人看着心里受用。他拉着吕西安走上楼梯，说道："这样一来，你的地位稳了。等会在我的编辑面前我亲自替你介绍。晚上再叫罗斯多陪你上戏院，介绍一番。你在我们的小报上写稿每月有一百五十法郎；小报今后归罗斯多负责，你得和他好好相处。那小子看我跟你订好合同，使他受到约束，已经要对我不满了。可是你有本领，我不愿意当主编的人独断独行，叫你吃亏。你不妨给我的周报每月写两页稿子，我付你两百法郎稿费。这个办法对谁都不能说，人家看见一个新出道的人运气这样好，要恨死我的。你可以用两页篇幅写四篇稿子，两篇用真名，两篇用假名，省得同道们说你抢了别人饭碗。你得到这个地位全靠勃龙台和维浓，他们认为你有前途。因此别把事情弄糟了。尤其要提防你的一般朋友。至于咱们俩，永远不能有一点儿误会。只要你帮我忙，我一定帮你。你的包厢和戏票好卖到四十法郎，赠书六十法郎。这两笔数目加上你的稿费，每月有四百五。凭你的聪明，替书店老板写些稿子和提要等等，少说也能再捞两百法郎外快。不过你是我的人了，我尽可信托你，是不是？"

吕西安喜出望外，跟斐诺热烈握手。

走到六层楼上一条长长的过道尽头，斐诺推开一间阁楼的门，咬着吕西安的耳朵说："别让人看出咱们之间有默契。"

吕西安发现屋内生着很旺的火，桌上铺一条绿呢毯子，周围坐着罗斯多，番利西安·凡尔奴，埃克多·曼兰和两个陌生的编辑，有的坐着单靠，有的坐着圈椅，抽烟的抽烟，说笑的说笑。桌上堆满纸张，墨水缸这一回倒是货真价实，装满了墨水，还有几支破笔，给编辑们使用。新来的记者一看便知道报纸是在这儿编的。

斐诺说："诸位先生，今天开会的目的是宣布我不能不脱离本报，主编的职位由亲爱的罗斯多接替。我那份杂志的使命你们是知道的，既然要去当总编辑，我的意见不免有所更改，信念可是始终如一，咱们也照样是朋友。我还是你们的人，你们也还是和我一伙。形势尽管变，原则永远不动。原则是转动政治气压表指针的轴心。"

所有的编辑都哈哈大笑。

"这话你是听谁说的？"罗斯多问。

"勃龙台。"斐诺回答。

曼兰道："不管刮风下雨，阴天晴天，咱们始终走在一起。"

斐诺说："行，别老打比喻，把咱们弄糊涂了。凡是送稿子来的，我斐诺无不欢迎。"接着向众人介绍吕西安："这位先生是你们的同事。罗斯多，我和他谈过了。"

个个人祝贺斐诺的高升和新开辟的前途。

吕西安不认识的两个记者中间有一个说："现在你这里骑着一匹马，那里又骑着一匹马，变作雅纽斯了。"

凡尔奴说："但愿他不要变作雅诺[1]。"

"我们的冤家对头，你允许我们攻击吗？"

斐诺说："你们爱怎办就怎办！"

"嗳！"罗斯多说，"我们可不能退缩。夏德莱先生恼火了，咱们要连续攻击他一星期。"

"怎么啦？"吕西安问。

凡尔奴说："他来质问过了。帝政时代的美男子遇到奚罗多老头，奚罗多若无其事的说，稿子是腓列普·勃里杜写的。腓列普要男爵指定时间跟武器。事情到此为止。我们预备在明天的报上向男爵道歉，每句话都要刺他一下。"

斐诺说："你们咬着他别放，他会来找我的。等我出来调停，就算帮了他的忙；他接近政府，咱们好捞些油水，不是候补教授

---

[1] 雅纽斯是神话中最古的拉丁国王，能知过去未来，后世代表他的形象是一个身体长着两个头；雅诺是十八世纪戏剧中愚蠢可笑的角色。此处以雅诺与雅纽斯谐音做笑谈。

便是烟店的缺分[1]。他发急，我们求之不得。我的周刊需要一篇社论批评拿当，你们之中谁愿意动笔？"

"交给吕西安，"罗斯多说，"再让埃克多和凡尔奴在他们的报上各写一篇。"

"诸位，我走啦；咱们回头在巴班铺子再见[2]。"斐诺笑着说。

有几个编辑祝贺吕西安踏进新闻界这个有势力的集团，罗斯多对大家说他是个可靠的朋友。

"诸位，吕西安请你们全班人马吃宵夜，在他情妇高拉莉家。"

"高拉莉要进竞技剧场了。"吕西安告诉埃蒂安纳。

"喂，诸位，咱们当然捧高拉莉，是不是？各人在自己的报上写几行，报道她接了新合同，谈谈她的才艺。对竞技剧场的经理室也该称赞几句，说他们有眼力，有手腕，是不是也能说聪明呢？"

曼兰回答："行，就说他们聪明吧。腓特烈和斯克利勃合编的一本戏也在他们那里。"

凡尔奴道："这么说来，竞技剧场的经理倒是最有眼光、最精明的投机商了。"

罗斯多道："请各位注意，写拿当的书评，事先得商量一下；咱们要替新朋友出把力。吕西安有两部稿子要卖，一部十四行诗集，一部小说。他要靠报刊文章的力量在三个月之内成为一个大

---

1 法国烟草由国家专卖，由来已久。烟草零售店有定额，归政府分配。
2 巴班是十七世纪出版莫里哀戏剧的书店老板，"咱们在巴班铺子再见"一句见莫里哀《才女》第三幕第三场结尾。

诗人。咱们正好用他的《长生菊》把《颂歌》《叙事曲》《默想集》[1]和全部浪漫派的诗歌一齐压下去。"

凡尔奴道:"如果十四行诗毫无价值,那才妙呢!吕西安,你觉得你的十四行诗怎么样?"

两个陌生编辑中的一个问:"告诉我们,你对自己的作品怎么看法?"

罗斯多道:"凭良心讲,写得不错。"

凡尔奴道:"好,我听了高兴。那些保王党的诗人真讨厌,我要利用吕西安的作品跟他们捣乱。"

"要是今晚道利阿不收下《长生菊》,咱们就把稿子一篇接一篇的登出去,攻击拿当。"

吕西安叫道:"拿当又要怎么说呢?"

五个编辑听了大笑。

凡尔奴说:"他才高兴呢。我们怎么安排,你等着瞧吧。"

吕西安不认识的两个编辑之中的一个说:"那么先生是我们一家人了?"

"当然,当然,腓特烈,不是开玩笑。"埃蒂安纳又对新角色说,"吕西安,你看我们怎样待你,你将来可不能临阵退缩。我们都喜欢拿当,可是照样要攻击他。现在让咱们来分疆划土,安排一下。腓特烈,法兰西剧院和奥台翁给你,怎么样?"

腓特烈说:"只要各位先生同意。"

大家点点头,可是吕西安发觉他们的眼神嫉妒得厉害。

凡尔奴说:"我照旧担任歌剧院,意大利剧院和喜歌剧院。"

---

1 《颂歌》与《叙事曲》是维克多·雨果的诗集,《默想集》是拉马丁的诗集。

罗斯多说:"那么所有的通俗歌舞剧院归埃克多吧。"

另外一个吕西安不认识的编辑说:"那么我呢?我就没有戏院了吗?"

罗斯多说:"叫埃克多让出多艺剧院,吕西安让出圣-马丁门戏院给你。"接着告诉吕西安:"他迷上了法尼·鲍泼莱,就把圣-马丁门戏院让给他吧。我给你奥林匹克-杂技剧场做交换。鲍皮诺,杂耍,萨基,这几家戏院归我了。明天的报有些什么材料?"

"什么也没有。"

"什么也没有。"

"什么也没有!"

"请诸位拿出本领来,帮我编好第一期。夏德莱男爵和他的乌贼骨,没有一星期的材料可写。挖苦**孤独者**的题目也用滥了。"

凡尔奴说:"台谟丹纳子爵的笑话也没有噱头了,大家都在抄我们的老文章。"

腓特烈说:"是啊,咱们要有些新的箭靶子才行。"

罗斯多说:"诸位,咱们拿右派的道学家开开玩笑怎么样?比如说特·鲍那先生脚臭。"

埃克多·曼兰说:"咱们先来一组政府党议员的肖像。"

罗斯多说:"行,老弟,就请你动笔。你和他们同一个党派,对他们很熟悉,党内有倾轧,你也好代别人出出气。就拿柏溺,西里埃斯·特·梅兰哈等等来开刀。文章可以预先写好,省得闹稿荒。"

埃克多说:"再编几个不准埋葬[1]的故事,把情节多多少少说得严重一些,行不行?"

凡尔奴说:"最好别走人家的老路,立宪派的几家大报全有讽刺教士的漫画,多半是**鸭子**。"

"什么鸭子?"吕西安问。

埃克多回答说:"所谓鸭子,是无中生有而情节逼真的故事,遇到社会新闻太单调的时候,我们用来点缀一下。这是法兰克林的创作;避雷针,鸭子,共和国,都是他的新发明[2]。这个新闻记者的海外鸭子,连百科全书派的学者都上了当,雷那的《印度哲学史》把法兰克林的两桩无稽之谈当作事实。"

凡尔奴说:"这个我倒不知道。怎么回事呢?"

"据说有个黑种女子救了一个英国人的性命,英国人为了多赚几个钱,让她有了身孕再把她卖出去。怀孕的少女慷慨激昂的辩诉,把官司打赢了。法兰克林来到巴黎的时候,在内刻家里承认这故事是他杜撰的,弄得法国的一般哲学家狼狈不堪。可见新大陆两次败坏旧大陆的人心。"

罗斯多道:"只要是可能的事,报纸一律当作真的。我们就是从这一点出发的。"

凡尔奴道:"判刑事案子何尝不如此?"

曼兰道:"好吧,晚上九点再见,还是在这儿。"

大家站起来互相握手,在非常亲热的气氛中散会。

埃蒂安纳下楼的当口问吕西安:"你对斐诺用了什么手段,他

---

1 犯重罪或自杀致死的人,教会不准葬入公墓。当时左派政党借此攻击教会的权力。
2 法兰克林(1706—1790)是美国物理学家,发明避雷针,也是新闻记者,主张共和政体的政治家。

会同你订约的？除了跟你，他从来没有让自己受过约束。"

"我没有什么行动，是他向我提议的。"吕西安回答。

"不管怎么样，你和他讲妥了，我总是高兴的，咱们两个的势力只有更大。"

到了底层，埃蒂安纳和吕西安遇到斐诺，斐诺把罗斯多拉往那间名为编辑部的办公室。

奚罗多拿出两份贴着印花的文件，对吕西安说："合同你来签了吧，让新任经理以为是昨天订的。"

吕西安念着合同的条文，听见埃蒂安纳为着报馆勒索人家的实物，同斐诺争论很凶。奚罗多抽的税，埃蒂安纳也要从中分肥。最后斐诺和罗斯多一团和气的走出来，大概条件讲妥了。

埃蒂安纳和吕西安说："八点钟在木廊商场道利阿那儿等我。"

这时进来一个年轻人要求替报纸写稿，胆小和焦急的神气跟过去的吕西安一模一样。奚罗多用当初愚弄吕西安的办法对付那青年，吕西安看着暗暗欢喜。他懂得为了切身利益，一定要玩这套戏法才能筑起深沟高垒，不让新角儿闯入阁楼上的禁地。

他对奚罗多说："当编辑的本来就没有多少钱好拿。"

上尉回答："人多了，你们每个人的收入就少了，不是吗？"

退伍军人挥着装铅的手杖，喉咙里勃罗勃罗的出门了。大街上停着华丽的马车，吕西安踏上车去，奚罗多看着一愣，说道："如今你们变了军人，我们倒是老百姓了。"

24

又是道利阿

吕西安对高拉莉道:"凭良心讲,那些年轻人脾气再好没有。现在我当了记者,只要拼命的干,一个月六百法郎收入是稳的了。两部稿子一定能卖出去,将来还可以写。朋友们预备捧场,保证我成功!所以,高拉莉,我也和你一样说法:听其自然吧!"

"孩子,你一定成功。不过你人这样漂亮,心肠可不能太好,你要吃亏的。对人要狠才是办法。"

高拉莉和吕西安上蒲洛涅森林兜风,又碰见特·埃斯巴侯爵夫人,特·巴日东太太和夏德莱男爵。特·巴日东太太瞧着吕西安,脉脉含情的神气很像打招呼。加缪索定下最好的酒菜。高拉莉恢复了自由,对可怜的丝绸商十分殷勤;丝绸商记不起和高拉莉同居的十四个月中间,有没有看见过她这样亲切,这样动人。

他私下想:"无论如何,还是不离开她好。"

加缪索有一笔六千法郎利息的存款瞒着老婆,他偷偷向高拉莉说,只要继续同他相好,他愿意把这笔钱用高拉莉的名字存入国债基金库;高拉莉和吕西安的爱情,加缪索可以不闻不问。

"叫我欺骗这样一个天使吗？……你瞧瞧他，再瞧瞧你自己，可怜的丑八怪！"她向加缪索指着诗人说。诗人已经被加缪索灌得半醉了。

当初由贫穷送给加缪索的女人，加缪索决意等贫穷再把她送回来。

"那么我只能和你做朋友了。"他吻着高拉莉的额角说。

吕西安别了高拉莉和加缪索，上木廊商场。他参与过报纸的秘密，精神上大起变化。他和潮水般的群众混在一起不再惊慌；因为有了情妇，变得目中无人，因为做了记者，走进道利阿铺子神态自若。他遇到许多名流，同勃龙台，拿当，斐诺，以及一星期来混得很熟的作家们握手。吕西安觉得自己不但是个人物，而且还比同伴高出一等；略带几分酒意对他很有帮助，他谈笑风生，表示也会张牙舞爪的吓唬人。可是出乎吕西安意料之外，大家明里暗里对他并不赞许；相反，他发觉众人已经有些嫉妒，他们不一定是为了他而恐慌，却是心中好奇，要看看这个能干的新人能爬到什么地位，在新闻界中能捞到什么油水。只有把吕西安当作摇钱树的斐诺，自命为可以支配他的罗斯多，向吕西安堆着笑脸。罗斯多拿出总编辑的气派，使劲敲了敲道利阿办公室的玻璃窗。

出版商在绿窗帘上探出头来张望，见是罗斯多，便道："一会儿就来，朋友。"

一会儿事实上是一小时。过了一小时，吕西安和朋友走进圣殿。

新任的总编辑问："喂，咱们朋友的事你考虑过没有？"

"当然啰，"道利阿在靠椅中气派十足的欠身回答，"稿子我翻了一遍,还请一位有眼力的人,请一个行家看过,我并不冒充内行。告诉你,朋友,我只收买成名的作家,像那个英国人买爱情一样。老弟,你的诗才跟你的品貌不相上下。拿我老实人的名誉打赌——我不说出版商,注意没有?——你的十四行诗妙极了,看不出雕琢的痕迹,一个有灵感有才情的人难得做到这一点。你有新派诗人的长处,很会押韵。你的《长生菊》的确好得很,可惜不成其为生意经,而我是只做大生意的。老实说,你的诗集我不愿意接受,没有办法推销,没有什么赚头,犯不上花钱推广。何况你也不会再写诗,你的集子只是孤零零的一部。你还年轻,小朋友!你们老是把第一部诗集送到书店来,其实哪个文人离开中学的时候不多多少少写过一些?开头他们看得很重,后来都不当一回事。比如你的朋友罗斯多,一定也有一部诗稿塞在破袜子堆里。嗯,罗斯多,你不是写过自以为了不起的诗吗?"道利阿意义深长的瞧着罗斯多问。

罗斯多道:"唉!在我那个年纪,怎么能写散文呢?"

道利阿接着说:"你瞧,他从来没跟我提起,可见咱们这位朋友对出版业和生意经是内行。"他又装着讨好的神气和吕西安说:"在我这方面,问题不在于知道你是不是大诗人;你有的是才气,而且是大才;要是我初办书店,准会冒冒失失印你的作品。可是今日之下,我的合伙老板和垫款的股东先要断绝我的粮草;只要去年我印的诗集蚀掉两万法郎,他们就不愿意再听到诗歌两字;他们是我的老板,叫我有什么办法!何况问题还不在这里。我承认你是大诗人,可是你出品多不多呢?十四行诗能经常生产吗?将来能写上十部吗?是不是可以当一桩生意做呢?嗳!才不会呢,你将来是个出色的散文家,你才气那么旺,绝不肯自暴自弃,写那些拼凑字数的歪诗。难道你不去替报纸写稿,弄上三万法郎一年,倒反靠胡诌的诗勉强挣到三千法郎吗?"

罗斯多说:"你知道,道利阿,他是我们报馆的人。"

道利阿回答:"我知道,他的文章我拜读过了;正是为他的利益着想,我才不接受他的《长生菊》。是的,先生,我六个月之内请你写起稿子来,你挣的稿费比你销不掉的诗集要多几倍呢!"

"可是怎么成名呢?"吕西安叫起来。

道利阿和罗斯多一齐笑了。

罗斯多道:"糟糕!他还存着幻想。"

道利阿回答说:"声名是要花十年苦功去换的,对出版商来说,不是赚进十万便是亏掉十万。如果你碰到一些疯子肯印你的诗,一年之后听听他们做多少生意,你准会佩服我。"

"我的原稿在这里吗?"吕西安冷冷的问。

"在这里,朋友。"道利阿对待吕西安的态度变得非常软和。

吕西安觉得道利阿的神气明明是把他的诗集看过了,接了原稿也就不去查看绳子。他同罗斯多走出来,既不诧异,也不气恼。道利阿陪两位朋友走出办公室,谈着他的刊物和罗斯多的报纸。吕西安心不在焉拿着《长生菊》的稿子在手里翻弄。

埃蒂安纳咬着吕西安的耳朵问:"你相信你的集子道利阿真的看过,或者叫人看过吗?"

吕西安说:"是的。"

"你瞧瞧我做的暗号。"

吕西安发现绳子紧靠着墨水画的线,根本没有动过。

他又气又恨,铁青着脸问出版商:"你特别注意的是哪一首呢？"

　　道利阿答道："噢，朋友，没有一首不精彩，写《长生菊》的一首尤其妙，最后一段的思想细腻极了。我一看就知道你写散文必定成功，所以马上把你介绍给斐诺。你还是替我们写些书评吧，我们给的报酬很高。一个人固然应当求名，也不能不讲实际；碰到机会总不能放过。你有了钱再作诗还来得及。"

　　诗人只怕自己按捺不住，突然走往木廊商场，心里气坏了。

图书在版编目（CIP）数据

幻灭. 上 /（法）巴尔扎克著；傅雷译. -- 上海：文汇出版社，2018.3
（人间喜剧）
ISBN 978-7-5496-2326-6

Ⅰ.①幻… Ⅱ.①巴… ②傅… Ⅲ.①长篇小说－法国－近代 Ⅳ.①I565.44

中国版本图书馆CIP数据核字（2018）第070210号

幻灭（上）

作　　者 /（法）巴尔扎克
译　　者 / 傅　雷

责任编辑 / 周小诠
特邀编辑 / 周　娇　叶启秀
封面装帧 / 李子琪　刘　倩

出版发行 / 文汇出版社
上海市威海路755号
（邮政编码 200041）

经　　销 / 全国新华书店
印刷装订 / 北京盛通印刷股份有限公司
版　　次 / 2018年5月第1版
印　　次 / 2018年5月第1次印刷
开　　本 / 890mm×1270mm　1/32
字　　数 / 259千字
印　　张 / 12.25

ISBN 978-7-5496-2326-6
定　　价 / 489.90元（全十册）

侵权必究
装订质量问题，请致电010-87681002（免费更换，邮寄到付）